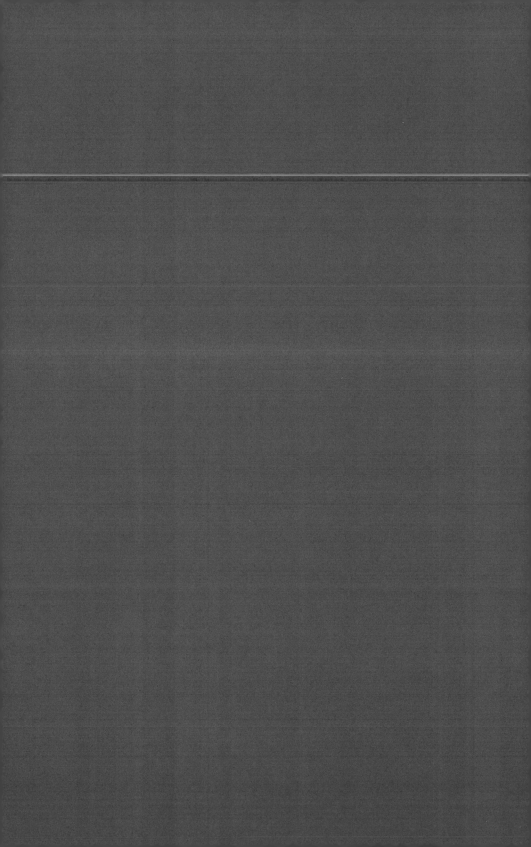

습관의 문법

세상을
꿰뚫는
이론

7

습관의 문법

강준만 지음

인물과
사상사

'습관의 독재'를 넘어서

4
5

습관이란 무엇인가? 국어사전은 "여러 번 오랫동안 되풀이하면서 몸에 밴 행동"으로 정의하고 있지만, 다음과 같은 재치 있는 정의가 가슴에 더 와닿는다. "어떤 행동을 하지 않을 경우, 약간의 고통이 유발된다면 그것은 습관이라고 할 수 있다." 사람에 따라, 또 어떤 행동이냐에 따라, 습관의 농도가 다를 수 있기에 이 정의에서 '고통'을 '불편함'이나 '가려움'으로 대체해도 무방하겠다.[1]

습관은 고약하다. 담배를 끊었다가 실패하는 사람들처럼 떠나려는 몸을 자꾸 잡아 끄는 집요함을 보이니 말이다. 이런 이유 때문이라고 한다. "신경 연결 통로가 뇌 속에 깊이 아로새겨져 있기 때문에 우리가 일상적으로 하는 행동을 바꾸는 데 성공하더라도 조금만 방심하면 언제든지 다시 예전의 행동으로 돌아갈 수 있다."[2]

습관은 독재자다. 고대의 현인들은 이 사실을 잘 알고 있었다. 그리스 철학자 아리스토텔레스Aristotles, B.C.384~B.C.322는 "습관은 오랫동안 반복한 행위로 결국 인간의 천성이 된 것이다"며 이렇게 말했다. "사람은 반복적으로 행하는 것에 따라 판명된 존재다. 따라서 우수성이란 단일 행동이 아니라 바로 습관이다."[3] 이후에도 습관의 독재성을 지적한 명언이 무수히 쏟아져나왔다.

영국 작가 존 드라이덴John Dryden, 1631~1700은 "사람이 습관을 만들고 습관이 사람을 만든다"고 했고, 미국 목사 너새니얼 에먼스Nathaniel Emmons, 1745~1840는 "습관은 최상의 하인이 될 수도 있고 최악의 주인이 될 수도 있다"고 했으며, 미국 정치가이자 교육 개혁가인 호러스 만Horace Mann, 1796~1859은 "습관은 철사를 꼬아 만든 쇠줄과 같다. 매일 가느다란 철사를 엮다 보면 이내 끊을 수 없는 쇠줄이 된다"고 했다.[4]

최초라고 해도 좋을 정도로 학문적으로 습관에 지대한 관심을 기울인 이는 미국 철학자이자 심리학자인 윌리엄 제임스William James, 1842~1910다. 그는 "우리 삶이 일정한 형태를 띠는 한 우리 삶은 습관 덩어리일 뿐이다"고 했으며, 더 나아가 "습관은 사회의 회전 속도를 조절하는 거대한 바퀴이며 가장 중요한 보수적 힘이다"고 했다.[5]

하지만 제임스는 습관의 독재를 넘어설 수 있는 가능성을 포기하지는 않았다. 그는 "나의 세대가 이룩한 발견 중에서 가장 위대한 것은 습관을 바꾸는 것만으로도 자신의 인생을 확 바꿀 수 있다는 사실이다"고 말함으로써,[6] 이후 수많은 자기계발 전문가가 '습관 독재 타도'를 자기계발의 주요 주제로 삼는 이론적 발판을 마련해주었다.

"습관은 우리의 인격이 입고 있는 의복과 같다." 미국의 자기계발 전문가 맥스웰 몰츠Maxwell Maltz, 1899~1975의 말이다. 습관에 관한 수많은 자기계발 명언 중에서도 특히 이 말이 인상적이다. 미국의 성형외과 의사 출신으로 '마음의 성형수술'이 필요하다는 깨달음에 의해 성공학 전도사로 변신한 맥스웰 몰츠는 영어에서 habit(습관)은 원래 의복이나 옷감을 의미했는데, 그 흔적이 아직도 '승마복riding habit'이나 '복장habiliment' 같은 단어에 남아 있다는 점에 주목한다. "그것은 생각지도 않은 일이나 우연이 낳은 결과가 아니다. 자신에게 딱 들어맞기 때문에 그것을 입고 있는 것이다. 그것은 우리의 자아 이미지나 성격 유형과도 일치한다."[7]

늘 입던 유형의 옷을 바꾸는 게 쉽지 않듯이, 습관을 바꾸는 것도 쉽지 않은 일이다. 하지만 불가능한 일은 아니다. 미국 작가 마크 트웨인Mark Twain, 1835~1910이 말했듯이, "오래된 습관을 창밖으로 던져 버릴 수는 없다. 잘 구슬려서 조금씩 밖으로 밀어내야 한다".[8] '습관의 독재'에 대한 저항은 실패하고 또 실패하더라도 계속 시도해볼 만한 가치가 있다. 윌리엄 제임스의 말마따나, 습관이 바뀌면 인생이 바뀌니까 말이다. 아일랜드 극작가 사뮈엘 베케트Samuel Beckett, 1906~1989가 책상 앞에 붙여둔 글귀를 내 책상 앞에 붙여보는 것도 좋으리라. "실패하라. 또 실패하라. 더 낫게 실패하라Fail. Fail again. Fail better."

습관을 구슬리기 위해선 우리 인간의 마음을 알아야 한다. 인간의 마음은 하나인가? 하나가 아니라 두 가지의 '인지 시스템'으로 이루어져 있다는 설명이 설득력을 얻고 있다. 심리학자 키스 스타노비치Keith Stanovich와 리처드 웨스트Richard West는 우리 머릿속에 존재하는 두 가지 시스템을 '시스템 1'과 '시스템 2'로 나누었다. '시스템 1'은 거의 혹은 전혀 힘들이지 않고 자발적인 통제에 대한 감각 없이 자동적으로 빠르게 작동하는 시스템인 반면, '시스템 2'는 복잡한 계산을 포함해서 노력이 필요한 정신 활동에 관심을 할당하는 시스템이다.

'시스템 1'과 '시스템 2'는 심리학에서 광범위하게 사용하는 용어인데, '시스템 1'은 '빠르게 생각하기', '시스템 2'는 '느리게 생각하기'다. 대니얼 카너먼Daniel Kahneman은 『생각에 관한 생각Thinking, Fast and Slow』(2011)에서 이 용어를 소개한 뒤 "시스템 2는 자신이 무대의 주인공이라고 믿지만 실상은 자동적인 시스템 1이 이 책의 주인공이다"고 선언한다.[9]

이 책의 주인공 역시 '시스템 1'이다. '시스템 1'을 후천적인 습관과는 다른 것이지만, 자신이 통제하기 어렵다는 점에서 보통 사람들에게 그 차이는 무의미하다. 어떤 습관이 형성되면 뇌는 의사결정에 참여하는 걸 완전히 중단하기 때문이다.[10] 우리 인간은 인지적認知的으로 많은 에너지를 소비하면서 어떤 생각을 깊게 하는 것 자체를 싫어하는 '인지적 구두쇠cognitive miser'기 때문에, 자동화된 습관을 바꾸기 어려운 것이다.[11]

물론 습관이 나쁘기만 한 건 아니다. 얀 뉴비 클락Ian Newby-Clark의 설명에 따르자면, "인간은 습관적으로 행동하는 방식으로 정신적 에너지를 절약하고 그렇게 절약된 에너지를 더 시급하고 더 중대한 문제를 해결하는 데 사용하려는 경향이 있다".[12] 오래전 이 이치를 깨달았던 영국 수학자이자 철학자인 앨프리드 노스 화이트헤드Alfred North Whitehead, 1861~1947는 다음과 같이 말했다.

"독창적이지 못한 책과 저명인사의 연설에서 자주 반복되는, 아주 잘못된, 뻔한 소리가 하나 있다. 즉 우리는 자신이 하고 있는 일에 대해 숙고하는 습관을 길러야 한다는 것이다. 실상은 이와 반대다. 우리가 숙고를 하지 않고도 할 수 있는 일이 많아질수록 문명은 발전한다. 사고라는 작업은 기병의 돌격과도 같다. 숫자가 엄격하게 제한되어 있고, 팔팔한 말이 필요하며, 결정적인 순간에만 실행해야 한다."[13]

문제는 '과잉 절약'일 게다. 화이트헤드가 활약하던 20세기 전반과는 달리, 오늘날엔 습관적 행동 방식으로 절약하는 정신적 에너지가 너무 많은 탓에 돌격할 수 있는 기병의 수가 너무 적어졌다는 것이다. 기업들이 최첨단 기술을 앞세워 사람들의 생각을 대신해주는 걸 이익 창출의 주요 수단으로 삼고 있기 때문이다. 최근 '시스템 1'의 문제를 다루는 행동경제학behavioral economics이 주목을 받으면서 그 주창자인 대니얼 카너먼이 2002년 노벨경제학상을 받은 데 이어 행동경제학자인 리처드 세일러Richard Thaler가 2017년 노벨경제학상을 받은 이유도 여기에 있다.

이 책에 실린 글들이 모두 습관을 다루고 있는 건 아니지만, 천성이 된 습관은 '시스템 1'처럼 작동하며, 이성만으론 어찌할 수 없는 우리 인간의 속성과 한계를 다룬다는 점에선 습관과 통하는 점이 있다. 보다 나은 실패를 위해, 아니 영원히 실패한다 하더라도, 습관의 문법이라도 제대로 이해하자는 게 이 책의 취지다.

이 책은 『감정 독재: 세상을 꿰뚫는 50가지 이론 1』(2013), 『우리는 왜 이렇게 사는 걸까?: 세상을 꿰뚫는 50가지 이론 2』(2014), 『생

각의 문법: 세상을 꿰뚫는 50가지 이론 3』(2015),『독선 사회: 세상을 꿰뚫는 50가지 이론 4』(2015),『생각과 착각: 세상을 꿰뚫는 50가지 이론 5』(2016),『감정 동물: 세상을 꿰뚫는 이론 6』(2017)에 이어 '세상을 꿰뚫는 이론' 시리즈로 7번째다. 독자들께서 이 책을 유익하게 즐길 수 있기를 바란다.

2019년 5월

강준만

제1장

습관의 독재

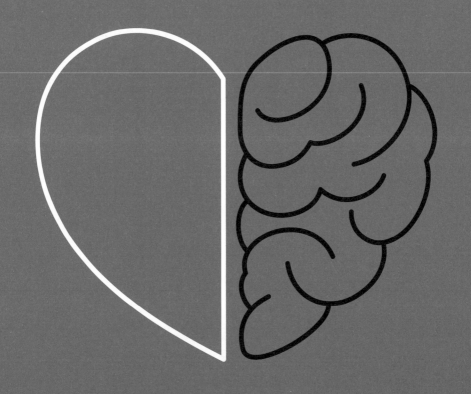

왜 '공황장애'에 걸리는
연예인이 많을까?

감정 습관

이른바 '아메리칸드림'은 죽었지만, 미국인들은 여전히 그 허망한 꿈을 부여잡고 있다. 그래서 나타난 게 수시로 미국 사회를 휩쓸고 있는 '로또 광풍'이다.[1] 로또에 당첨된 사람의 행복감은 얼마나 지속될 수 있을까? 미국 하버드대학 심리학 교수 대니얼 길버트Daniel Gilbert는 로또에 당첨된 사람들을 연구했는데, 로또가 주는 행복의 효과가 평균 3개월이 지나면 사그라진다는 것을 확인했다. 출세의 꿈을 이룬 사람도 평균 3개월이 지나면 예전과 똑같은 크기만큼 행복하거나 불행해지며, 불행하다고 느끼는 사람도 마찬가지로 평균 3개월이 지나면 다시 웃을 수 있다는 것도 확인했다.[2]

정신과 전문의 박용철은 이런 연구 결과에 꽤나 당황했다고 말한다. "격하게 좋은 일이 있어도, 혹은 아주 나쁜 일이 있어도 어느 정도 시간이 지나면 본인이 기존에 가지고 있던 감정 상태로 다시 돌아간다는 이 실험 결과가 참으로 이상했다"는 것이다. 그는 이런 문제의식을 갖고 2013년에 출간한 『감정은 습관이다』는 책에서 '감정 습관'이란 개념을 제시했다. 감정 습관이란 무엇인가? 그가 소개한, 맞벌이 부모 밑에서 자란 A에 관한 이야기를 들어보자.

A는 어린 시절 대부분의 시간을 집에서 혼자 보내야 했기 때문에 부모와 함께 지내는 시간을 몹시 그리워했다. 그가 대학에 진학한 후 어머니는 일을 그만두었다. 그토록 원했던 상황을 누리게 되었으니 기뻐해야 마땅했건만, 이상하게도 A는 마음이 불편했다. 그동안 익숙했던 것이 방해받는다는 생각에 답답하고 짜증이 나기까지 했다. 그래서 그는 결국 집에서 나와 자취를 하면서 대학을 다니는 길을 택했다. 이에 대해 박용철은 다음과 같이 말한다.

"설령 그것이 정말 원하던 것이라 해도, 낯설게 느껴지면 우리의 마음은 그것을 버리고 익숙한 것을 택합니다. 이것은 행동뿐만이 아닌, 감정도 습관이 된다는 것을 보여줍니다. A의 마음은 외로움과 쓸쓸함이라는 감정에 오랫동안 익숙해져 있었던 것입니다. 그것을 참 싫어했지만, 결국 본인이 그 감정을 떠나 보내지 못하고 스스로 찾아간 것이지요."[3]

박용철은 환자들을 보면서 감정도 습관이 된다는 것을 여러 차례 경험했다고 말한다. "제 마음이 이렇게 편해도 되는 걸까요?" "걱정할 때가 오히려 편해요. 아무 일 없으니 더 큰일이 일어날 것만 같아요." 이렇게 말하는 환자가 많다고 한다. 왜 그럴까? 박용철은 이런 답을 제시한다. "뇌는 유쾌하고 행복한 감정이라고 해서 더 좋아하지 않는다. 유쾌한 감정이건 불쾌한 감정이건 익숙한 감정을 선호한다. 불안하고 불쾌한 감정일지라도 그것이 익숙하다면, 뇌는 그것을 느낄 때 안심한다."[4]

왜 공황장애에 걸리는 연예인이 많을까? 이 역시 뇌의 그런 속성으로 설명할 수 있다. 박용철은 "연예 스타들은 무대 위에서 자극적이고 극도의 쾌감을 맛보는 경험을 합니다. 팬들의 열광적인 환호를 받을 때 그들은 자신의 정체성을 느끼고 살아 있음을 실감합니다. 이런 순간을 위해 최선의 노력을 합니다"라면서 다음과 같이 말한다.

"하지만 이렇게 자극적이고 극도의 쾌감을 갈구하는 삶은 결국 교감신경을 항진시키고, 우리의 몸과 마음에 긴장감을 유발시켜, 이런 상태가 감정 습관으로 굳어지는 것입니다. 교감신경계의 흥분을 마음껏 즐기다가, 공연이 끝난 후의 텅 빈 무대에 서거나 집에 돌아와 혼자 있을 때, 그들은 극도로 우울해하고 불안해합니다. 불면증으로 잠도 잘 이루지 못합니다. 자극적인 긴장 상태에 익숙해진 뇌, 그래서 하루하루 그 상태를 찾아다니는 뇌가, 더이상 스포트라이트를 받지 못하면 이전의 긴장도를 유지하기 위해 불안과 우울을 유발하기 때문입니다."[5]

왜 우리 인간의 뇌는 익숙하거나 친숙한 것을 좋아하는 걸까? 미국 사회심리학자 로버트 자욘스Robert Zajonc, 1923~2008는 "적어도 친숙한 환경에 있을 때는 잡아먹힐 가능성이 작기 때문이다"는 답을 내놓았다. 올리버 버크먼Oliver Burkeman의 해설에 따르자면, 이런 이야기다. "오늘날 많은 사람이 조깅을 해야겠다고 생각은 하지만 실제 행동으로 옮기는 경우는 많지 않다. 과거에 인간은 먹고살기 위해 사냥을 나가야 했고, 그때 행여나 사나운 야생동물을 만나 목숨을 잃을까봐 미친 듯이 뛰어다녀야 했다. 그런 옛 기억의 영향으로 낯선 곳에 나가 뛰는 것을 꺼리는 마음이 뇌 깊은 곳에 새겨져 있기 때문에 조깅을 꺼리는 것이다."[6]

정말 그런가 하는 의아한 생각이 들긴 하지만, 자욘스는 인간의 친숙성 선호 본능을 발전시켜 '단순 노출 효과mere exposure effect'라는 이론을 제시했다. "한 번 보고 두 번 보고 자꾸만 보고 싶네." 이 노래 가사는 어떤 사람이나 사물을 보면 볼수록 호감을 느끼게 되는 '단순 노출 효과'의 핵심을 잘 말해주고 있다. 그래서 '단순 노출 효과'를 '친숙성 원리familiarity principle'라고도 한다.

나를 좋아하는 사람에게 "내가 왜 좋지?"라고 물어보라. "그냥!"이라는 답을 들을 가능성이 높다. 단순 노출을 통한 선호의 형성은 대상에 대해 인지적으로 숙고한 결과이기보다 감정적으로 친숙하다거나 좋다는 반응에 해당하기 때문에 왜 그 대상을 좋아하는지에 대해 고민하지 않으며, 따라서 그 이유를 답하기도 어렵다.[7]

우리를 지배하는 '습관의 독재'는 사실상 '친숙성의 독재'이기도 하다. 이 독재는 전혀 그럴 것 같아 보이지 않는 학문 세계에도 존재한다. 양자 이론의 기초를 마련한 이론물리학자 막스 플랑크Max Planck, 1858~1947는 이렇게 말했다. "새로운 과학적 사실은 이에 반대하는 사람들을 논리적으로 잘 설득해서 만들어지는 게 아니다. 반대자들이 결국 다 세상을 떠나고 새로운 세대가 성장해서 전에는 받아들여지지 않던 그 새로운 사실에 익숙해지면서 비로소 '진리'로 인정받

감정 습관

는다."[8]

미국국립보건연구원은 과학자들이 어떤 유형의 연구 제안서를 선호하는지에 대한 연구를 위해 세계 정상급 과학자 142명에게 150개의 연구 제안서를 준비해 보여주고 평가를 부탁했다. 놀랍게도 독창적이고 새로운 제안서 대다수가 최악의 평가를 받았다. 이 연구를 진행한 카림 라카니Karim Lakhani는 그 이유를 이렇게 설명했다. "너무 새로운 연구 주제는 다들 싫어한다." 극단적으로 친숙한 연구 제안서는 극단적으로 새로운 것보다는 좀 나았지만 그래도 대체로 낮은 점수를 받았다. 가장 좋은 평가를 받은 쪽은 '약간 새로운' 제안서였다. 라카니는 과학 분야엔 가장 적합한 수준의 새로움, 즉 '최적의 새로움'이라는 개념이 존재한다고 말한다.[9]

기업계에선 '최적의 새로움'을 '친숙한 놀라움'으로 표현한다. 데릭 톰슨Derek Thompson은 『히트 메이커스』(2017)에서 "창의성이 유독 강한 사람들은 자신의 아이디어를 좋은 값에 팔려면 '친숙함'이라는 옷을 입혀 시장에 내놓아야 한다는 사실에 불쾌감을 느낀다"며 이렇게 말한다.

"아무리 봐도 뛰어난 아이디어인데 마케팅이 왜 필요한가 싶은 것이다. 그러나 학자든 시나리오 작가든 기업이든 간에 '뛰어난 아이디어와 형편없는 마케팅의 조합'과 '평범한 아이디어와 뛰어난 마케팅의 조합' 간의 차이가 승패를 가르는 중요한 요소일 수 있다는 점을 명심해야 한다. 사람들이 놀라움 뒤의 친숙함 혹은 친숙함 뒤의 놀라움을 발견할 수 있도록 독창적 아이디어와 기존 아이디어를 적절히 섞어주는 것이 바로 성공 비결이다."[10]

이렇듯 친숙함은 과학 연구에서 기업 마케팅에 이르기까지 전 분야에 걸쳐 큰 힘을 발휘한다. 그러니 친숙성을 매개로 형성된 감정 습관이 우리의 일상적 삶을 지배하는 게 그리 놀라운 일은 아닐지도 모른다. 이런 감정 습관은 사회적 차원에서 집단적으로 형성되기도 한다. 마룡진은 '밤에 더욱 흥분되고 달아오르는 유흥 문화는 세계 어디에도 없는 우리나라만의 특징"이라며 "한국 사회 전체가 스트레스와 긴장이라는 감정 습관에 빠져 낮에는 경쟁, 밤에는 자극적인 유흥으로 그 모습을 유지한다"고 말한다.[11]

사실 개혁이 어려운 이유도 바로 여기에 있다. 우리는 개혁이라고 하면 주로 제도와 법에 대해서만 이야기하고 대중의 일상적 의식과 관행은 성역시하는 경향이 있다. 그러나 개혁은 제도와 법만으론 이루어질 수 없다. 이른바 '경로의존經路依存, path dependency' 때문이다. 이는 한 번 경로가 결정되고 나면 경로 이용의 관성과 경로를 중심으로 형성된 기득권 때문에 경로를 바꾸는 게 어렵거나 불가능해지는 현상을 가리킨다.(제8장 「왜 "개혁이 혁명보다 어렵다"고 하는가?: 경로의존」참고)

경로의존은 제도와 법에만 국한되지 않는다. 대중의 감정과 의식과 관행의 경로의존이 개혁을 가로막는 경우가 많다. 이런 경로의존의 주요 원인은 습관이다.[12] 고위 공직자들의 인사 청문회를 보라. 보수와 진보를 가리지 않고 쏟아져 나오는 수많은 비리 의혹은 무엇을 말하는가? 특히 부동산과 자녀 교육 문제와 관련된 그들의 감정 습관은 제도와 법의 개혁마저 어렵게 만드는 진짜 이유가 무엇인지를 실감나게 만들기에 족하다.

감정 습관

물론 보통 사람들도 크게 다를 게 없다. 예컨대, 경찰청이 2019년 4월부터 전단·포스터를 배포하고 주요 도로에 야광 현수막 1,000개를 설치하는 등 '깜빡이 켜기 운동'을 벌이기 시작했다는 건 무엇을 의미하는가? 그런 캠페인을 벌여야 할 만큼 한국이 후진국이란 말인가? 그렇다. 교통 문제에 관한 한 한국은 후진국이다.

도로교통공단이 2018년 3월 달리는 차량 1,750대를 조사해보니 44퍼센트가 진로 변경 때 방향지시등을 안 켰다. 왜 그럴까? 한국인의 오랜 습관인 '약탈적 교통 문화' 때문이다. 직장인 김모 씨는 "차선을 바꿀 때 깜빡이를 켜면 옆 차가 양보를 해주기는커녕 오히려 급가속한다"며 "눈치를 보고 기다리다 깜빡이를 안 켜고 차선을 바꾸는 게 낫다"고 했다. 직장인 박모 씨는 "원칙을 지키면 바보 되는 게 한국 도로"라고 했다.[13]

왜 그런 몹쓸 습관이 많은 한국인에게 생겨난 것인지는 따져볼 문제지만, '내로남불' 습관 때문일 가능성이 높다. 남 탓하기 전에 우선 나의 감정 습관부터 살펴보는 게 좋겠다. '친숙성의 독재'나 '습관의 독재'가 어느 정도 불가피한 것이라면, 문제의 핵심은 무엇에 친숙해지고 무엇을 습관으로 삼느냐일 게다. 행복에 다가서는 감정 습관을 가질 수는 없는 걸까? 행복에서 멀어지는 감정 습관은 어떻게 해야 바꿀 수 있을까? 답은 이미 나와 있다. "천리 길도 한 걸음부터"다. 쉽게 실천할 수 있는 일상의 작은 습관에서부터 시작해 큰 변화로 한 걸음씩 나아가는 이른바 '작은 습관의 힘'이다.

왜 "더도 덜도 말고 딱 한 번만"이라도
해보는 게 필요한가?

작은 습관의 힘

"약자들의 싸움은 패배해서는 안 된다. 만약 패배할 것 같다면 무조건 도망치고 이길 수 있는 싸움만 골라서 해야 한다."[14] 미국의 사회운동가 솔 알린스키Saul Alinsky, 1909~1972의 말이다. 프랑스의 독립 저널리스트이자 사회운동가인 베르나르 아스크노프Bernard Hasquenoph도 승리의 경험을 누리는 것이 중요하다고 말한다.

"난 단지 폭로하는 데서 만족을 느끼고 저항하는 데서 쾌감을 느끼는 운동보다 구체적인 대안을 제안하고 그것이 실천되기를 희망한다. 드라마틱한 방식으로 불의를 폭로하고, 그 순간 언론의 조명을 받는 운동의 방식도 있다. 일시적으로 매우 만족스럽고 뿌듯하지만, 결국 뭔가를 바꾸기 위해선 폭로하는 것만으론 충분하지 않다.

난 구체적인 대안을 제안하고 그것을 얻어내는 경험들이 축적되는 게 중요하다고 본다."15

한국의 진보주의자들이 명심해야 할 말들이다. 그들은 승리보다는 정의로운 싸움 자체에 의미를 두면서 이길 수 없는 싸움을 즐겨 하는 경향이 있으니까 말이다. 영국의 좌파 지식인 알렉스 캘리니코스Alex Callinicos는 "오늘날 좌파의 가장 큰 문제점 중 하나는 패배의 경험을 내면화한다는 것"이라고 했는데,16 이는 한국의 진보 좌파에 딱 들어맞는 말이다. 직업 운동가들이야 패배의 상처나 후유증을 얼마든지 넘어설 수 있는 강한 신념을 갖고 있겠지만, 대중은 결코 그렇지 않다. 한국 진보 운동의 대중적 기반이 약한 건 바로 그런 투쟁 습관 때문인지도 모른다,

시민들이 정치나 운동에 참여하면 뭔가를 성취할 수 있다는 믿음을 주기 위해선 작은 승리나 성공이 절대적으로 필요하다. 미국 심리학자 칼 웨익Karl Weick은 「작은 성공들: 사회문제의 규모를 재정의하기Small Wins: Redefining the Scale of Social Problems」라는 논문에서 '작은 성공'의 중요성에 대해 이렇게 말한다. "작은 성공의 경험은 무게감을 줄이고('별거 아니군') 노력의 요구량을 감소시키며('이만큼만 하면 되네') 스스로 생각하는 능력 수준을 높인다('난 이것도 할 수 있잖아!')."17

정치발전소 학교장 박상훈은 '작은 승리의 힘'을 정치에 적용해 '급진적 점진주의'라는 개념을 제시한다. 그는 "일상의 점진적인 실천을 우습게 생각하면서 오로지 크고 근본적인 변화만 말한다면 그것은 '호사가들의 급진주의' 내지 '급진주의를 위한 급진주의'일 수는 있어도 실체적 변화를 이끄는 진짜 급진주의는 아닐 것이다"며 다음

과 같이 말한다.

"작은 변화를 전체 체제의 변화라는 더 큰 목표로 이끌 실력을 키우고, 마을 정치와 전국 정치, 지방 정치와 중앙 정치, 생활 정치와 정당 정치를 연결할 수 있는 시야를 갖는 것이 훨씬 더 급진적인 일이 될 수 있다.……주어진 선택지 안에서 그나마 조금 더 나은 것을 얻는 것, 혹은 그나마 덜 나쁜 결과를 얻는 것도 '작은 승리'로 생각하는 것이 좋은 태도라 본다. 막다른 분노와 냉소, 개탄으로 현실로부터 멀어지기보다는, 조금이라도 더 나은 가능성을 만들려는 꾸준한 노력 없이 급진적 변화는 꿈도 꾸기 어렵다고 본다."[18]

'작은 승리의 힘'이라는 이치를 잘 알고 있는 미국 실리콘밸리엔 이런 금언이 상식으로 통용된다. "무언가를 해내는 게 완벽한 것보다 낫다." '달성 가능한 작은 것들'부터 시작하라는 의미다.[19] 습관도 마찬가지다. 나쁜 습관을 바꾸거나 좋은 습관을 가지려는 시도를 하는 사람들은 '새해 결심'처럼 거창한 목표를 내세우면서 비장한 느낌을 즐기려는 경향이 있는데, 그게 바로 실패로 가는 지름길이다.

나쁜 습관을 바꾸는 데에 가장 큰 장애는 스트레스다. 심리학자 웬디 우드Wendy Wood의 주장에 따르면, "사람은 스트레스를 받았거나 의지력이 떨어졌거나 당황했을 때 쉽사리 의사결정을 내리지 못한다. 너무 피로하여 의사결정을 내리지 못할 때는 평소 하던 행동을 그대로 반복하는 경향이 있다."[20] 이는 습관을 바꾸고자 할 때에 자신의 의지력을 과대평가해선 절대 안 된다는 걸 말해준다.

미국의 자기계발 전문가 스티븐 기즈Stephen Guise는 "작은 습관은 의지력을 거의 필요로 하지 않는 트로이의 목마와 같아서 입장료를 내지 않고도 뇌의 통제실로 쉽게 들어가고 큰 결과를 낸다"고 말한다.[21] 따라서 점진적인 단계별 변화 노선을 택해야 한다. 심리학자 엘렌 랭어Ellen Langer는 "인간은 세부 단계에 따라 어떤 일을 할 때, 처음 한 발짝 내딛고 나면 자신의 행동에 의문을 가져볼 생각을 하지 않는 경향이 있다"고 말한다.[22] 인간의 이런 특성을 이용한 게 이른바 '문전 걸치기 전략foot-in-the-door technique'이다. '단계적 요청법'이라고도 한다.

정신과 의사 문요한은 변화와 성장의 과정에 '문전 걸치기 전략'을 활용할 수 있다고 말한다. 덩어리가 크면 뇌는 일단 두려워하거나 거부감을 느끼기 때문에 목표를 단계별로 나누어 한 걸음씩 나아가는 것이 중요하다는 것이다. "목욕탕의 뜨거운 탕 속에 아이를 데리고 들어가는 것은 쉽지 않은 일이다. 그래서 '발부터 담그는' 요령이 필요하다. 그러다 보면 뜨거운 물에 적응이 되고 더 들어갈 수 있는 준비와 용기가 마련된다. 중요한 건 첫 승리를 확보해서 발판을 마련한 다음 확장시켜나가는 것이다. 말 그대로 '한 걸음 한 걸음' 전략이 필요하다."[23]

기즈의 과장법을 빌리자면, '기적 같은 변화를 불러오는 작은 습관의 힘'을 이용하는 것이 필요하다. "이 작은 습관 전략은 아주 사소한 행위를 억지로라도 매일 하려고 노력하는 것을 기본으로 한다. 이것은 '너무 사소한 일이라 실패하기조차 힘들다'는 특성 덕분에 부담이 없으면서도 믿기 힘들 정도로 강한 힘을 발휘한다."[24]

기즈가 쓴 『습관의 재발견』(2013)이란 책을 읽다가 웃음이 터져나왔다. "이렇게까지 독자를 배려하다니!" 하는 생각에 말이다. 그는 이런 조언을 들었다고 한다. 하루 30분 운동이 쉽지 않으니, 팔굽혀펴기 운동이라면 더도 덜도 말고 '딱 한 번만 하라'는 조언이었다. 그는 처음에 이 말을 듣고 비웃었다가 실제로 딱 한 번 해보고 나서, 이후 이런 결론을 내렸다. "그것이 내 새로운 인생의 시작이었다."

기즈는 한 번 하는 데도 어깨에서 우두둑 하는 소리가 났고, 팔꿈치에 윤활유라도 칠해야 할 것 같은 느낌이 들었다고 말한다. 그럼에도 이왕 자세를 취한 김에 몇 번을 더 했고, "좋아, 한 번 더. 좋아, 두 번만 더. 자, 다시 한 번 더!"라는 식으로 잘게 나눈 목표를 세웠더니 달라지더라는 것이다. 그는 나쁜 습관을 끊는 것보다 좋은 습관을 기르는 게 쉽다며, 작은 습관 시스템은 적용이 쉽고 마음가짐을 긍정적으로 바꾸어준다는 데 강점이 있다고 역설한다.[25]

기즈는 'mini habit'이란 표현을 쓴 반면, 미국 스탠퍼드대학 행동경제학자 B. J. 포그B. J. Fogg는 'tiny habit'이란 표현을 썼다. 'tiny habit'을 '깨알 습관'으로 번역한 김호는 새로운 습관을 들이기 위해 깨알 습관을 정할 때에는 3가지 조건이 있다고 말한다. 하루에 한 번씩 반복할 수 있는 것이어야 하고, 한 번 하는데 30초가 걸리지 않으며, 거의 노력이 들지 않는 행위여야 한다는 것이다.[26]

인지심리학자들이 습관을 "상황 신호에 의해 유발되는 자동적 행동"이라고 정의하듯이, 습관의 형성엔 신호가 중요하다.[27] 이 신호를 바꾸어주는 작은 변화도 시도해볼 만하다. 웬디 우드는 "습관은 기억이 어떤 행동을 특정한 장소 또는 분위기와 연관 지을 때 형성된다"며 이런 방법을 제시한다. "여러분이 소파에 앉아 있는 동안 계속 과자를 먹을 경우 어느 정도 시간이 지나면 소파를 보기만 해도 자동으로 과자에 손이 가게 된다. 때때로 이러한 연관성은 너무나 강력해서 다이어트에 성공하기 위해서는 소파를 나무 의자로 바꿔야 할 수도 있다."[28]

습관학의 원조라 할 윌리엄 제임스William James, 1842~1910가 제시한 '가정 원칙As If principle'은 처음엔 좀 황당하게 들릴망정 과학적 근거가 있는 것인 데다 큰 노력이 필요한 것도 아니니 적극 시도해볼 만하다. 그는 이렇게 말했다. "당신이 바라는 습관을 아직 갖고 있지 않다면, 모든 면에서 이 습관을 이미 가진 것처럼 행동해야 한다. 그러면 그 행동 자체가 곧 실제 믿음을 만들어낼 것이다."[29] 이는 제임스가 1884년에 발표한 '감정 이론theory of emotion'에 근거한 것이다.

우리 인간은 슬프기 때문에 울고, 무섭기 때문에 떤다. 당연하게 여겨지던 이 상식에 대해 제임스는 이의를 제기하고 나섰다. "울기 때문에 슬프고, 떨기 때문에 무섭다"고 하는 것이 합리적인 설명이라는 것이다. 달리 말하자면, 감정은 순전히 몸에서 기원하는 본능적인 것이지 정신에서 기원하는 인지적인 것이 아니라는 이야기다. 덴마크의 내과의사이자 심리학자인 카를 랑게Karl Lange, 1834~1900도 1885년 이와 비슷한 이론을 독립적으로 발표했기 때문에, '제임스-랑게 이론James-Lange theory'이라고도 부른다. [30]

나쁜 습관을 버리고 좋은 습관을 만들기 위해 어떤 방법을 쓰건 한 가지 잊지 말아야 할 것은 일단 시도해보는 것이다. 팔굽혀펴기 운동처럼, 새로운 시도를 더도 덜도 말고 딱 한 번만이라도 해보자. 그걸로 끝나더라도, 속된 말로 밑질 게 없잖은가. 전혀 다른 맥락에서 쓰인 명언일망정, 미국의 흑인 민권운동가 마틴 루서 킹Martin

Luther King Jr., 1929~1968의 다음 조언을 믿어보는 게 어떨까? "믿고 첫걸음을 내디뎌라. 계단의 처음과 끝을 다 보려고 하지 마라. 그냥 발을 내디뎌라."

왜 양치질을 하고 나면
입안에 얼얼한 느낌이 들까?

습관 마케팅

1915년 미국에서 펩소던트Pepsodent라는 이름의 치약이 출시되었다. 당시 미국에선 양치질을 하지 않는 사람이 훨씬 더 많았으며, 양치질을 할 때에 치약을 사용하는 사람은 전체의 7퍼센트에 지나지 않았다. 펩소던트와 손잡은 광고 전문가 클로드 홉킨스Claude C. Hopkins, 1866~1932는 양치질을 미국인의 일상적인 습관으로 만들기 위한 광고 캠페인을 전개했다. 결론부터 말하자면, 10년 후 양치질은 미국인 다수의 습관이 되었다.

도대체 홉킨스는 어떤 방법을 쓴 걸까? 그는 소비자들이 치약을 매일 사용해야 하는 이유를 합리적으로 유도할 만한 자극제를 찾기 위해 치의학 책들을 읽기 시작했다. "재미없었다. 하지만 어떤 책의 중간쯤에서 내가 나중에 '필름'이라는 이름을 붙인 점액성 치태에 관한 글을 보았다. 그때 기막힌 아이디어가 떠올랐다. 그래서 이 치약을 '미의 창조물'로 광고하기로 마음먹었다. 그 희끄무레한 필름을 없애면 아름다운 치아를 가질 수 있다고!"

미국 전역에 걸쳐 이런 내용의 광고판이 등장했다. "혀로 당신의 치아를 느껴 보십시오. '필름'이 느껴지실 겁니다. 당신의 치아에서 하얀 빛깔을 빼앗아가고 충치로 발전시키는 주범입니다." 또 다른 광고판에는 아름답게 미소 짓는 미녀들 앞에 이런 글이 쓰여 있었다. "주변에 아름다운 치아를 가진 사람들이 얼마나 많은지 둘러보십시오. 지금 수백만 명이 새로운 치약을 사용하고 있습니다. 여자이면서 왜 당신의 치아를 뒤덮은 거무튀튀한 필름을 방치하시는 겁니까? 펩소던트로 그 필름을 제거하십시오!"

일종의 '공포 마케팅'이었다. 치태는 양치질을 얼마나 자주 하든 상관없이 치아에 자연스럽게 형성되는 얇은 막인 데다, 사과를 먹거나 손가락으로 이빨을 문지르거나 물로 조금 세게 헹구기만 해도 제거할 수 있는 것이었으니 말이다. 그래서 당시 치의학계를 이끌던 학자 중 한 사람은 펩소던트를 비롯해 모든 치약이 무익하다고 주장하기도 했다. 그렇긴 하지만, 이 광고 캠페인은 양치질을 미국인의 습관으로 정착시킴으로써 미국인들의 치아 건강 향상에 큰 기여를 한 건 분명했다.[31]

펩소던트 광고는 '공포 마케팅'이긴 했지만, 공포를 주는 것만으로 끝나지 않고 그걸 아름다움과 청결로 연결시켰다는 점에서 의미가 있었다. 홉킨스도 자서전에서 자신의 광고는 '네거티브 접근'이 아니었다는 점을 강조했다. "사람들은 자기가 받을 벌罰에 대해서는 알고 싶어 하지 않는다. 자기가 받을 보상에 대해서만 듣고 싶어 한다.……내가 사용한 모든 일러스트에서는 매력적인 사람들과 아름다운 치아를 보여주었다."[32]

미국 저널리스트 찰스 두히그Charles Duhigg는 『습관의 힘』(2012)에서 이 펩소던트 광고의 성공 비결은 '열망의 자극'이었다고 분석했다. 당시의 다른 치약들과는 달리, 펩소던트에는 구연산과 박하유를 비롯한 여러 화학물질이 함유되어 있었다. 이 성분들은 혀와 잇몸에 시원하면서도 얼얼한 느낌이 들게 했으며, 소비자들은 바로 이 자극을 기대하고 열망했다. 그런 자극을 받지 않으면 입이 깨끗해지지 않은 기분을 느꼈다. 수십 년 후 거의 모든 치약이 그런 느낌을 줄 수 있는 다양한 화학물질을 첨가하게 되었고, 펩소던트의 판매 곡선은 하강하기 시작했다. 두히그는 이런 결론을 내린다. "홉킨스는 아름다운 치아를 판 것이 아니었다. 그는 감각을 팔았다. 사람들은 시원하고 얼얼한 느낌을 열망하게 되었고 그런 느낌을 청결과 동일시하면서 양치질이 습관으로 자리 잡았던 것이다."[33]

치약 제조업자들이 청결한 느낌이라는 열망을 충족시켜주기 위해 동원하는 신호 장치엔 거품도 있다. 이젠 모든 회사가 치약을 만들 때 거품을 잘 나게 하려고 소듐 라우레스 설페이트라는 계면활성제를 첨가한다. 청결 효과는 전혀 없지만, 소비자들은 입 주변에 거품이 있는 걸 좋아한다. 거품을 청결의 신호로 받아들이는 습관이 고착된 상황에서 거품 없는 치약은 상상하기조차 어렵게 되었다. 샴푸의 거품 역시 마찬가지다. 기능상으론 그건 전혀 불필요한 것임에

도 샴푸 회사들은 거품을 만드는 화학물질을 첨가해 거품을 기대하는 소비자들의 습관에 적극 영합한다.[34]

펩소던트 광고는 소비자들의 습관을 공략하는 이른바 '습관 마케팅'의 고전적 사례가 되었지만, 여전히 '습관 마케팅'에 신경 쓰지 않는 기업도 많다. 니르 이얄Nir Eyal과 라이언 후버Ryan Hoover는 "고객들이 기존 상품에 등을 돌릴 정도로 자사의 상품이 혁신적이고 훌륭하길 기대하면서 타사의 기존 상품보다 조금 더 나은 상품을 만들려고 하는 기업가들이 많다"며 "그러나 이렇게 순진한 기업가들은 머지않아 더 좋은 상품이 항상 성공을 거두는 것은 아니라는 사실을 뼈저리게 실감하게 될 날이 올 것이다"고 말한다.[35]

이런 주장이 너무 거칠다면, 미국 하버드 경영대학원 교수 존 구어빌John Gourville의 좀 점잖은 논문식 주장은 어떤가. "수많은 혁신 상품들이 시장에서 실패하는 것은 고객들이 기존 제품을 비이성적으로 과대평가하고, 반대로 기업들은 자사의 신제품을 비이성적으로 과대평가하기 때문이다." 하지만 구어빌 역시 신생 기업들이 성공 기회를 잡기 위해서는 좀더 나은 상품이 아니라 9배 정도는 뛰어난 상품을 선보여야 한다는, 과격한 주장으로 돌아간다. 오래된 습관을 깨부수기란 힘들고, 새로운 상품은 그런 습관에서 벗어날 수 있을 만큼 사용자들을 강하게 흔들어놓을 획기적 성능을 제공해야 하기 때문이라는 것이다.[36]

소비자들의 습관이란 게 그렇게 무섭다. 한양대학교 경영대 교수 홍성태는 "20세기 마케팅이 소비자들의 수요needs를 정조준했다면, 21세기에는 그들의 욕구wants를 발견하고 자극해 '습관화'하는 게 핵심 수단이 됐다"고 말한다. 소비자의 습관이 기업의 생사生死를 판가름 짓기 때문에 전 세계적으로 기업들의 '습관 쟁탈 전쟁'이 벌어지고 있다는 것이다.[37]

미국의 대형 유통업체인 타깃Target은 이 분야의 선두주자다. 타깃의 1,147개 매장을 이용하는 소비자들은 신용카드와 더불어 고객 카드를 사용하고, 우편으로 받은 쿠폰으로 상품을 구매함으로써 자신에 관한 엄청난 양의 정보를 타깃에 넘겨주고 있다. 타깃은 여기에 다른 기업들과 데이터 장사꾼들에게서 사들인 정보까지 활용해 고객들이 그동안 구매한 상품 목록, 성별, 나이, 결혼 여부, 자녀 수, 직업 등 모든 걸 파악하고 축적하면서 이를 바탕으로 구매 습관을 분석한다. 그래서 여성 고객의 경우 임신 여부, 심지어 임신 몇 개월인지도 꽤 정확하게 알아내고 있다.[38]

그로 인한 문제가 없을 리 없다. 소비자의 프라이버시 침해 문제가 심각하다. 소비자의 습관 형성을 넘어서 인지적 편향을 이용해 제품을 많이 쓰게 함으로써 소비자의 경제적 손실은 물론 환경에 악영향을 미치는 일도 많이 일어나고 있다. 그 대표적 예가 바로 액체 세제가 담긴 플라스틱 통의 뚜껑이다. 조지프 히스Joseph Heath는 "계량컵으로도 쓸 수 있는 이 뚜껑은 소비자를 오도할 목적으로 인간의 창조 역량이 막대하게 발휘된 정교한 물건"이라며 "우리가 세제를 필요한 양보다 많이 쓰게 하기 위해 인간 정신이 가진 약점을 족히 3개는 활용하고 있다"고 말한다.

"첫째, 뚜껑 자체가 너무 크다. 우리 집에 있는 세제는 뚜껑 한 컵 분량으로 세탁기를 여섯 번 돌릴 수 있다. 굳이 신경 쓰지 않는 소비자는 매번 뚜껑을 가득 채워서 사용할 것이다. 둘째, 정확한 용량을 알려면 뚜껑의 안쪽을 들여다봐야 한다. 그런데 세탁기가 있는 지하실은 조명이 밝지 않다. 눈금을 읽으려면 환한 불빛에 대고 보아야 한다. 이 모두가 우연이 아니다. 셋째, 오랜 기간 실험과 시행착오를 거친 결과, 현재의 뚜껑은 전보다 키가 작고 뚱뚱해졌다. 길쭉한 컵보다 짧고 뚱뚱한 컵에 담겨 있을 때 액체의 양이 적어 보이는 인지적 편향을 이용한 것이다. 이 모든 것이 우리가 세제를 많이 쓰게 만들려는 하나의 목적을 향해 있다. 그래서 이제 사람들은 옷을 상하게 하면서까지 필요 이상으로 많은 세제를 쓴다.”[39]

이건 '습관의 착취'라고 불러도 무방할 것 같다. 하지만 그런 착취를 '애교'로 보이게 만들 정도로, 디지털 혁명은 새로운 종류의 착취를 탄생시켰다. 그건 바로 구글·페이스북·스냅챗·유튜브·넷플릭스 등 IT 기업들의 '습관 마케팅'을 넘어선 '중독 마케팅'이다. 이에 대해 실리콘밸리의 유명 투자가인 폴 그레이엄Paul Graham은 다음과 같이 경고한다.

“강한 중독성을 가진 새로운 상품들에 대해 사회 차원의 항체를 개발할 시간이 없었다. 새로운 중독 상품 하나하나에 탄광의 카나리아 신세가 되고 싶지 않으면 무엇을, 어떤 식으로 피해야 하는지 우리 스스로 알아내야 한다. 그렇지 않으면 미래 세대가 반면교사로 삼을 불행한 사례로 남게 될 것이다.”[40]

이안 보고스트Ian Bogost도 중독 형성 첨단 기술들의 유행을 '금세기의 담배'라고 부르면서 그 안에 잠재되어 있는 파괴적 부작용과 중독성을 엄중히 경고하고 있다.[41](제6장 「왜 “IT기업이 '신'이 된 세상”이라고 하는가?: 알고리즘 독재」참고) 그런데 문제는 소비자들이 그런 중독에 무관심하다는 점이다. 오히려 자신의 중독을 시대를 앞서가는 선진적 진보성으로 뻐기려 드는 경향마저 있다.

소비자들의 '습관 마케팅'에 대한 무관심은 오도된 자기애나 자존감의 산물이다. 소비자를 직접 상대하는 거의 모든 주요 기업이 전문 인력을 두고 소비자 습관 연구를 하고 있음에도 소비자들은 자신의 구매 행위를 자신의 주체적 판단에 의한 것이라고 믿고 싶어 하는 경향이 있다. 이는 미디어나 다른 사람을 통해 얻은 생각을 자신의 생각인 것처럼 오해하고 싶어 하는 심리와 비슷하다.

미국인의 과식 문제를 해결하기 위해 '작은 접시 운동Small Plate Movement'을 벌이는 코넬대학 교수 브라이언 완싱크Brian Wansink는 "우리는 대부분 자신의 기호대로 자유로이 음식을 선택한다고 착각하고 있다"며 "그것은 우리가 잘못 생각하는 것이다. 이런 선택의 대부분은 습관에 따른다"고 단언한다.[42] 그가 한 여러 실험 중에 이런 실험이 있다. 완싱크는 영화 관람객들에게 5일 전에 튀겨 눅눅해진 팝콘을 무료로 한 통씩 제공했는데, 절반에게는 큰 통으로, 나머지 절반에게는 중간 크기의 통으로 나눠주었다. 맛이 전혀 없었음에도 큰 통을 받은 사람들은 중간 통을 받은 사람들에 비해 평균 53퍼센트나 더 먹은 것으로 밝혀졌다. 영화가 끝난 후 완싱크는 큰 통을 받은 사람들에게 자신들이 더 많이 먹은 것이 통의 크기 때문일 수도 있다고 생각하는지 물었다. 그러자 대부분은 "그런 술수에는 안 넘어갑니다"라며 그 가능성을 부인했다.[43]

이와 관련, 니컬러스 에플리Nicholas Epley는 "더 적게 먹고자 한다면,

자신의 의지를 과대평가하지 말고 당장 집에 쌓여 있는 인스턴트 음식과 현대적인 초대형 접시들을 정리하고 더 작은 샐러드 접시에 음식을 담아먹는 것이 좋은 출발점이 될 것이다"고 했지만," 우리 인간은 자신의 의지를 과대평가하는 동물이다. 그래서 자신이 습관의 노예일 뿐이라는 점을 인정하지 않으려 하고, 이는 기업들의 '습관 마케팅'에 날개를 달아주는 격이다. 뇌 과학자들은 인간의 자유의지에 대한 믿음은 환상이라고 주장하지만, 사람들은 미국 작가 마크 트웨인Mark Twain, 1835~1910의 다음과 같은 조언을 선호하기 때문일 게다. "환상과 결별하지 마라. 환상이 사라지면 살아도 사는 게 아니다."

습관 마케팅

왜 직원들이 '자존감 습관'을 갖는 게 중요한가?

라테의 법칙

"습관이 관습이 되었고, 관습이 법칙이 되었고, 법칙이 사회조직의 조절 장치이자 도덕을 위한 토대가 되었다"는 말이 있다.[45] 습관은 개인적인 것인 반면, 관습은 사회적인 것이다. 습관이 모여 관습이 된다. '습관의 독재'처럼 '관습의 독재' 역시 우리를 지배하는 굴레지만, 관습은 습관에 비해 비교적 긍정의 대상이 되어왔다. 아마도 사회를 유지해야 할 필요성 때문이었으리라.

영국 철학자 프랜시스 베이컨Francis Bacon, 1561~1626은 "관습은 인생의 최고 지도자다"고 했고, 스코틀랜드 철학자 데이비드 흄David Hume, 1711~1776은 "관습은 인간의 삶에 가장 큰 지침이다"고 했다. 관습을 어기는 건 사회를 거부하는 것으로 간주되었다. 그래서 영국 경제학자

존 메이너드 케인스John Maynard Keynes, 1883~1946는 "비인습적으로 성공하는 것보다 인습적으로 실패하는 편이 더 나은 평판을 유지할 수 있다"고 했다.[46]

영국에 비해 관습에 대한 존중심이 약했던 미국의 지식인들은 '관습의 독재'를 비교적 빈번하게 지적했다. 미국 역사가이자 언어학자인 존 러셀 바트렛John Russell Bartlett, 1805~1886은 "관습은 세상을 지배한다. 그것은 우리의 감정과 행동 양식의 압제자이며 폭군처럼 세상을 다스리기 때문이다"고 했고, 미국 정치인 로버트 그린 잉거솔Robert Green Ingersoll, 1833~1899은 "관습은 요람에서부터 시작되어 무덤에 가서야 우리를 놓아준다"고 했다.

이미 17세기에 '관습의 독재'를 비판적으로 지적한 영국 지식인이 있었다는 게 놀랍다. 영국 역사가 토머스 풀러Thomas Fuller, 1608~1661다. 그는 "관습은 현명한 사람에겐 재앙이요 어리석은 사람에겐 우상이다"고 했다. 습관처럼, 어떤 관습이냐가 중요한 문제일 게다. 나쁜 관습도 있고, 좋은 관습도 있다는 말이다. 하지만 어떤 관습이 좋냐 나쁘냐를 판별하는 건 쉬운 일이 아니었고 생각이 다른 사람들 사이에서 갈등을 불러오기도 했다.

개인과 사회 사이에 조직이 있으며, 조직에도 습관이 있다. 영국의 조직학 교수 제프리 호지슨Geoffrey Hodgson은 "개인에게 습관이 있다면 조직에는 반복 행동이 있다"며 "반복 행동은 조직의 습관과 유사한 것이다"고 말한다. 미국 기업가로 재무장관을 지낸 폴 오닐Paul H. O'Neill은 "정부의 부서를 분석할 때마다 정책의 성공과 실패를 구분 짓는 기준이 조직의 습관에 있다는 걸 확인할 수 있었다"며 "가장 효

율적으로 운영되는 정부기관들은 반복 행동의 중요성을 알고 있었다"고 말했다.[47]

기업들은 조직 습관에 큰 관심을 기울인다. 소비자를 대상으로 '습관 마케팅'을 하는 동시에 바람직한 조직 문화를 형성하기 위해 직원들을 대상으로 '습관 교육'을 실시한다. 미국의 스타벅스는 입사 첫해 직원들에게 최소한 40시간의 교실 교육을 요구할 정도로 '습관 교육'이 철저한 기업으로 유명하다.

스타벅스는 직원들의 자제력을 조직의 습관으로 만들려는 교육 프로그램에 '라테의 법칙Latte Principle'이라는 이름을 붙였다. 이 법칙은 Latte의 첫 이니셜을 따서 만든 고객 응대 법칙으로, 고객의 말을 귀담아 듣고Listen, 고객의 불만을 인정하며Acknowledge, 문제 해결을 위해 행동을 취하고Take action, 고객에게 감사하며Thank, 문제가 일어난 이유를 설명하라Explain 등 5단계로 구성되어 있다.

'라테의 법칙'의 내용이 너무도 뻔하고 싱거운 게 아니냐고 생각하기 쉽지만, 그 훈련 과정은 결코 만만치 않다. 이 교육법은 스타벅스 경영진이 직원들의 의지력에 대해 완전히 잘못 생각해왔다는 깨달음과 성찰에 근거해 나온 것이었다. "의지력이 있는 직원들은 근무시간 내내 별다른 어려움을 겪지 않았다. 일반적인 날에는 의지력에 문제가 있는 직원도 다른 직원들과 별반 다르지 않았다. 그러나 뜻밖의 스트레스나 불확실한 사건이 닥치면 그런 직원은 순간적으로 발끈하며 자제력을 잃었다. 예컨대 고객이 고함치기 시작하면 평소에는 차분하던 직원이 평정심을 잃었다. 또 고객이 짜증내며 압박하면 금방이라도 폭발할 것처럼 변하는 바리스타가 있었다. 직원들에게 절실하게 필요한 것은 그런 변곡점에 대처할 수 있는 명확한 교육이었다."[48]

'라테의 법칙'에 의한 훈련 과정의 핵심은 끝없는 반복, 즉 습관 만들기다. 어떤 문제가 생겼을 땐 어떻게 하겠다는 걸 글로 쓰게 하는 것에서부터 역할 연기에 이르기까지 스트레스에 짓눌린 변곡점에서 사용하는 수십 가지의 반복 행동을 가르친다. 자다가도 벌떡 일어나서 바람직한 행동을 할 수 있도록 몸에 배일 때까지 몇 번이고 반복해서 연습하는 것이었으니, 향기롭고 달콤한 진짜 라테와는 거리가 멀어도 너무 멀었다.

이 교육법은 감정 노동자의 감정을 더 쥐어짜서 통제하려는 또다른 '감정 착취'가 아니냐고 이의를 제기할 사람들이 있겠지만, 그런 교육과 더불어 같이 이루어지는 '임파워먼트empowerment' 정책을 감안하자면 달리 볼 수도 있을 것 같다. 임파워먼트는 우리말로 번역하자면, "힘 실어주기, 권리 강화, 권한 위임, 권한 위양"이다. 자기 자신의 판단에 의해 행동을 취하거나 통제를 할 수 있게 만들어주는 것으로, 정치·경제·사회·문화·교육·기업 경영 등 다양한 분야에서 쓰이는 개념이다. 필립 코틀러Philip Kotler는 다음과 같은 중국 속담이야말로 임파워먼트의 핵심을 잘 설명해준다고 말한다. "내게 말해보라. 그러면 잊어버릴 것이다. 내게 보여주라. 그러면 기억할지도 모른다. 나를 참여시켜라. 그러면 이해할 것이다."[49]

스타벅스의 부사장 크리스 엥스코브Kris Engskov는 "우리는 파트너들(직원들)에게 '상자에서 커피를 꺼내고 컵은 여기에 두고 규칙을 준수해라'라고 지시하는 대신 지적 능력과 창의력을 마음껏 발휘하라고 독려하기 시작했다"며 "사람은 누구나 자신의 삶을 지배하는 주인이 되고 싶어한다"고 말한다. 찰스 두히그Charles Duhigg는 "스타벅스는 직원들에게 더 큰 자존감을 심어주는 데 주력하고 있다"며 다음과 같이 말한다.

"스타벅스 경영진은 직원들에게 에스프레소 기계와 금전 등록기를 새로운 방식으로 배치하고, 고객에게 인사하고 상품을 진열하는 방법을 스스로 결정하라고 독려했다. 이제 스타벅스에서 매장 관리자가 에스프레소 기계를 배치하는 문제를 직원들과 상의하며 몇 시간을 보내는 모습은 새삼스런 것이 아니다.……그 결과, 직원들의 이직률이 줄어들었고 고객의 만족도는 향상되었다."[50]

하긴 자존감은 '감정 습관'이다. '감정 착취'는 지속가능하지 않지만, 자존감에 기반한 친절과 고객 욕구 충족은 지속가능하다. 모든 직원이 자존감을 갖는 조직의 습관은 그런 전사적인 노력으로 바꿀 수 있겠지만, 사회적 관습을 바꾸는 것은 훨씬 어렵다. 모든 혁명은 관습에 대한 도전이기도 하지만, 혁명을 무너뜨리는 것은 관습인 경우가 많다. 사회적 관습마저 바꾸려고 했던 중국의 문화대혁명이 보여주듯이, 그런 시도는 매우 폭력적인 인권유린으로 이어지기 십상이다.

하지만 세상에 영원한 것은 없는 법이다. 오늘의 한국 사회를 수십 년 전의 한국 사회와 비교해보라. 안 바뀐 것도 있긴 하지만, 놀라울 정도로 크게 바뀐 것도 많다. 물론 정치경제적 변화가 큰 이유이긴 하지만, 그것만으론 다 설명할 수 없는 변화의 바람은 늘 불고있다. 다만 현 시점에서 그걸 느끼기 어려울 뿐이다. 그러니 개인의 변화와 조직의 변화를 시도해보지 못할 이유가 무엇이란 말인가. 이런 영어 격언도 있지 않은가. "변화 이외에 영원한 것은 아무것도 없다There is nothing permanent except change."

라테의 법칙

왜 "어떻게 사랑이 변하니?"라는 질문은 우문인가?

습관화

영화 한 편을 A와 B, 두 그룹의 사람들에게 보여준다. A그룹이 보는 영화엔 중간에 광고가 들어간다. B그룹이 보는 영화엔 광고가 들어가지 않는다. 영화가 끝난 후 소감을 물었다. 어느 쪽의 만족도가 더 높았을까? 우리는 B그룹일 거라고 생각하기 쉽지만, 결과는 뜻밖이었다. A그룹의 만족도가 훨씬 더 높았다.

왜 그럴까? 심리학자들은 '습관화habituation'라는 개념으로 설명한다. 우리는 보통 어떤 행위의 습관을 들이는 걸 가리켜 습관화라고 하지만, 여기서 말하는 습관화는 그게 아니다. 원래 영아들에 대한 연구에서 나온 습관화란 동일한 자극이 반복적으로 제시될 때 점차 주의를 덜 기울이고 반응이 감소하는 현상으로 매우 초보적인 학습의 한 형태를 말한다.

과학자들이 임신부에게 시끄러운 자동차 경적 소리와 같은 자극을 주고 배 속의 태아가 어떤 반응을 보이는지 실험을 했다. 처음에 태아는 아주 강한 반응을 보였지만, 자극에 노출되는 횟수가 잦아질수록 반응은 그만큼 약해졌다. 이렇듯 습관화된 자극에 변화를 주면 감소했던 반응이 다시 증가하는데, 이는 탈습관화dishabituation라고 한다. 습관화와 탈습관화는 우리가 잘 알지 못하는 새로운 환경에 주의를 효율적으로 집중하게 하여 더 효율적인 학습을 가능하게 한다.[51]

우리의 일상적 삶에 적용해보자면, 습관화는 시간이 갈수록 자극에 대한 반응이 약해지는 것, 즉 우리의 감각을 마비시키는 힘으로 생각하면 되겠다. '둔감화'라는 번역이 더 적절하다는 생각이 들지만, '습관화'라는 용어를 널리 쓰고 있으니 관례를 따르기로 하자. 영국 작가 올더스 헉슬리Aldous Huxley, 1894~1963는 "습관은 설레었던 즐거움을 따분하고 일상적인 필요로 변화시켜버린다"고 했지만,[52] 그런 변화는 우리의 건강을 위한 필요악인지도 모른다. 처음 만나 서로 미친 듯이 사랑하게 된 청춘 남녀를 생각해보라. 그 열정이 얼마나 지속될 수 있을까? 시간이 흐를수록 열정의 강도는 약해지게 되어 있다. 그렇게 되지 않는다면, 두 남녀는 짧은 시간 내에 모든 에너지를 고갈시켜 제 명에 살기 어려울지도 모른다.

독일 심리학자 폴커 키츠Volker Kitz와 마누엘 투시Manuel Tusch는 이 원리를 확장시켜 "즐겁고 신나는 일은 짧게 끊어서 하고, 지겨운 일일수록 단번에 끝내라"고 조언한다. 예컨대, 직장인이 연차 휴가를 한 번에 몰아서 쓰거나 하기 싫은 일을 나눠서 하는 건 어리석다는 이야기다. 이들의 설명을 들어보자.

"처음에는 즐거울지 모르지만 습관화의 힘으로 인해 시간이 갈수록 지루해지기 때문이다. 그래서 될 수 있는 한 연차 휴가를 짧은 단위로 나누어 휴가 횟수를 늘리는 것이 현명한 방법이다. 부담스럽고 하기 싫은 일을 할 때는 습관화를 반대로 이용하면 된다. 보통 하기 싫은 일을 시작할 때면 울화가 치민다. 그렇다고 중간에 일을 그만두면 자극에 무뎌지기 전에 끝나버려 다시 그 일을 하려고 할 때 더 괴롭게 된다. 그래서 부담스러운 일을 할 때에는 될 수 있는 한 한 번에 끝까지 해버리는 게 좋다. 시간이 흐르면서 습관화의 힘이 발휘되어 부담감이 줄고 무뎌지게 되는 것이다."[53]

이는 이미 사람들 사이에서 널리 실천되고 있는 상식이겠지만, 사람들마다 자극에 대한 반응이 약해지는 정도나 속도가 다르기 때문에 빚어지는 갈등이 의외로 많다. 사랑했던 두 남녀 사이에서 한 사람은 "어떻게 사랑이 변하니?"라고 묻고 싶겠지만, 다른 사람은 그건 우문愚問이라며 "어떻게 사랑이 안 변하니?"라고 반박하고 싶어 하지 않을까?

우리가 흔히 '피로증'이라고 부르는 것은 습관화의 결과일 경우가 많다. 제러미 리프킨Jeremy Rifkin은 『공감의 시대The Emphatic Civilization』(2009)에서 이렇게 말한다. "남을 돌봐주는 사람들, 특히 의사나 간호사들은 흔히 말하는 '동정 피로증compassion fatigue'에 걸리기 쉽다. 사회복지사도 그렇고 전쟁터나 재해 현장에서 비상 구조대원으로 근무하는 사람들도 이런 증세에 취약하다. 끊임없는 공감 과잉은 정서적 고갈을 가져와서 공감적 반응은 무뎌지며 정서는 메말라 간다."[54]

의사, 간호사, 비상 구조대원만 그런 게 아니다. 사회적 차원의 자극에 대한 보통 사람들의 반응도 다를 게 없다. 광범위하게 퍼져 있는 공직자들의 부정부패에 대해 무뎌지지 않으면 이 세상을 살아가기 힘들다. 분노가 치밀고 혈압이 올라 정상적인 생활이 어려워진다. 지방을 '내부 식민지'로 착취하는 현 '서울 공화국' 체제에 대해서도 마찬가지다. 세상이 원래 그런 것이려니 하고 순응해서 살아가는 게 개인의 행복에 도움이 된다. 그렇게 살아가는 걸 잘하는 일이라고 박수를 칠 수는 없는 노릇이지만, 그렇다고 습관화를 완강히 거부하는 것도 문제다.

국정 농단의 충격과 촛불 혁명의 감격. 이 충격과 감격의 지속 기간은 사람마다 다르기 마련이다. 이념적·정치적 성향이 같은 사람들 사이에서도 차이가 나타난다. 2019년 4·3 재보궐선거의 결과에 대해 더불어민주당은 "예상대로지만 예상과 다르다"며 곤혹스러움을 드러냈다. 이와 관련, 정치컨설턴트 박성민은 "2016년 총선, 2017년 대선, 2018년 지선을 지배했던 '박근혜 청산'의 유통 기한이 (적어도 경남에서는) 끝났다는 것을 확인했기 때문이다"고 해석하면서 다음과 같은 진단을 내렸다.

"이제는 '반문재인'의 시간이 다가오고 있다. 민주당의 패배라기보다는 (여론을 악화시킨) 청와대의 패배라는 점에서 문재인 대통령은 국정 운영과 당·청 관계에서 큰 부담을 안게 되었다. 청와대와 민주당은 내년 총선을 '적폐 청산'과 '주류 교체'의 완결판으로 만들고 싶겠지만 이미 흐름은 '정권 심판'으로 바뀌고 있는 중이다. 기회

뒤에 위기가 찾아오고, 위기 뒤에 기회가 찾아오는 것이 세상의 이치다."[55]

이런 진단을 수긍한 『경향신문』 정치부장 이용욱은 "여당은 한국당과 맞서 싸우는 데에만 능력을 보였을 뿐 민심을 다독이는 데에는 무능했다. 다 오만해서 벌어진 일이다. 여권에 대한 여론의 호감은 닳아 없어지고 있다. '내로남불' 비판에 여러 사람이 고개를 끄덕인다"며 다음과 같이 말했다.

"오만한 행태가 지속된다면, 아무리 선의와 진정성을 강조해도 덮일 것이다. 한국당의 비정상적 행태만 두들겨서 넘을 수 있는 위기는 더더욱 아니다. 공인된 불량식품을 두고 '먹으면 배탈 난다'고 떠들어봐야 소용없는 일이다. 이런 추세라면 한국당 퇴행보다 여권의 오만함이 더 큰 흠결로 비춰지는 때가 올 수도 있다. 오만은 그만큼 위험하다. 모든 것을 삼킨다."[56]

이 두 칼럼에 달린 비판적 댓글들은 한 가지 공통점을 보인다. 국정 농단의 충격과 촛불 혁명의 감격이 그때처럼 펄펄 살아 숨 쉬고 있다는 점이다. 이건 이념의 차이도 아니고 당파성의 차이도 아니다. '습관화'를 통제하는 열정의 차이다. 시간이 흐르지 않는 무시간성의 열정을 갖고 있는 사람들은, '적폐 청산'에만 매달리는 경향이 있다. 적폐 청산을 하는데 그깟 오만이 무슨 문제냐는 식이다. 아니 오만은 응징을 위한 필요악이라고 생각한다.

열정도 습관이다. 정치를 긴장과 자극이 있는 드라마로 이해하는 습관을 갖고 있는 사람들은, 경제를 중시하면서 능동적이고 차분한 자세로 민생을 돌봐야 할 필요성엔 비교적 무관심하다. 문제는 드라마가 영원히 지속될 수 없다는 데에 있다. 드라마를 되살리는 탈습관화를 위해서라도 변화는 필요한 법이다.

제2장

인간관계

왜 "내가 날 모르는데
넌들 날 알겠느냐"고 착각할까?

▾
▴

조하리 창

"내가 날 모르는데 넌들 날 알겠느냐"는 말이 있다. 그 누구건 입으로 내뱉진 않았을망정 자신에 대해 이러쿵저러쿵 하는 사람에 대해 한번쯤은 이런 생각을 해보지 않았을까? 가수 김국환의 노래 〈타타타〉에도 비슷한 말이 나오지만, 그건 "네가 나를 모르는데 난들 너를 알겠느냐"로 전혀 다른 내용이다.

우리는 대체적으로 자기 자신에 대해 잘 안다고 생각하는 경향이 있지만 그렇다고 해서 늘 그렇게 생각하는 건 아니다. 가끔은 "내가 어떤 사람이지?"라는 의문에 사로잡힐 때도 있다. 남은 나를 어떻게 볼까? 이것 역시 쉽지 않은 질문이다. 남이 나를 어떻게 보는지 안다고 생각해온 사람일지라도 자신에 대한 뜻밖의 평판에 놀라는 경우가 있으니 말이다.

이런 '자기이해' 또는 '자기인식'의 문제는 인류가 사회생활을 시작할 때부터 나타난 것이었겠지만, 이걸 학술적 주제로 삼아 비교적 명쾌한 공식으로 제시한 건 최근의 일이다. 미국 심리학자 조지프 루프트Joseph Luft, 1916~2014와 해리 잉햄Harry Ingham, 1916~1995은 1955년에 발표한 논문에서 '마음의 창'을 4가지로 분류하면서 자신들의 이름을 따 '조하리 창Johari window'이라고 불렀다.

나는 어떤 사람인가? 그 전모를 알긴 어려우므로 '창'이라는 비유가 꽤 그럴듯하다. 창을 통해 드러난 것만 알 수 있다는 점에서 말이다. 내 모습엔 내가 아는 것도 있지만 모르는 것도 있다. 남들 역시 나에 대해 아는 것도 있지만 모르는 것도 있다. 이를 가로축과 세로축을 그어 4개의 작은 공간을 만들어내는 '2×2 매트릭스'로 그려보면 4가지 창이 나온다. 나도 알고 남도 아는 '열린 창open area', 나는 알지만 남은 모르는 '숨겨진 창hidden area', 나는 모르지만 남은 아는 '보이지 않는 창blind area', 나도 모르고 남도 모르는 '미지의 창unknown area'이 바로 그것이다. 루프트와 잉햄은 사람의 특성을 묘사하는 56개의 형용사를 제시해 각자 자신을 평가해보도록 했다.

able, accepting, adaptable, bold, brave, calm, caring, cheerful, clever, complex, confident, dependable, dignified, empathetic, energetic, extroverted, friendly, giving, happy, helpful, idealistic, independent, ingenious, intelligent, introverted, kind, knowledgeable, logical, loving, mature, modest, nervous, observant, organized, patient, powerful, proud, quiet, reflective,

조하리 창

relaxed, religious, responsive, searching, self-assertive, self-conscious, sensible, sentimental, shy, silly, spontaneous, sympathetic, tense, trustworthy, warm, wise, witty.

이 가운데 자신을 가장 잘 표현한다고 생각하는 형용사를 6개 선정한 후, 자신에 대해 좀 아는 주위의 다른 사람도 6개를 선정할 수 있게 한다. 그다음 자신과 다른 사람이 선정한 단어를 놓고 분류한다. 서로 겹치는 단어는 모두가 아는 '열린 창open', 자신은 골랐는데 타인은 선택하지 않은 단어는 '숨겨진 창hidden', 타인은 골랐는데 자신은 선택하지 않은 단어는 '보이지 않는 창blind', 두 사람 모두 선택하지 않은 단어는 '미지의 창unknown'에 넣는다.[1]

사람에 따라 각 창의 크기는 다르다. '열린 창'이 가장 클 수도 있고 가장 작을 수도 있다. 일반적으로 열린 창이 넓은 것이 바람직한 것으로 여겨진다. 반면 '숨겨진 창'이 넓다는 것은 내향성이 강하다는 걸 말해주지만, 지나치게 넓을 경우엔 마음이 음흉하거나, 심리적 트라우마가 많다는 것을 말해주기도 한다. '보이지 않는 창'이 넓다는 것은 자신에 대한 자각능력이 떨어진다는 것을, 심할 경우엔 자아도취 성향이 있다는 걸 말해준다. '미지의 창'이 넓다는 것은 자신의 참 모습이나 잠재 능력에 대해 제대로 알지 못한 채 살아가고 있다는 걸 말해준다.[2]

그래서 '조하리 창'은 자신에 대한 이해는 물론 대인 커뮤니케이션interpersonal communication과 관련된 자기계발에 많이 활용되고 있다. 너무 인기를 끈 탓일까? 상대에 따라 자신에 대한 개방성을 조절하는 것까지 '조하리 창' 이론이라고 주장하는 자기계발서도 있다. 『혼자 밥먹지 마라』의 저자는 "조하리 창을 알게 된 덕분에 이제는 유대를 맺으려는 사람에 따라 나의 대화 방식을 조절하려고 늘 노력한다"고 했는데,[3] 응용을 해도 너무 한 것 같다.

'조하리 창'이 관심을 갖는 것은 그런 임기응변臨機應變의 처세술이라기보다는 어느 정도의 지속성을 갖고 있는 평소의 특성이다. 상대에게 자신에 관한 사실적 정보나 감정을 털어놓는 '자기노출self-disclosure'은 어느 대인 커뮤니케이션 교재에서건 매우 중요하게 다루어지고 있는데, 그 과정에서 빠지지 않고 등장하는 게 바로 '조하리 창'이다. 나는 알지만 남은 모르는 '숨겨진 창'이 바로 '자기노출'의 문제기 때문이다. 상대에게 '자기노출'을 통해 자신의 '숨겨진 창'을 열어주어야 인간관계가 발전할 수 있다는 것이다.[4]

보다 나은 대인관계를 위해선 '숨겨진 창'과 더불어, 나는 모르지만 남은 아는 '보이지 않는 창'을 줄여나가야 한다는 조언이 많다. "아, 나에게 이런 특성이 있었는데, 정작 나는 모르고 있었구나" 혹은 "나는 그렇게 생각하지 않았는데, 다른 사람은 나를 이렇게 이해하고 있었구나"라고 생각하면 자신의 모습을 다시 보게 되고, 앞으로 어떤 노력을 해야 할지 알 수 있다는 것이다.[5]

건국대학교 의학전문대학원 교수 하지현은 "우리는 자신의 특성 중 우리가 남에게 보이고 싶은 부분만 드러나 있다고 생각하는 경향이 있다"며 "하지만 사실은 남들이 나보다 나에 대해 더 많이 알고 잘 파악하고 있는 경우가 많다. 그렇기에 나에 대해 정말 잘 알려면 내 평판을 알아보려는 결단이 필요하다"고 말한다.[6] 이런 시도는 특히 리더에게 중요하다. 조직 커뮤니케이션 전문가 김호는 다음과 같이 말한다.

"리더십은 마케팅과 공통점이 있는데, 바로 다른 사람이 어떻게 인식하는지가 나의 현실을 결정한다는 것이다. 이는 나에게 진실을 전달해줄 수 있는 선배나 동료, 후배가 주변에 한 사람은 있어야 한다는 말이다. 나의 리더십이라는 초상화를 왜곡되지 않게 그려서 내게 보여줄 수 있는. 리더십은 자화상이 아닌 나와 함께 일하는 사람들이 나에 대해 그리고 있는 초상화에 의해 결정된다. 나에게는 그런 초상화를 그려주는, 나에 대한 진실을 전달하는 사람이 주변에 있는가?"[7]

명상을 할수록 '보이지 않는 창'이 더 커질 수도 있다는 게 흥미롭다. 명상 전문가인 상명대학교 교수 박석은 "주변에 명상에 심취한 사람이나 깨달았다고 하는 사람이 있으면 그 사람의 언행과 태도를 객관적으로 잘 살펴보라"며 이렇게 말한다. "대체로 주관적 확신이 강한 반면 객관성과 현실성이 떨어지는 경우가 많다는 것을 발견할 수 있을 것이다. 그러나 일단 당신이 그 사람의 확신의 에너지에 동조하게 되면 객관적으로 보기가 힘들어진다. 이 에너지는 전염력이 강해서 당사자만이 아니라 동조하는 사람들의 성찰의 힘도 마비시키기 때문이다. 이 전염력은 집단 전체의 객관적 성찰력을 마비시키는 힘이 있다. 명상 집단의 사람들이 자기들끼리는 소통이 잘되지만 외부의 보통 사람들과 소통이 잘 되지 않는 것은 이 때문이다."[8]

"내가 날 모르는데 너들 날 알겠느냐"는 생각은 그럴듯해 보이지만, '보이지 않는 창'을 고려하지 않은 착각일 가능성이 높다. 그래서 나에 대한 평판을 알아보고 나에 대한 진실을 전달하는 사람을 주변에 두는 게 소중한 것이다. 특히 조직을 이끄는 리더들에겐 이런 노력이 절대적으로 중요하다.

하지만 보통 사람은 과유불급過猶不及을 경계해야 한다. 피드백을 얻겠다고 상대방을 졸라대다 보면 자신에게 상처가 될 수 있는 말을 들을 수도 있기 때문이다. 피드백을 요청받은 사람도 그 점을 고려해야 한다.[9] 게다가 피드백 요청이 너무 적극적이고 잦으면 사람들이 질린 나머지 멀어져갈 수도 있다는 점을 명심해야 한다.[10]

물론 치명적인 문제라면 상처가 되더라도 그걸 감수하면서 바로잡을 수 있게끔 알아야 하겠지만, 그런 경우가 얼마나 되겠는가. 남에게 피해를 주지만 않는다면 세상엔 자신에 대해 모르고 지나가는 게 좋은 것도 있는 법이다. 그렇지 않다면 '스타일'이란 말이 왜 나왔겠는가. 남의 평판에 아랑곳하지 않고 자신 있게 자신의 스타일을 밀고 나가더라도, "내가 날 모르는데 넌들 날 알겠느냐"는 생각은 하지 않는 게 좋다는 말이다. 차라리 "내가 날 알지만 어쩔 수 없다"는 자세가 더 나을 것 같다. 좀 뻔뻔하긴 하지만 말이다.

조하리 창

왜 "모르는 악마보다는
아는 악마가 낫다"고 하는가?

모호성 기피

한국인들은 첫 만남에서 상대방에 대한 '호구 조사'에 들어가길 좋아한다. 나이, 고향, 출신 학교, 직장, 결혼 여부, 자녀 수 등 기본적인 인적 사항을 알아내고야 만다. 프라이버시 존중 의식이 높아지면서 그런 호구 조사를 가급적 하지 않으려는 사람들도 있는데, 나 역시 그런 사람 중의 하나다. 그런데 금방 문제가 있다는 걸 절감했다. 호구 조사를 끝내면 나눌 이야기가 많아지는 반면, 호구 조사 없인 이야기를 끌어나가기가 영 쉽지 않았다.

비교적 '호구 조사'를 하지 않는 서양인들도 그런 답답함을 느꼈던가 보다. 1975년 미국 커뮤니케이션 학자 찰스 버거Charles Berger는 "인간관계의 시작은 불확실성으로 가득하다"며 '불확실성 감소 이론

uncertainty reduction theory'이라는 것을 내놓았다. 일반적인 인간관계가 처음 이루어지는 단계에서 상대방에 대한 불확실성을 해소하기 위해 커뮤니케이션 행위가 이루어진다고 보는 이론이다.[11]

상대방에 대한 불확실성을 감내하는 정도는 사람에 따라 다르다. 불확실성을 못 건더히는 사람이 있는가 히면 그걸 비교적 잘 건디거나 오히려 즐기는 사람도 있다. 내가 관련 서적들에서 뽑아본 아래 8개 진술의 대부분 또는 전부에 동의한다면, 당신은 '인지적 종결 욕구need for cognitive closure'가 강한 사람으로서 전자의 유형에 가깝다고 볼 수 있다.

① 나는 삶이 질서정연하기를 바란다. ② 나는 자유와 개성보다는 규칙을 좋아한다. ③ 나는 복잡한 것보다는 단순한 것을 좋아한다. ④ 나는 추상화보다 정물화와 같은 구체적인 그림을 선호한다. ⑤ 나는 언행이 예측가능한 사람을 좋아한다. ⑥ 나는 신속하게 결론에 도달할 수 있는 명확한 판단을 선호한다. ⑦ 나는 모호한 상황에선 불편감을 느끼기 때문에 그런 상황을 싫어한다. ⑧ 나는 나의 생각이나 판단과 일치하지 않는 증거나 의견을 고려하지 않으려는 경향이 있다.

'인지적 종결 욕구'는 미국 사회심리학자 에어리 쿠르굴란스키Arie W. Kruglanski가 1993년에 제시한 개념이다. 이는 어떤 질문에 대해 모호함을 피하고 어떠한 답이든 확고한 답을 원하는 욕구를 말한다. '인지적 종결 욕구'가 강한 사람은 보수적일 가능성이 높다는 주장도 있지만, 한국처럼 역사적인 이유로 인해 흑백논리가 성행하는 사회에선 이념과의 관련성을 따지는 게 무의미할지도 모르겠다.[12]

상대방에 대한 불확실성을 감내하는 정도는 문화권에 따라서도

다르다. 네덜란드 사회심리학자 기어트 홉스테드Geert Hofstede는 1991년에 출간한 『문화와 조직Cultures and Organizations』이란 책에서 '불확실성회피uncertainty avoidance'라는 개념을 내놓았다. 이는 한 문화의 구성원들이 불확실한 상황이나 미지의 상황으로 인해 위협을 느끼는 정도를 의미한다. 이게 강한 문화권의 사람들은 "다른 것은 위험하다"고 보는 반면, 약한 문화권의 사람들은 "다른 것은 재미있다"고 생각하는 경향이 있다는 것이다.[13]

상황에 대한 불확실성을 감내하는 정도는 경제생활을 비롯한 우리의 일상적 삶에도 큰 영향을 미친다. 미국 경제학자 윌리엄 새뮤얼슨William Samuelson과 리처드 제크하우저Richard Zechhauser는 1988년 『위험과 불확실성 저널Journal of Risk and Uncertainty』에 발표한 「의사결정에서의 현상 유지 편향Status Quo Bias in Decision Making」이라는 논문에서 '현상 유지 편향status quo bias'이라는 개념을 제시했다. 사람들은 불확실한 변화를 싫어하며 현재의 상태에 그대로 머물고자 하는 강한 바람을 갖고 있다는 것이다.[14]

이렇듯 불확실성은 사회과학 분야에서 다양한 시각과 방법으로 다루어져온 주제다. 이제부터 이야기할 '모호성 기피ambiguity averson'라는 개념도 비슷한 이야기다. '불확실성 기피uncertainty aversion'라고도 부르는 '모호성 기피'는 사람들에겐 잘 판단할 수 없을 때 위험을 회피하려는 성향이 있다는 걸 가리키는 개념이다. "악마에게 당하더라도 모르는 악마보다는 아는 악마가 낫다"는 서양 속담이야말로 '모호성 기피'의 슬로건이라고 할 수 있겠다.

'모호성 기피'는 경제학자 존 메이너드 케인스John Maynard Keynes,

1883~1946가 1921년 『확률론』에서 처음 밝혔고, 이어 대니얼 엘스버그 Daniel Ellsberg가 1961년의 논문에서 대중화시킨 이론이다. 나중엔 신경학자들이 가세해 우리의 두뇌 자체가 모호한 상황을 싫어한다며, 이 점을 외면한 경제학의 '합리적 선택 이론rational choice theory'은 전면 폐기되어야 한다는 주장을 내놓기에 이르렀다.[15]

독일 경제학자들은 G7 국가의 시장 참여자들의 투자 행태를 연구한 결과, 투자자들이 자국에서만 투자하려는 경향을 강하게 보임으로써 매년 1~3퍼센트의 추가 수익을 포기했다는 것을 입증했다. 이들은 이런 경향을 '홈 바이어스home bias', 즉 '국내 자산 편향'이라고 불렀다. 특히 독일인들이 가장 강한 국내 자산 편향을 보인 것으로 나타났다. 이는 독일인들이 독일 주식에 대한 정보를 상대적으로 쉽게 취득할 수 있다는 이유와 더불어 '모호성 기피' 성향이 발동한 결과로 분석되었다.[16]

이스라엘 심리학자 지오라 케이난Giora Keinan은 '모호성 기피' 성향과 미신적 행위의 관계를 연구한 결과, '모호성에 대한 포용력tolerance of ambiguity'의 정도가 낮은 사람들이 '마술적 사고magical thinking'를 더 많이 한다는 것을 입증했다. 이 실험에서 개인의 교육 수준은 아무런 관련이 없는 것으로 나타났다.[17]

일반적으로 인간은 불확실성으로 인한 스트레스를 받는 상황에서 통제력을 되찾기 위한 방식으로 미신적 행위를 더 많이 하게 되는데, 그 대표적 직업이 어부, 군인, 프로야구 선수들이다. 디트로이트 타이거스의 1루수로 활동하던 조지 멜치George Gmelch는 이렇게 말했다.

"대학 시절 수업 중 교수님이 트로브리안더 부족들의 마술적 의식에 대해 말씀해주셨다. 소위 원시인으로 불리는 이 사람들의 의식은 나와 동료들이 경기장에서 행운과 자신감을 얻기 위해 행했던 의식과 별반 다르지 않다는 생각이 들었다."[18]

한국에선 프로야구 선수들의 그런 마술적 의식을 가리켜 '징크스'라고 부르는데, 몇 개 소개하자면 이런 것들이다. 이승엽은 홈런을 쳤을 때 입었던 유니폼을 밤새 다시 세탁해 다음 날 경기에 입었다. 박진만은 안타가 나오면 매 타석에서 같은 배팅 장갑을 착용하고, 안타를 치지 못하면 바로 장갑을 바꾸었다. 홍성흔은 코치가 자신의 장갑에 '王'자를 써준 후 타격감이 좋아지자 이후 계속해서 장갑에 '王'자를 새겼다. 투수인 이태양은 선발 등판 당일에 방을 대청소한다.[19]

사람들의 '모호성 기피' 성향으로 인해 정치인들은 딜레마 상황에 처하게 된다. 자신의 주장이나 공약을 분명하게 제시할 경우 확실한 지지를 얻을 수 있는 유권자들도 있지만 동시에 등을 돌리는 유권자들도 생겨나기 마련이다. 특히 갈등의 소지가 큰 이슈에 있어선 더욱 그렇다. 어떻게 할 것인가? 정치인들마다 선택이 다르긴 하지만, 그간 일반적인 법칙이라고 해도 좋을 정도로 대부분의 정치인이 택한 전략은 모호성을 껴안는 것이었다.

미국 경제학자이자 정치학자인 앤서니 다운스Anthony Downs는 『민주주의의 경제적 이론An Economic Theory of Democracy』(1957)에서 2개 정당 체제하의 후보자들은 폭넓은 유권자들을 포섭하기 위해 그들의 차이를 극소화시킬 것이라고 말한다. 벤저민 페이지Benjamin I. Page는 정당이나 정치인은 대부분의 상황에서 유권자들의 표를 잃는 가장 직접적인 요인을 제거하기 위해 이슈를 모호하게 제시할 것이라며, 이를 '정치적 모호성 이론theory of political ambiguity'으로 명명했다.[20] 현 미국 대통령인 도널드 트럼프Donald J. Trump는 이런 원칙을 깬 예외적인 인물이지만, 그간의 미국 정치가 '정치적 모호성 이론'을 신봉해온 건 분명한 사실이다.

의도적인 모호성은 국가 간의 외교 관계에서 많이 쓰이는 전략이자 정책이기도 하다. 이를 가리켜 '전략적 모호성strategic ambiguity'이라고 한다. 행위 주체가 특정한 입장을 취하지 않음으로써 위험 부담을 더는 행위를 일컫는 말이다. '의도적 모호성deliberate ambiguity' 또는 '전략적 불확실성strategic uncertainty'이라고도 한다[21]

정부나 관료 집단은 책임 회피를 위해 모호성을 이용하기도 한다. 이를 비판하기 위해 조지 오웰George Orwell, 1903~1950은 『1984』(1949)에서 '더블스피크doublespeak'라는 말을 만들어냈다. 단어의 이중적인 의미로 '가치 체계의 전도inversions of the value hierarchies'을 일으켜 사실상 속임수를 저지르는 언어유희를 말한다. 오웰은 다음과 같이 개탄한다.

"대개 정치 언어는 에둘러 말하기, 논점 회피, 최대한 애매모호하게 표현하기 등으로 이루어진다. 무방비 상태의 마을이 폭격을 당해서 주민들이 낯선 곳으로 내몰리고 가축들이 기총소사에 몰살당하고 불을 뿜는 총탄이 삶의 보금자리를 불태우는 상황이 '평정'이라고 불린다. 수많은 농부들이 농토를 빼앗긴 채 보따리를 이고 지고 길거리로 쏟아져 나와 피난길에서 헤매는 상황이 '인구 이동' 또는 '국경 수정'이라고 불린다."[22]

그렇다면 더블스피크는 '완곡어법euphemism'과는 어떻게 다른가? 공적 감시 대상이 되어야 할 행위에까지 완곡어법을 사용해 사람들의 판단을 흐리게 한다면 그 경우에 완곡어법은 더블스피크가 된다. 예컨대, 노동시장에 적용되는 '유연성'이라는 개념을 보자. 리처드 세넷Richard Sennett은 "마치 유연성이 사람들에게 인생의 자유도 보다 많이 주는 듯한 착각을 불러일으키"면서 "자본주의에서 억압의 냄새를 없애는 또 다른 방편으로 이용되고 있다"고 비판한다.[23]

참으로 묘한 일이다. 정작 분명함이 필요한 영역에선 모호성이 판을 치고 있고, 모호성을 존중해주어야 할 영역에선 모호성을 기피함으로써 자신은 물론 남에게도 피해를 주고 있으니 말이다. 모호성을 찬양하는 '퍼지식 사고fuzzy thinking'가 주목을 받고 있지만, 이는 주로 공학이나 기업 경영에만 적용될 뿐 우리의 일상적 삶에선 여전히 대접을 받지 못하는 '흐리멍텅함'으로 폄하되고 있으니 이 어찌 개탄할 일이 아니랴.

한국 특유의 적당주의나 대충주의는 한국을 '퍼지 사고력의 천국'이라고 부르는 근거가 되고 있지만,[24] 우리는 일을 처리할 때에만 그럴 뿐 사회적으로 '다름'을 대하는 자세에서 적당주의나 대충주의를 적용하지는 않는다. 우리는 관용이라는 말을 즐겨 쓰지만, 사실 관용의 핵심은 '모호성에 대한 포용력'이 아닌가. 상황에 따라 분명함을 요구하거나 모호성을 포용하는 분별력을 갖는 게 정말 어려운 일인가 보다.

모호성 기피

왜 우리는 의사결정과 인간관계를 뒤섞는가?

▼
▲

평등 편향

우리는 여러 사람이 모인 자리에서 세상 돌아가는 이야기를 할 때가 많다. 그런 자리의 성격은 다양하다. 그 자리에 참석한 사람들은 직장 동료들일 수도 있고, 친한 친구들일 수도 있고, 헬스클럽에서 자주 만나는 사람들일 수도 있다. 그런 자리엔 처음 보는 낯선 사람들이 동석할 때도 있다. 이야기가 좀 진행되다 보면 각자의 성향과 수준이 드러나기 마련이지만, 무슨 토론 대회가 아닌 만큼 친소 관계를 막론하고 각자의 의견을 존중하면서 반론은 삼가야 한다는 무언의 압력을 받는다.

그런 분위기에선 어떤 주제에 대해서건 많이 아는 사람보다는 말 많은 사람이 더 많은 말을 하기 마련이다. 그 말 많은 사람이 누구나 이해할 수 있는 주장을 한다면 다행이지만, 전혀 그렇지 않을 때도 있다. 그 주제에 대해 잘 아는 사람은 속으론 '말도 안 되는 이야기'라고 비웃을망정 그걸 밖으로 드러내진 않는다. 그저 가벼운 사교 행위로 주고받는 말잔치에 정색을 하고 나서는 게 오히려 점잖지 못하다고 핀잔을 받을 가능성이 높으니까 말이다.

친한 친구들 사이에선 열띤 토론이 벌어지기도 하지만, 늘 역할은 정해져 있다. A와 B는 무슨 주제에 대해서건 만나기만 하면 말로 싸우고, C는 화제를 전환시킴으로써 그 말싸움을 뜯어말리기에 바쁘다. A와 B 가운데 A의 말이 옳더라도 A와 B를 동등하게 다루어야지 행여 A의 편을 들었다간 그 자리의 분위기를 망칠 우려가 있다. 물론 A의 편을 들면서 B에게 면박을 주는 그런 격의 없는 친구들의 모임도 있긴 하지만, 그렇다고 해서 B가 자신의 주장을 철회하고 수긍하는 법은 없다.

심리학자들은 이런 현상을 내버려두지 않고 연구의 주제로 삼아 '평등 편향equality bias'이라는 개념을 만들어냈다. 대화에 참여한 사람들이 특정 주제에 대한 각자의 수준 차이에도 누구에게나 공정한 시간과 관심을 할애하려는 성향이 있다는 걸 가리키는 개념이다. 알리 마흐무디Ali Mahmoodi 등은 2015년 이런 '평등 편향'이 집단 의사결정에 악영향을 미치고 있다는 논문을 발표했다. 이들은 능력이 떨어지는 사람들은 예상했던 것보다 자신의 주장을 더 옹호하는 경향이 있고, 오히려 더 실력 있는 사람들이 상대편의 주장이 분명히 틀렸을지라도 그걸 존중해주는 경향이 있다는 것을 발견했다.[25]

왜 그런 일이 벌어지는 걸까? 상대적으로 실력이 떨어지는 사람들은 틀리거나 잘 모르는 것처럼 보이지 않음으로써 존중을 받기 원했고, 실력이 우월한 쪽은 자기가 늘 옳다는 이유로 누군가를 소외시키고 싶어 하지 않았기 때문이다. 미국 국제정치학자 톰 니콜스Tom Nichols는 『전문가와 강적들: 나도 너만큼 알아』(2017)라는 책에서 '전문가의 죽음'과 관련해 이런 '평등 편향'에 주목하면서 "이런 태도나 행동은 기분 좋은 오후를 보내는 데는 효과가 있을지 몰라도, 어떤 결정을 하기에는 정말 나쁜 방법이다"고 우려한다.[26]

단순한 사교 행위가 아니라 무슨 결정을 내리기 위한 자리라면 사람들이 달라지지 않을까? '평등 편향'의 지배를 받지 않고 할 말은 다 하지 않을까? 그게 그렇지 않다는 데에 문제가 있다. 사교 행위에서 작동했던 '존중받고 싶은 욕구'와 '누군가를 소외시키고 싶지 않은 배려'의 버릇은 중요한 의사결정을 내리는 데에도 똑같이 작동하는 경향이 있다.

이는 '평등 편향'과 비슷한 현상인 '집단 사고groupthink'나 '애빌린 패러독스Abilene Paradox' 관련 연구에서도 충분히 입증된 바 있다. '집단 사고'는 "응집력이 강한 집단의 성원들이 어떤 현실적인 판단을 내릴 때 만장일치를 이루려고 하는 사고의 경향"인데, 집단 내의 화합적 분위기를 깨지 않으려는 강한 욕망이 주요 원인이다. 케네디 행정부의 피그스만 침공 사건, 존슨 행정부의 베트남 정책, 닉슨 행정부의 워터게이트 사건 등이 좋은 예다.[27]

'집단 사고'의 한 유형인 '애빌린 패러독스'는 아무도 원치 않았는데 만장일치의 합의로 나타난, 즉 누구도 왜 그렇게 했는지 이해가 안 되는 현상을 말한다. 이것 역시 조직 구성원 개개인이 자신의 의견을 분명하게 표현하지 않기 때문에 벌어지는 현상이다. 왜 사람들은 자신의 의견을 분명하게 표현하지 않는 걸까? 조직의 구성원들이 자신의 믿음대로 행동하는 것에 대한 두려움과 더불어 그로 인한 소외에 대한 두려움을 갖고 있기 때문이다.[28]

'평등 편향'은 그간 '집단 사고'를 극복하기 위한 방안 중의 하나로 제시되어온 '집단 구성의 다양성'에 대해 부분적인 수정을 요구한다. 다양성이 필요하다는 것은 '만장일치'가 쉽게 이루어질 가능성을 높게 만드는 연고주의와 패거리주의를 배격해야 한다는 뜻이다. 더 나아가 다른 시각을 제시할 수 있는 조금 다른 분야의 전문가가 필요하다는 뜻이다. 그런데 다양성이라는 이름으로 능력에 있어서 현격한 차이가 있는 사람들로 집단을 구성해도 좋은가? '평등 편향'은 그건 위험하다는 답을 제시한 셈이다.

디지털 시대는 어떤 주제에 대해 많이 알건 적게 알건 자신이 아는 것보다 많이 아는 척을 하는 경향을 극대화시킴으로써 '평등 편향'의 전성시대를 불러왔다. 이른바 '인정 투쟁'이 격화되면서 "우리는 마치 우리가 박식한 사람인 척 연기를 하는 것에 가까운 위험한 상태에 도달"한 것이다.[29] 댓글 세계에서 그런 위험한 상태에 도전하면 곧장 날아오는 반격은 "선비질하지 마라"다. 물론 그렇게 된 데엔 정작 '선비질'을 해야 할 때에 하지 못한 지식인들의 책임이 크지만,[30] 언제까지 개인적 오류마저 사회적 풍토의 책임으로 돌려야 하는가 하는 의문은 풀리지 않은 채로 남아 있다.

니콜스는 이런 의문에 답하고 싶었던가 보다. 러시아 문제 전문가인 니콜스는 SNS에서 러시아에 관해 자기를 가르치려 드는 '비전문가'들에게 화가 나 블로그에 글을 올렸다가 『전문가와 강적들』이라는 책을 썼다고 한다. "인터넷의 확산으로 누구나 똑똑하다고 생각하다 보니 전문가들의 의미 있는 조언을 더이상 받아들이려 하지 않는다." 1990년대 중반 퀴즈쇼 〈지오파디!〉에서 다섯 차례 우승하기도 했던 그는 이렇게 개탄한다. "사람들이 아직도 나의 다른 약력보다 〈지오파디〉 우승에 더 큰 박수를 보낸다. 역시 TV에 나와야 한다는 점을 깨닫게 한다."[31]

니콜스의 푸념은 '선비질'이라는 비판에 내재된 편향성을 시사하고 있다. 그 비판은 충분한 근거가 있는 반反엘리트주의거나 반反전문가주의지만, 모든 엘리트나 전문가가 다 똑같은 취급을 받는 것은 아니다. 미디어를 통해 널리 알려진 유명 인사나 기업계의 거물들은 다른 대접을 받는다. 혹 '평등 편향'이 강한 사람들일지라도 스스로 알아서 그들의 '가치'를 인정해주고 들어가기 때문은 아닐까? 뭔가 시각적으로 보여주지 못한 채 단지 말과 글만을 통해서 누군가의 우위에 서려는 것을 용납할 수 없다는 정서야말로 디지털 세계를 지배하는 반反지성주의의 본질이 아닐까?

설사 그렇다 하더라도 우리는 오늘도 이야기판이 벌어지는 어떤 자리에서건 모든 참여자가 평등해지는 상황을 만들기 위해 애를 쓸 게 틀림없다. 평등하지 않은 세상에서 그런 자리만이라도 평등이 관철되는 성역으로 남겨두어야 한다는 우리의 암묵적 합의인 셈이다. 그런 합의가 중요한 의사결정에까지 영향을 미치는 것은 개탄을 금치 못할 일이지만, 평등이 신기루처럼 저 멀리 달아나는 세상에서 그런 성역의 가치는 더욱 빛을 발할 게 틀림없다.

09

왜 자신이 어리석다는 사실을
진히 모를까?

더닝-크루거 효과

심약한 교수들은 매 학기가 끝날 때마다 며칠간 마음이 불편해진다. 성적 평가에 대한 학생들의 이의 제기가 쏟아지기 때문이다. 특히 성적에 대해 상대평가를 실시하는 대학의 교수들이 더욱 그렇다. 교수 자신의 기준으론 A를 줘도 무방할 성적임에도 강제로 할당되어 있는 각 학점당 배정 인원을 채우다보면 B를 줘야 할 상황이 발생하니 어찌 마음이 편할 수 있겠는가.

그런 심약한 교수에 속하는 나는 이메일을 통해 성적 이의 제기가 들어오면 비교적 긴 답을 해준다. 중간고사, 기말고사, 리포트 등 각 항목별 점수를 알려주는 건 물론이고 시험 답안지에 대한 평가와 아울러 직접 더 상세하게 설명해줄 수 있으니 방문을 언제든 환영한다는 말도 빠트리지 않는다.

나는 지난 30년간 1년에 두 번씩 그런 일을 하면서 하나의 뚜렷한 패턴을 발견할 수 있었다. 이의 제기를 하는 게 마땅하다 싶은 학생은 말이 없고 전혀 엉뚱한 학생들이 이의 제기를 하는 경우가 많더라는 것이다. 점수론 C를 줘야 할 학생이지만, 상대평가를 하다 보면 B구간의 배정 인원이 남을 때 B로 올려주기도 한다. 흥미롭게도 이런 식으로 점수를 올려준 학생들의 이의 제기가 많았다. 물론 그건 비교적 낮은 점수에 대한 당혹감 때문에 그러는 것으로 이해할 수도 있겠지만, 내가 보기엔 좀 다른 문제도 있는 것으로 보였다. 그건 바로 자기 객관화 능력의 부족이었다.

하지만 그거 내 짐작일 뿐 입증할 길은 없다. 이런 종류의 입증을 직업으로 삼는 이들이 있으니, 바로 심리학자들이다. 미국 사회심리학자 데이비드 더닝David Dunning은 자신의 연구 결과를 한마디로 정리해준다. "시험에서 D나 F의 성적을 자주 받는 대학생일수록 훨씬 더 자신의 노력이 인정받을 만한 가치가 있다고 생각하는 경향이 있었다." 왜 그렇다는 걸까? "기본적으로 우리 안에 장착되어 있는 인지적, 기술적, 사회기술적 조건에 관해서 잘 모르는 사람들일수록 자신의 기량과 성과를 엄청나게 과대평가하는 경향이 있다. 문법이든, 토론이든, 금융 지식이든, 분야를 막론하고 말이다."[32]

더닝은 대학원생 저스틴 크루거Justin Kruger와 함께 1999년에 발표한 논문에서 처음으로 이런 주장을 내놓았기에,[33] 무능한 사람일수록 자신이 무능하지 않다고 더 강하게 확신하는 인지적 편향cognitive bias을 가리켜 '더닝-크루거 효과Dunning-Kruger effect'라는 이름이 붙었다. 무능함 탓에 어리석은 선택을 할 뿐만 아니라 그런 사실 자체도 깨닫지 못하다니, 참으로 안타까운 일이다.

'더닝-크루거 효과'와 비슷한 현상으로 '과신 효과overconfidence effect'라는 게 있다. '기만적 우월감 효과illusory superiority effect'나 '워비곤 호수 효과Lake Wobegon effect'라고도 불리는 '과신 효과'는 대부분의 사람이 자신을 실제보다 높게 평가하는 것을 말한다. 자신이 평균 이상이라고 생각하고 다른 사람은 자신보다 못하다고 믿는다는 것이다.[34] '더닝-크루거 효과'는 특별히 무능한 사람에게 나타나는 '과신 효과'라고 할 수 있다.

'더닝-크루거 효과'는 '메타인지metacognition' 능력의 부족 때문에 일어난다. 우리가 얼마나 무지한지를 아는 것, 그걸 가리켜 메타인지라고 한다. 톰 니콜스Tom Nichols는 메타인지를 "자신이 지금 하고 있는 일을 객관화해서 보고, 자신이 그 일을 엉터리로 하고 있음을 깨닫는 능력"이라며 다음과 같이 말한다.

"좋은 가수는 노래를 하다가 음정이 어긋나면 그걸 곧바로 알아차리고, 좋은 감독은 불필요하거나 별로인 장면이 끼어들면 그걸 곧바로 알아차린다. 또, 좋은 마케터는 어떤 광고가 실패작이 될지를 미리 알아본다. 이와는 반대로, 덜 유능한 직업인에게는 그런 능력이 없다. 그는 그냥 자기가 일을 아주 잘하고 있다고만 생각한다."[35]

참 답답한 일이지만, 세상이 이성적으로만 굴러가는 건 아니라는 데에 근본적인 문제가 있는 건 아닐까? "인생에서 필요한 것은 무지와 자신감뿐이다. 그러면 성공은 확실하다"는 미국 작가 마크 트웨인Mark Twain, 1835~1910의 말처럼, '무지와 자신감'으로 재미를 본 사람이 많다. "무지는 나의 힘"이라는 좌우명 하나로 밀어붙여 크게 성공한 사람들도 있으니, 오히려 자신감을 위해 자신의 무지를 내내 깨닫지 못하는 게 더 유리할 수도 있다. 기업 CEO들 중에 이런 사람이 꽤 있나 보다. 독일 IBM의 최고기술경영자를 지낸 군터 뒤크Gunter Dueck 는 『왜 우리는 집단에서 바보가 되었는가: 조직의 모든 어리석음에 대한 고찰』(2015)이란 책에서 다음과 같이 말한다.

"불가능한 것을 감행하는 무모한 '용기'야말로 무능함의 극치다. 이런 경영자는 당연히 실패할 수밖에 없다. 그런데도 경영자는 혹 실패하더라도 자신의 명성에 흠이 생기는 것은 아니라고 굳게 믿는다. 오히려 자신은 최고의 과제에 도전했다며 큰소리를 친다. 불가능한 목표를 달성하기 위해 노력하는 것은 절대 부끄러운 일이 아니라는 허튼소리만 반복한다."[36]

그렇다면 '더닝-크루거 효과'를 없애거나 완화할 수 있는 방법은 없는 걸까? 해결책이 없는 건 아니다. 크루거와 더닝은 다음 실험을 통해 논리적 추리 과제에서 성적이 매우 좋지 않았던 사람들이 과제 수행을 훨씬 더 잘할 수 있도록 가르치자 그들의 지나친 자신감은 줄어들었다는 것을 발견했다. 즉, 그런 사람들이 자신의 실력을 제대로 판단하게 만드는 방법은 실력을 기르는 것이라는 답을 찾아낸 것이다.[37]

허튼소리만 반복하는 사람들에게 자꾸 피드백을 주면 달라질 수 있다는 연구 결과도 있다.[38] 앞으로도 새로운 연구 결과들이 계속 나오겠지만, 문제는 그런 해결책들이 실험 상황에서나 가능한 일일 뿐 현실 세계에서는 실행할 수 없거나 실행하기가 매우 어렵다는 점이다. 직장에서건 그 어떤 조직에서건 사람들은 서로의 감정을 상하게 하고 싶어 하지 않기 때문이다. 그래서 청하지도 않은 피드백을 주는 걸 금기시한다.

사실 옛 사람들도 그걸 잘 알고 있었기에 "벼는 익을수록 고개를 숙인다"는 속담을 만들어낸 건 아닐까? 시간과 세월만이 약이라고 하지만, 어떤 분야에서건 리더십을 행사하는 사람의 무지와 자신감은 그 조직에 재앙이 될 수도 있다는 게 문제다.

이제 이 글의 첫머리로 돌아가보자. 나는 이 글을 통해 나에게 성적 이의 제기를 한 학생들 중 일부를 사실상 어리석다고 비판한 셈인데, 그들에게 진한 연대감을 느낀다는 말로 나의 결례에 대한 변명을 하고 싶다. 나는 평소 정치, 경제, 사회 등 한국 사회의 주요 문제들에 대한 답을 다 알고 있다고 생각하는 사람이다. 나는 그런 생각을 그간 수없이 많은 글을 통해 밝혀왔지만, 나의 '탁견'을 인정하는 사람은 거의 없는 것 같다. 내가 어리석은 건가, 아니면 대부분의 사람이 어리석은 건가? 물론 답은 전자다. 나의 생각은 '더닝-크루거 효과'일 가능성이 높다.

그럼에도 나는 내 생각이 옳다는 생각은 버리지 않는다. 그 맛에 세상 사는 건지도 모른다. 나는 부분적으로나마 내 생각을 인정해주는 사람들도 있다는 것에 만족하면서 마음의 평온을 누리면서 살아가고 있다. 설사 내 생각이 틀린 것일지라도 그건 민주주의의 필수 불가결한 요소인 의견의 다양성에 기여하는 것일 뿐 사회에 피해를 주는 건 없다.

아니 피해를 줄 수도 있겠지만, 나의 '탁견'을 인정해주는 사람이

거의 없다는 게 그럴 가능성을 막아주는 셈이다. 많은 사람이 인정해주는 '탁견'의 소유자일지라도 고위 공직을 맡아 사회적으로 큰 피해를 주는 경우도 있으니, 내가 평온을 누리는 것에 시비를 걸 이유는 없으리라 믿고 싶다.

내게 성적 이의 제기를 한 학생들도 마찬가지다. 그들은 그 어떤 피해도 유발하지 않았으며 오히려 나로 하여금 성적 관리에 경건한 자세를 유지하게끔 하는 데에 기여했다. 앞으로도 성적에 대한 그 어떤 이의 제기건 환영한다는 걸 밝혀둔다. 그렇게 환영할 수 있는 날이 얼마 남지 않았다는 게 아쉬울 따름이다.

10

왜 자신의 약점을
스스로 공개하는 게 좋은가?

면역 이론

6·25전쟁 당시 중공군(공산 중국군)의 포로가 되었던 미군들은 전후 미국으로 돌아갔지만, 그 가운데 21명이 자발적으로 본국 송환을 거부했다. 이 사건을 계기로 'brainwash'라는 영어 단어가 탄생했다. 미국은 미군 포로들의 송환 거부가 중공군이 시도한 '세뇌洗腦' 때문이라고 보았으며, 세뇌를 영어로 그대로 번역해 brainwash라고 부른 것이다.[39]

이 사건은 미국인들에게 큰 충격을 안겨주었다. 자유를 원 없이 만끽하며 살았던 미국의 젊은이들이 당시 미국인들의 입장에선 거의 악마나 지옥처럼 여겨지던 공산주의 사상에 세뇌되었다니 그게 어떻게 가능할 수 있단 말인가? 이런 놀라움은 오늘날까지도 설득의 문제를 다루는 심리학자들의 주요 관심사가 되었다.

세계적인 베스트셀러가 된 『설득의 심리학』의 저자인 로버트 치알디니Robert Cialdini가 이 책에서 이 문제에 10쪽 넘는 지면을 할애한 것도 바로 그런 놀라움 때문일 게다. 그가 주목한 것은 글쓰기 수법이었다. 중공군은 미군 포로들에게 처음엔 친공산주의적인 글을 쓰도록 요구했다. 포로가 저항하면 이미 쓰인 다른 글을 보고 베껴 쓰라고 요구했다. 포로들은 그 정도는 별로 해로울 것 없는 양보라 생각하고 따랐다.

중공군은 편지 검열도 이용했다. 포로들은 검열을 통과하려고 일부러 가족에게 보내는 편지에 중공군에 우호적인 내용을 담았다. 중공군은 담배 몇 개비, 과일 몇 개 등을 상으로 내건 정치 백일장도 실시했다. 강제로 쓰게 하면 참가하지 않을 것을 알고, 미국을 지지하는 글도 허용했다. 다만 그런 글에 조금이라도 중국의 시각에 찬성하는 내용이 있는 글에 상을 주었다. 포로들은 미국에 우호적인 글로도 상을 받을 수 있다는 것을 알고 자발적으로 백일장에 참가했지만, 점점 수상 가능성을 높이려고 자신도 모르는 사이에 약간씩 공산주의에 유리한 내용을 포함하기 시작했다. 중공군은 나중에 이런 것들을 근거로 심리적 일관성을 유지하도록 압박을 가하면서 미군 포로들의 협력과 변절을 이끌어냈다.

이런 글쓰기 수법은 나중에 미국에서 영업 사원들의 교육에 그대로 활용되었다. 예컨대, 암웨이Amway는 이런 식으로 교육했다. "목표를 정해 종이에 적어두십시오. 목표가 무엇이든, 중요한 것은 당신이 목표를 세웠다는 것이고, 달려갈 곳이 생겼다는 것입니다. 목표를 종이에 적어두십시오. 뭔가를 적어두면 마력이 발휘됩니다. 목표를 달성하고 나면 또 다른 목표를 세워 다시 적어두십시오. 거기서 시작해 앞으로 달려나가면 됩니다."

방문판매 회사들은 거래 취소율을 낮추기 위해 계약서 작성을 영업 사원이 아니라 고객에게 맡겨 큰 성과를 거두었다. 고객에게 직접 서류를 작성하게 하면 나중에 계약을 취소하지 못하게 하는 매우 중요한 심리적 방어막이 된다는 걸 이용한 것이다. 미국 기업들은 구매 후기 경연 대회를 열기도 하는데, 참가자들은 보통 "내가 이 제품을 좋아하는 이유는……"이라는 문구로 시작하는 자기 의견을 짧막하게 제시하고, 제품의 특징을 찬양한다. 입상하기 위해 칭찬을 많이, 창의적으로 하면서, 실제로 그렇게 믿게 된다.[40]

이런 글쓰기 수법은 어떤 잘못된 행위에 대해 반성문이나 서약서를 쓰게 하는 것으로 대중화되었으며, 자기계발에도 적극 활용되었다. 많은 자기계발서에 등장하는 단골 멘트 중 하나가 "글로 적으면 현실이 된다"이다. 이는 이른바 '버킷 리스트'로 대중화되면서 전 세계적인 유행이 되었다.[41]

그런데 미군 포로들의 세뇌엔 글쓰기 수법만으로 설명할 수 없는 근본적인 이유가 있었다. 6·25전쟁 직후 미 상원의 한 위원회는 미국 젊은이들이 공산당의 선전에 대한 저항력을 기르기 위해 '애국심과 미국 정신'이란 제목의 교과 과정을 공립학교에 개설해야 한다고 건의했다. 그런데 과연 그게 근본 이유였을까? 미군 포로들이 '애국심과 미국 정신'이 약해서 세뇌당했던 걸까? 사회심리학자 윌리엄 맥과이어William J. McGuire, 1925~2007 등은 정반대의 이유를 제시했다. 미군 포로들이 중공군에게 쉽게 세뇌된 것은 그간 일방적으로 이루어진 미국 정신과 민주주의 교육에 원인이 있다고 주장한 것이다.

맥과이어 등은 이를 예방주사의 원리에 빗대어 미국인들이 공산주의라는 병균에서 너무 격리되어왔기 때문에 그 병균에 갑자기 노출되었을 때 저항력이 없어서 쉽게 감염되는 결과를 초래했으며, 따라서 공산주의 선전에 넘어가지 않으려면 미국인들에게 공산주의에 대한 교육을 시켜서 공산주의에 대한 면역성을 길러주어야 한다고 주장했다. 미국 학생들이 민주주의에 대해 가진 신념에 도전하는 것, 즉 학교에서 공산주의를 다루는 과목을 공정하게, 양 진영의 입장을 똑같이 가르치는 것이 더 나은 방법이라는 것이다. 이와 관련, 엘리엇 애런슨Elliot Aronson은 "결론적으로 말하면 가장 쉽게 세뇌당하는 사람은 자신이 가진 신념이 한 번도 심각하게 도전받아본 적이 없는 사람들이다"고 말했다.

이게 바로 '면역 이론inoculation theory'이다. 1961년 맥과이어가 제시한 것으로, 앞으로 있을 태도 변화 시도에 대하여 약한 정도의 반대 입장 주장을 제공함으로써 미리 면역을 시키면, 그 후의 강력한 태도 변화 시도의 영향을 덜 받게 되는 현상을 뜻한다. '태도 면역 이론' 또는 '예방접종 이론'이라고도 한다. 이는 몸에 아주 소량의 병균을 미리 투입하면 나중에 대량의 병균이 신체에 들어올 때에 면역 효과를 얻게 되는 이치와 같다.

맥과이어의 실험에 따르면, 자기 의견에 대해 가벼운 공격을 사전에 받아본 경험이 있는 피험자 집단은 그렇지 않은 통제 집단의 피험자들보다 자신의 의견을 바꾸고자 하는 경향이 훨씬 더 약했다.

사전 공격으로 인하여 의견 변화에 어느 정도 면역이 되어 있기 때문에 반대 주장에 의해서도 영향을 비교적 덜 받은 셈이다.[42]

어떤 이슈에 대해 상대의 논리에 쉽게 설득당하고 싶지 않다면 어떻게 하는 게 좋을까? 폴커 키츠Volker Kitz와 마누엘 투시Manuel Tusch는 이런 해법을 제시한다. "그렇다면 반대되는 의견과 그 논리들을 찾아보며 스스로 면역을 키워보라. 정치적 견해와 반대되는 논지의 신문을 읽는 것도 좋다. 처음에는 상대의 논리에 설득당할 거라 걱정하지만, 읽은 후에는 면역이 생겨 기존의 태도가 더욱 강력해짐을 느낄 것이다."[43]

허태균은 면역 효과는 인간관계에도 적용될 수 있다고 말한다. "대부분의 사람들은 배우자에게 가능하면 좋은 모습만 보여주려 하고 배우자의 좋은 모습만 보고 싶어 한다. 하지만 이는 바보 같은 짓이다. 배우자를 평생 무균실에 넣어둘 자신이 있는가? 그럴 자신이 없다면, 자신의 장점이 필연적으로 가져올 단점과 한계에 대해 미리미리 예방주사를 놓아줘야 한다."[44]

이게 바로 정치 분야에서 널리 활용되는 '약점 공개법'이다. 자신의 약점을 스스로 미리 공개해버림으로써 그 약점으로 인한 타격을 줄이는 방법이다. 1858년 미국 일리노이주 상원의원 선거에서 공화당 후보 에이브러햄 링컨Abraham Lincoln, 1809~1865은 민주당 후보 스티븐 더글러스Stephen A. Douglas, 1813~1861가 자신을 가리켜 '두 얼굴의 사나이'라고 비난하자, 이렇게 답했다. "만약 제게 또 다른 얼굴이 있다면 지금 이 얼굴을 하고 있을 거라고 생각하십니까?"[45] 더글러스의 비판을 무력화시키는 동시에 자신의 못생긴 얼굴에 대해 유권자들이 갖고 있

82
83

을지도 모를 거부감을 약화시킨 고급 유머였다고 볼 수 있겠다.

이렇듯 면역 이론은 선거에서 자주 활용된다. 선거에 출마한 사람이 자신의 배경과 과거에 부정적인 요소가 있고 그것이 상대 후보 진영이나 언론을 통해 나올 것이 확실하다면 선거 캠페인이 시작되기 전에 의도한 방식대로 스스로 공개함으로써 유권자들에게 면역 효과를 갖게 하는 것이다. 이른바 '김 빼기 전술'인 셈이다.[46]

면역 이론은 PR 분야에서도 많이 활용되며, 대표적 사례로 맥도날드가 자주 거론된다. 맥도날드는 늘 햄버거가 과다한 지방과 콜레스테롤을 제공한다는 비판을 받아왔다. 그래서 맥도날드는 오래전부터 맥도날드의 마스코트로 분장한 직원들로 하여금 유치원과 아동 시설 등에서 '건강한 식습과 강의'를 꾸준히 실행해왔으며, 아동 비만과 성인 관련 협회 등에 연구 보조와 활동 지원도 해왔다. 김경해는 "이러한 맥도날드의 노력은 사전에 일부 건강 옹호론자들이 제기할 수 있는 기업의 '사회적 책임' 또는 '건강에 대한 관심'의 이슈를 무력화 또는 제한시키는 데 성공했다고 볼 수 있다"고 평가한다.[47]

요즘 유행하는 '집밥이 최고'라는 표현도 그런 관점에서 이해할 수 있다. 남인용·정승혜는 외식 업체의 사장이 출연하는 〈집밥 백선생〉이라는 방송 프로그램이 있었을 정도로 상업적인 목적으로 식사를 판매하는 업체에서도 집밥의 소중함을 강조한다며 그 이유를 면역 이론의 관점에서 해석한다.

"'집에서 먹는 밥이 최고이고, 우리 식당에서 먹는 밥이 그다음입니다'라는 문구를 음식점에서 흔히 발견할 수 있다. 집밥이 실제로 다른 어떤 식당의 식사보다 우월한 위치에 있을 수도 있지만, 집밥이 최고라는 메시지는 주부의 자존심을 건드리지 않으려는 예방접종 전략이 적용된 것이다. 집밥이 최고라는 광고와 음식점 주인의 언급은 사실 여부와 상관없이 집밥이 제일이라는 소비자의 기존 태도를 건드리지 않으면서 자사가 제공하는 밥의 우수함을 보여주는 시례다."[48]

면역 효과는 기업의 위기 관리에서 쓰이는 개념인 '투명성의 패러독스paradox of transparency'와도 통하는 점이 있다. 이 개념의 핵심은 얼른 생각하기엔 부정적인 뉴스는 감출수록 유리한 것 같지만 사실은 오히려 공개하는 것이 더 낫다는 것이다.[49]

그러나 일반적으로 스스로 하는 약점 공개에 문제가 전혀 없는 건 아니다. 예방접종의 부작용이 있을 수 있기 때문이다. 그래서 전문가들은 접종을 위한 메시지의 강도가 너무 높으면 접종 효과 대신 긁어 부스럼 효과가 발생할 수 있기 때문에 예방 차원의 정보는 적정 수준으로 유지될 필요가 있다고 말한다.[50]

개인적인 차원에서도 그런 과유불급過猶不及의 원칙을 지키는 선에서 자신의 약점을 스스로 공개하는 자세를 취해보는 게 어떨까? 무엇보다도 약점으로 인한 스트레스에서 해방되는 기쁨을 누릴 수 있지 않을까? 때론 "그래서? 그게 뭐 어쨌다고?"라는 자세로 말이다.[51] 도대체 과유불급의 경계가 어디냐는 고민이 좀 필요하긴 하겠지만, 이미 남들이 잘 알고 있거나 어렴풋이 짐작하고 있는 자신의 약점을 감추느라 스트레스를 받는 것만큼은 피하는 게 좋을 것 같다. 가끔 그런 사람들을 보면서 안쓰러운 마음으로 해보는 생각이다.

제3장

개인과 자아

11

왜 완벽주의자는
징그럽다는 느낌을 주는가?

언캐니 밸리

언제부턴가 '언캐니 밸리uncanny valley'라는 낯선 외국어가 언론에 자주 등장하더니, 이젠 아예 외래어의 수준으로 정착한 느낌이다. uncanny는 '불가사의한, 무시무시한, 신비로운, 으스스한, 기괴한, 기분 나쁜, 불쾌한'이란 뜻이다. 언캐니 밸리를 우리말로 번역하자면 '섬뜩한 계곡'이나 '불쾌한 골짜기'라고 할 수 있겠는데, 번역을 하지 않고 언캐니 밸리를 그대로 쓰는 게 대세로 굳어진 느낌이다.

언캐니는 정신분석학에선 '기이한 느낌, 기괴함, 으스스함'으로, 초기 유아기에 가졌던 전능적 사고에 대한 믿음을 확인시켜주고 물활론적物活論的 사고 양식을 활성화시키는 것으로 보이는 경험의 순간에 느껴지는 두렵고 낯선 감정을 묘사하는 말로 쓰인다. 독일 정신

분석학자 에른스트 옌치Ernst Jentsch, 1867~1919가 1906년에 발표한 「언캐니의 심리학On the Psychology of the Uncanny」에서 처음 다루었고, 이후 지그문트 프로이트Sigmund Freud, 1856~1939가 1919년에 쓴 「언캐니 현상The UncannyDas Unheimliche」에서 발전시킨 개념이다.

프로이트는 언캐니 현상을 묘하게 낯설게 느껴지는 오랜 익숙함으로 보았다. 이것의 전형적인 예는 자신의 '생령生靈(살아 있는 넋)'을 보는 것, 이미 보았다는 느낌déjàvu], 그리고 죽은 누군가가 살아났다는 느낌 등이다. 인형을 살아 있는 사람처럼 여기면서 대화를 나누는 사람을 본 적이 있는가? 그것 역시 언캐니다.[1]

정신분석학 전문가들만 쓰던 언캐니가 지금처럼 널리 쓰이게 된 건 순전히 로봇 때문이다. 로봇을 만들 때 인간과 비슷하게 만들면 만들수록 호감을 느끼지만, 그것이 일정 수준을 넘어서면 오히려 혐오감이 생기는 것을 '언캐니 밸리'라고 한다. 여기서 valley(계곡)는 사람이 로봇에 대해 느끼는 편안감의 변화 양상을 그래프로 그렸을 때 상승하다가 갑자기 밑으로 뚝 떨어지는 지점이라는 의미에서 붙인 단어다.

'언캐니 밸리'라는 개념은 1970년 일본 로봇공학자 모리 마사히로森政弘가 처음 제시했지만, 이 용어는 영국의 미술 평론가 제시아 라이하르트Jasia Reichardt가 1978년에 출간한 『로봇: 사실, 픽션, 그리고 예측Robots: Fact, Fiction, and Prediction』에 처음 등장했다.[2]

홍콩에 본사를 둔 핸슨로보틱스가 배우 오드리 헵번Audrey Hepburn, 1929~1993을 모델로 개발한 휴머노이드 로봇 '소피아'는 인간의 피부와 흡사한 질감의 '플러버' 소재로 만들어진 피부를 갖고 있고, 눈에는

3D 센서가 달려 있어 화자를 인식하거나 시선을 맞추는 것도 가능하며 인간의 60여 가지 감정을 얼굴로 표현할 수 있다. 2018년 1월 한국을 방문한 로봇 소피아를 만져보고, 가까이에서 본 어린이들은 "사람 같아요. 그런데 무서워요"라는 반응을 보였다. "무섭다", "불쾌하다", "섬뜩하다"는 반응은 어린이들뿐 아니라 어른들에게서도 나왔다.[3]

누구나 돈을 주고 살 수 있는 아름다운 여성 로봇 아이코Aiko는 인조 피부를 세게 누르면 "좀 놓아주세요, 아프단 말이에요"라고 말한다. 가슴을 만지면 "내 가슴에 손대는 거, 싫습니다"라고 항의도 한다. 셰리 터클Sherry Turkle, 1948~은 언캐니 현상을 언급하면서 "나는 이처럼 프로그램화된 경계 주장과 단정한 태도가 영 혼란스럽다"고 토로한다.[4]

'언캐니 밸리'는 로봇뿐만 아니라 애니메이션 캐릭터에서도 나타난다. 2004년 크리스마스 시즌을 겨냥한 아동용 영화 〈폴라 익스프레스The Polar Express〉엔 애니메이션으로 창조된 톰 행크스Tom Hanks의 얼굴이 시리즈로 등장했다. 최첨단 모션 캡처 기술로 행크스의 표정과 움직임을 포착해 그가 목소리 연기를 한 여러 개의 애니메이션 캐릭터를 창조했는데, 관객들의 반응은 'eerie(무시무시한, 기분 나쁜, 으스스한)'나 'creepy(소름끼치는, 섬뜩한)'로 압축되었다. 이것 역시 언캐니 밸리다. 이후에도 〈베오울프Beowulf〉(2007), 〈라스트 에어벤더The Last Airbender〉(2010), 〈화성은 엄마가 필요해Mars Needs Moms〉(2011) 등 기술적으로 뛰어난 애니메이션 영화들이 모두 관객들에게서 'uncanny'하다는 반응을 받았다.[5]

미국 심리학자 로런스 로젠블룸Lawrence D. Rosenblum은 "일단 이 섬뜩한 계곡에 들어서면, 그 캐릭터의 외모에 대한 사람들의 반응은 좀비나 시체를 보았을 때의 반응과 유사해진다"며 이렇게 말한다. "그들은 사람이라고 인식할 수 있을 만큼 인간과 닮았으나 인간적인 특성 중에서 무언가가 빠져 있거나 뒤틀려 있는 것이다. 신싸 인산나 거의 닮은 좀비 같은 대상에 대한 본능적인 거부 반응은 어쩌면 시체와 시체로부터 전파될지도 모르는 질병으로부터 피하라는 진화의 압력이 만들어낸 부산물인지도 모른다."[6]

인형을 두려워하는 '인형 공포증pediophobia'은 물론 외국인 혐오증xenophobia이나 인종차별주의를 언캐니 밸리로 설명하는 연구자들도 있다.[7] 과도한 성형은 사람의 얼굴을 인형처럼 만드는 경향이 있다. 심리공학자 김학성은 「성형에 대한 불편한 진실: 불쾌한 골짜기uncanny valley」라는 글에서 언캐니 밸리가 시사하는 건 "인간은 건강한 모습에서 가장 높은 호감도를 보인다는 것이다"고 말한다.[8]

언캐니 밸리라는 말이 널리 쓰인 탓인지 그 적용 범위는 갈수록 넓어지고 있다. 미국 페미니즘 작가 앤디 자이슬러Andi Zeisler는 『페미니즘을 팝니다』(2017)라는 책에서 페미니즘을 대표하는 인물과 관련해 진짜가 아님에도 진짜처럼 보이게 만드는 것에 대한 불쾌감을 '페미니즘의 언캐니 밸리'라고 했다. 글로리아 스타이넘Gloria Steinem, 셰릴 샌드버그Sheryl Sandberg, 콘돌리자 라이스Condoleezza Rice 등 출세한 여성들이 바로 그런 비판의 대상이다. 사회학자 트레시 맥밀란 코튼Tressie McMillan Cottom은 이런 출세한 여성들로 대변되는 페미니즘을 가리켜 '낙수 페미니즘trickle-down feminism'이라고 했는데, 자이슬러는 '낙

수 페미니즘'을 다음과 같이 비판한다.

"신자유주의가 페미니즘의 언캐니 밸리와 만나는 지점 중 하나는 중요한 지위에 오른 여성들에 대한 무조건적인 찬양이다. 그들이 대부분의 여자들에게 도움이 되지 않는 방법으로 자신의 권력과 지위를 활용하는데도 그들을 찬양하는 것은 문제가 있다.……언캐니 밸리로 내려가는 길에서 우리는 '힘을 가진 여성들의 이미지'라는 추상적인 개념이 남녀 모두를 위한 평등을 실현하기 위해 실질적으로 노력하는 사람들과 똑같이 중요하다고 판단해버린다."[9]

언캐니 밸리는 삶의 지혜를 찾는 데에도 동원된다. 캐나다의 가수이자 작가인 레너드 코언Leonard N. Cohen, 1934~2016은 "완벽한 것에 대한 예찬은 모두 잊어라. 모든 것에는 다 틈이 있다. 바로 그 틈을 통해 빛이 들어오는 것이다"고 노래했다. 올리버 버크먼Oliver Burkeman은 『행복중독자』(2011)에서 이 가사를 인용하면서 언캐니 밸리를 '불완전함의 아름다움'과 연결시킨다.

"수많은 라이프 스타일 전문 자기계발서가 주장하고 있듯이 단순하게 불완전한 것을 '받아들이려고' 노력하는 자세만으로는 충분치가 않다. 그보다는 오히려 적극적으로 불완전한 것을 창조하고 즐기려고 노력하는 것이 중요하다. 왜 불완전한 것이 좋은지 이해하지 못하는 사람들이 있을 것이다. 그러나 오래전부터 많은 사람이 인정해왔듯이 절대적 무결점은 왠지 사람을 불편하게 만든다. 결함이 없는 것에는 정이 가지 않는다."[10]

좋은 말이다. 사실 어느 조직에서건 빈틈이 없는 완벽주의자는 정이 가지 않을 뿐만 아니라 징그럽다는 느낌마저 준다. 어디 그뿐인가. 완벽주의자는 다른 사람들을 몹시 괴롭게 만든다. 심지어 가정에서도 가장이 완벽주의자면 배우자와 자식들이 엄청난 고통을 겪는다. 그런 고통을 당하는 느낌을 영어로 표현한다면, 그것 역시 uncanny가 아닐까?

소셜미디어는 완벽을 흉내내는 사람들로 넘쳐난다. 그들의 완벽 연기는 자꾸 조작에 근접한다. 사진 하나를 올려도 그냥 자연스럽게 대충 올리는 법은 없다. 디지털 기술을 최대한 활용하는 '디지털 성형'의 과정을 거치는 등 자신을 브랜드화한다. 이런 '브랜드 정체성'과 관련, IT 전문가인 크리스 바라닉Chris Baraniuk은 이렇게 말한다. "어떤 사람이 자기의 정체성을 브랜드처럼 다루기 시작하면 페이스북 프로필이 언캐니 밸리로 추락하는 거죠."[11]

'불완전함의 아름다움'은 결코 완전하지 못한 것에 대한 '자위'나 '정신 승리'가 아니다. 인간은 완전할 수 없는 존재임을 인정하는 인간 선언일 뿐이다. 설사 '자위'나 '정신 승리'라고 한들 그게 무어 그리 문제가 되겠는가. 완벽이나 완전과는 거리가 먼 평범한 사람들도 나름 마음의 평온을 얻기 위해 살 길을 찾아야 하지 않겠는가?

언캐니 밸리

12

왜 일부 성공한 유명 인사들은
패가망신을 자초하는가?

자아 팽창

"조폭이 되기 위해선 기본적으로 몸을 불리는 과정을 밟아야 하는데 예전엔 개 사료를 물에 조금 불려서 으깨서 우유에 타서 먹었습니다. 원래 살찌우려면 맥도날드 빅맥 세트가 최고인데 이건 살만 띠룩띠룩 쪄서 잘 뛰지도 못하고 운동도 잘 안 되고 나중에 혈관 막히고 암 걸리고 그냥 비만 돼지가 되어서 죽는 지름길입니다.……요즘 조폭들이 새롭게 개발해서 쓰는 방법으로 본죽에서 파는 잣죽 or 삼계죽이랑 편의점에서 파는 덴마크 드링킹 요구르트, 그리고 샤니에서 파는 빵 딸기 페스트리 이렇게 3개를 이용합니다.……조폭들이 단순히 살만 찐 돼지들이라 생각하시는데 대단히 큰 오산입니다. 쉽게 비유해서 말하자면 야구로 치자면 4번 지명타자를 치는 덩치 큰 사람들입니다.……물론 돈은 좀 많이 들어갑니다. 한 달에 식비로만 80만 원 정도 잡아야 할 겁니다."[12]

어느 사이트에 올라 화제가 된 '조폭이 되기 위한 몸집 불리기 강좌'라는 글의 일부다. 왜 조폭이 되기 위해선 몸집을 불려야 하는 걸까? 이 글은 싸움이 붙었을 때 야구 방망이나 칼을 맞더라도 견뎌내기 위한 완충장치라는 것과 큰 덩치가 주는 위압감을 이유로 들었다. 이 두 번째 이유와 관련, 정신과 의사 하지현은 "자기가 세다는 것을 보이기 위해 외형적인 몸집을 크게 만드는 것은 자아 팽창ego-inflation의 한 형태다"고 말한다.

"맹꽁이가 자기가 더 크다고 배에 한껏 공기를 집어넣어 불리다가 결국 뺑 터져 죽었다는 우화의 한 장면과 같다. 조폭의 세계에 입문한 초보들은 자신의 겉모습을 남보다 크게 보이기 위해 부단히 애를 쓴다. 세력을 과시하기를 즐기고, 돈이 없으면 신문지라도 넣어서 지갑을 두텁게 만들어 들고 다닌다. 몸집을 키우기 위해 여러 끼의 밥을 먹고, 체면에 목숨을 건다."[13]

조폭의 몸집 불리기는 자아 팽창의 한 극단적인 예지만, 점잖게 하는 자아 팽창일지라도 그런 우스꽝스러움에선 다를 게 없다는 점을 말하고 싶어 먼저 소개한 것이다. 우리 인간은 자기 잘난 맛에 사는 동물이다. 자신을 남들보다 좋게 인식하는 성향을 가리켜 '자기고양 편향self-enhancement bias'이라고 하는데, 그 과정에서 나타나는 게 바로 자아 팽창이다. 자기고양 편향은 "타인의 부정적 측면을 선택적으로 강조해서 자기를 우월하게 지각하는 인지 기제"라는 점에서 "단순한 허세와는 다르다".[14]

자아 팽창

자기고양 편향을 사회적 지위의 문제와 연결시킨 영국 보건학자 마이클 마멋Michael Marmot은 『사회적 지위가 건강과 수명을 결정한다』(2004)에서 다음과 같이 말한다.

"상대적인 지위에 대한 관심은 매우 중요하다. 그래서 우리는 다른 사람과 비교해 높은 지위를 가진 것으로 스스로를 평가해 자존심을 세우려는 심리적인 장치를 가지고 있는 것처럼 보인다.……어떻게 자신을 다른 사람과 비교하는지 스스로에게 물어보라. 지능, 애정, 창조성, 근면 등 기준을 하나 정한 뒤 자신을 다른 사람과 비교하라. 만약 평범한 미국인이라면 스스로를 평균보다 더 낫다고 평가할 것이다."[15]

미국인이 조금 더 심할지 몰라도 그런 편향은 어느 나라 사람이건 다 갖고 있는 것이다. 그런데 흥미로운 건 경제적 불평등이 심한 나라일수록 자기고양 편향이 강하게 나타난다는 점이다. 왜 그럴까? 정신건강의학자 김병수는 "경제적 불평등은 경쟁을 유발시키고, 사람들은 경쟁에서 이기기 위해 무의식적으로 자아를 팽창시키게 된다. 일본인은 미국인보다 자기고양이 덜한 편이라고 알려져 있다. 하지만 제한된 자원을 두고 경쟁을 시켰더니 일본인도 미국인 정도로 자기고양이 심해졌다"며 다음과 같이 말한다.

"경제적 불평등은 경쟁을 더 예민하게 받아들이도록 만든다. 그리고 경쟁에서 승리할, 더 우월한 사람이 되고 싶은 마음이 들도록 자극한다. 사회가 불평등할수록 더 자기고양에 빠지는 것은 경쟁에서 남보다 우월한 위치에 서야 한다는 열망 때문이다. 그러나 경제적으로 평등한 사회에 살게 되면, 다른 사람보다 나아져서 얻을 경제적 이익도 적기 때문에 우월해지고 싶다는 열망도 줄어들게 된다. 자본이 균등하게 분배되면 자아를 팽창시킬 이유도 사라진다. 그래서 경제적으로 평등한 사회에 사는 사람의 자기고양 정도가 불평등한 사회에 비해 약하게 나타나는 것이다."[16]

미국이나 한국처럼 불평등의 정도가 비교적 심한 나라들에서 이른바 '아이 자존감 키워주기 운동'이 크게 유행한 것은 결코 우연이 아니다.[17] 그런데 이렇게 고무되고 자극받는 자아 팽창은 폭력성과도 관련이 있을 수 있다. 그간 학계에선 낮은 자존감이 폭력을 유발하는 요인이라는 '낮은 자존감 이론low-self-esteem theory'이 정설처럼 여겨져왔지만, 미국 사회심리학자 로이 바우마이스터Roy Baumeister는 다른 이론을 제시했다. 이른바 '위협받는 자만심 이론threatened-egotism theory'이다. 자만심이 강한 사람일수록 폭력적인 성향이 강하다는 것이다.[18]

바우마이스터는 이 이론을 뒷받침하는 극단적인 사례로 자신에 대한 폭력적 행동, 즉 자살을 꼽았다. 사회적으로 성공한 사람들이 명예가 실추되거나 부도가 나면 자부심이 손상되기 때문에 자살한다고 볼 수 있다는 것이다.[19] 그는 「폭력적인 자존심Violent Pride」이라는 글에서 위협을 받을 때 공격적으로 반응한 사람은 자존감이 낮은 사람이 아니라 가장 자기중심적인 사람이었다고 주장했다.

"폭력적인 성향을 띤 유명인들은 대개 자존감이 높았다. 사담 후세인Saddam Hussein은 결코 겸손하거나, 신중하거나, 자기 회의를 느끼는 사람이 아니었다. 아돌프 히틀러Adolf Hitler가 부르짖은 '지배자 민족master race' 이론도 낮은 자존감 때문에 나왔다고 보기는 어렵다. 이러한 사례는 낮은 자존감이 아니라 높은 자존감이 공격성의 중요한 원인이라는 점을 시사한다."[20]

소셜미디어는 자아 팽창의 치열한 경쟁 시대를 몰고왔다. 이원석은 "자아 팽창의 시대라고 할 수 있는 현대에 이르러서는 더이상 고백이 일기를 통해서 은밀하게 진행되지 않는다. 일기가 하던 역할을 새로운 소통 매체인 소셜미디어가 대신하는 경우가 다반사다"며 다음과 같이 말한다.

"가령 페이스북에 자신이 어디로 놀러 가고, 무엇을 먹었다고 자랑함과 아울러 일상과 시사 등에 대한 자기의 섬세한 감상과 예리한 성찰, 그리고 광범한 지식을 과시하는 경우도 빈번하지 않나. 종종 자신의 진보적 스탠스를 과시하거나 자신의 겸손한 영성을 자랑하기도 한다. 혹은 특정한 영역에 대한 공개적 자백을 통해서 역설적으로 그 점에서 거룩함을 인정받고자 한다."[21]

문제는 자아 팽창 그 자체라기보다는 남들과 무엇을 비교하느냐는 기준이 아닐까? '협동심'이라거나 '겸손'이라는 덕목을 비교하는 법은 없다. 그런 덕목은 오히려 자아 팽창에 방해가 되는 것이니 한사코 피해야 하는 것이 되고 만다. 자아 팽창이 온전히 자신의 능력에 의해서만 이루어진다면 모르겠지만, 그것도 아니다. 어떤 집안에서 태어났느냐가 큰 몫을 차지한다. 드물게 자수성가自手成家를 한 사람은 또 바로 그 이유 때문에 자아 팽창의 함정에 빠지기도 한다.

소보다 큰 척 자랑하다 배 터져 죽은 맹꽁이 이야기는 우화의 세계에만 머무르지 않는다. 크게 성공한 유명 인사들 가운데 자신의 첫 성공에 도취한 나머지 무한대의 자아 팽창을 추구하다가 결국 패가망신敗家亡身의 길로 접어든 이가 많다. 그 과정에서 어이없는 범죄를 저지르기도 한다. 몸이건 정신이건 그건 무한대의 팽창을 할 수 있는 게 아니라는 걸 깨닫는 게 그토록 어려운 일일까?

자아 팽창

13

왜 일상적 삶에서
권위주의는 건재할까?

권위주의적 성격

"너무 권위주의적이야!" 지금 이 순간에도 어디에선가 이런 말을 하는 사람들이 분명히 있을 게다. 부모, 직장 상사, 교수, 교사, 선배 등등 주로 윗사람을 향해 발설되는 이 말을 듣는 순간, 우리는 그런 평가를 받는 사람이 어떤 유형일지 대략 짐작을 한다. 여기서 한 걸음 더 들어간 '권위주의적 성격authoritarian personality'이라는 말도 널리 쓰인다. 아랫사람을 대하는 스타일뿐만 아니라 전반적인 성격 자체가 권위주의적이라는 뜻이다.

어떤 식으로 표현을 하건 그런 취지의 말은 아마도 인류와 말의 탄생 이래로 쓰인 것이겠지만, 비교적 학술 체계를 갖춘 용어로서 '권위주의적 성격'의 역사는 그리 길지 않다. 유대인으로 독일계 미국 학자인 에리히 프롬Erich Fromm, 1900~1980이 1941년에 출간한 『자유로부터의 도피』에서 파시즘의 인간적 기초가 된 인격적 구조로 다룬 것이 최초의 본격적인 논의가 아닌가 싶다.

우리 인간은 성장 과정에서 부모의 보호와 권위에 의존하는 삶을 살다가 자립할 때에 충분한 힘을 갖지 못하면 오히려 자유가 부담스러워진다. 이 부담을 이겨내지 못하면 성인이 되어서도 새로운 보호와 권위를 찾게 되는데, 이렇듯 자유로부터 도피하여 새로운 권위에 기대려는 심리 상태가 바로 '권위주의적 성격'이다. '권위주의적 성격'의 배경을 이렇게 설명한 프롬은 다음과 같이 주장한다.

"모든 권위주의적 생각의 공통적인 특성은 삶이 자기 자신, 자신의 관심, 자신의 소망 등이 아니라 그 밖에 있는 힘에 의해 결정된다고 믿는 확신이다. 이런 생각을 가진 사람이 행복할 수 있는 유일한 길은 이러한 힘에 굴종하는 데에 있다.……권위주의적 성격에서 나오는 용기란 본질적으로 운명 또는 그의 상관이나 지도자가 그에게 요구한 것을 견뎌내는 용기다. 그 괴로움을 끝내거나 적어도 완화시키려고 시도하는 용기는 금물이다. 불평 없이 견디는 것이 최상의 미덕이다. 운명을 바꾸지 않고 운명에 복종하는 것이 권위주의적 성격의 영웅주의다."[22]

이어 테오도어 아도르노Theodor W. Adorno, 1903~1969 등은 1950년에 『권위주의적 성격The Authoritarian Personality』이라는 제목의 책을 출간했다. 큰 사회적 반향을 불러일으킨 이 책은 "편견을 '사회적 질병'으로 정의함으로써 정치 언어를 의학 언어로 갈아치우고 논란을 빚는 광범한 사안들을 철학적·정치적 토론거리가 아니라 진료소로, '과학적'

연구의 대상으로 강등"시켰다는 비판을 받았다.[23]

연구 방법론 못지않게 그런 시각으로 접근한 연구의 내용도 논란이 되었다. 아도르노 등은 나치에 가담해 유대인 학살에 참여한 인간형을 '권위주의적 성격'을 가진 사람들로 규정하고 이들을 특별한 종류의 인간 집단으로 보았다. '잠재적으로 파시스트적인 개인들'이 따로 있다는 것이다.

그러나 지크문트 바우만Zygmunt Bauman, 1925~2017은 아도르노의 주장이 평범한 인간들도 나치스가 자행한 잔혹한 행동을 할 가능성을 배제한 논리라고 비판했으며, 존 스타이너John M. Steiner, 1925~2014도 아도르노가 상황적(사회적·문화적·제도적) 요소들의 영향을 무시했다고 비판했다. 어빈 스타웁Ervin Staub은 잠재적인 폭력적 성격은 특정한 부류의 사람에게만 잠재해 있는 것 아니라 평범한 대부분의 사람들에게 공통된 특징의 하나라고 보았다.[24]

심층적인 실험을 통해 이루어진 스탠리 밀그램Stanley Milgram, 1933~1984과 필립 짐바르도Philip Zimbardo의 연구는 '사람'보다는 '상황'이 문제라는 결론을 내렸는데, 이런 주장이나 이론들을 가리켜 '상황주의situationism'라고 한다. 사람의 특성이 아니라 상황이 중요하고, 영혼보다는 맥락이 중요하다는 것이다. '악의 상황 이론situational theory of evil'이라고도 하는데, 그 반대는 '악의 기질 이론dispositional theory of evil'이다.[25]

'악의 상황 이론'이 강세를 보이면서 '권위주의적 성격'이라는 개념은 사실상 쇠락했다고 해도 과언이 아니다. 로버트 스턴버그Robert J. Sternberg와 카린 스턴버그Karin Sternberg는 1998년에 출간한 『우리는 어쩌다 적이 되었을까?』에서 "아도르노와 그 동료들의 연구는 오늘날 자주 언급되지는 않는다. 한때는 거의 모든 심리학 입문서에 인용되었던 내용이지만 오늘날에는 책에서 거의 자취를 감췄다"며 다음과 같이 말한다.

"이것은 모든 심리학 연구가 그렇듯이 이 연구에 결함이 있기 때문이다. 또한 부분적으로는 이미 너무 오래된 연구이기 때문이고, 다른 한편으로는 잦은 개정판을 정당화하기 위해 최근 연구를 가능한 한 많이 포함시키고자 하는 출판업자들의 강박관념 때문이기도 하다. 아울러 우리 인간이 모든 것을 빨리 잊는 경향이 있기 때문이기도 하다. 아도르노와 동료들의 연구는 반세기 전이나 지금이나 항상 시의성 있는 연구이기 때문에 우리가 절대로 잊어서는 안 된다."[26]

그렇다. 실제로 그들의 연구를 절대로 잊지 않는 사람이 의외로 많다. 에리히 프롬과 테오도어 아도르노가 파시즘의 발호와 유대인 학살이라고 하는 역사적 상황을 설명하고 이해하기 위해 거시적이고 야심찬 의욕을 보인 것이 문제였다는 점을 인정하는 선에서 '권위주의적 성격'은 끊임없이 거론되고 있다. '권위주의적 성격'이라는 용어는 쓰지 않으면서 권위주의자들의 성격을 밝히려는 시도도 많이 이루어지고 있다.

미국 정신의학자 제임스 길리건James Gilligan은 『왜 어떤 정치인은 다른 정치인보다 해로운가』(2011)라는 책에서 권위주의적 성격을 가진 사람은 사회적 불평등, 위계질서, 신분 차이를 용인하고, 사람을 우월한 존재와 열등한 존재로 나누어야 한다고 믿을 뿐 아니라

권위주의적 성격

자기가 속한 인구 집단이 더 우월하다고 믿는다고 말한다.[27]

영국 심리학자 애드리언 펀햄Adrian Furnham은 "권위주의자는 복잡성, 혁신, 새로움, 모험이나 변화를 옹호하는 대상을 혐오한다. 갈등과 의사결정을 싫어하며, 자신의 개인적인 감정과 욕구를 외부적인 권위에 종속시키려는 경향이 있다"며 다음과 같이 말한다.

"또한 규칙, 규범, 관습에 복종하며 다른 사람들 또한 그래야 한다고 주장한다. 보수적이고 권위주의적인 사람은 자신의 내면과 외부 세계를 정리하고 통제하는 일에 강박적으로 매달린다. 그는 단순하고 경직된, 즉 융통성이 없는 법이나 도덕, 의무와 규칙, 과제를 좋아한다. 이런 성향은 예술을 선택하는 일에서부터 투표를 하는 방식에 이르기까지 모든 면에 영향을 미친다."[28]

프롬과 아도르노 등이 제시한 역사적 성격의 개념과는 무관하게 '권위주의적 성격'을 가진 사람은 분명히 존재한다. 논쟁은 주로 그런 성격을 가진 사람들이 범죄를 저질러 법의 심판을 받을 때 일어난다. '악의 상황 이론'을 믿는 사람들은 상황의 특수성을 들어 비교적 낮은 처벌을 주장한다. 2004년 바그다드의 아부 그라이브Abu Ghraib 감옥에서 미군 2명이 이라크 포로를 학대한 혐의로 재판을 받게 되었는데, 이 재판에 피고를 변호하는 전문가 증인 자격으로 참여했던 짐바르도는 이 재판에서 느낀 '좌절감'을 다음과 같이 토로했다.

"검사와 판사는 상황의 힘이 개인의 행동에 영향을 줄 수 있다는 점을 전혀 고려하려고 들지 않았다. 그들의 견해는 우리 문화 속의 대부분의 사람들이 공유하고 있는 표준적인 개인주의적 사고방식에 기초하고 있었다. 즉 어떤 잘못은 전적으로 개인의 '기질적' 문제이며 그와 같은 악행을 저지른 것은 자발적으로 선택한 합리적인 의사 결정이라는 것이다."[29]

좋은 말씀이긴 한데, 짐바르도는 검사와 판사의 생각이나 고민을 너무 단순화한 것 같다. '악의 상황 이론'을 수용하는 것과 이 이론을 곧장 법에 적용하는 건 좀 다른 문제가 아닐까? '악의 상황 이론'을 법에 그대로 적용하게 되면 범죄자가 아니라 범죄자를 둘러싼 상황이 진짜 범인이기 때문에 그 어떤 잔혹한 범죄라도 엄벌嚴罰 자체가 어려워진다. 검사와 판사는 그건 곤란하다는 입장일 게다. 똑같은 상황에서도 범죄를 저지르는 사람이 있는가 하면 그렇지 않은 사람도 있다는 점을 들어 엄벌이 불가피하다는 입장을 취할 가능성이 높다. 일반 대중도 이런 입장을 선호하는 경향이 있다.

'악의 상황 이론'과 관련해 가장 놀랍고도 흥미로운 점은 이 이론의 선별적 적용이다. 어느 나라를 막론하고 법은 권력과 금력을 가진 자들에게 관대한 경향이 있다. '유전무죄有錢無罪·무전유죄無錢有罪'의 관행이 상식처럼 통용되는 나라가 많다. 이런 사람들의 범죄에 대해선 놀라울 정도로 일관되게 '악의 상황 이론'이 적용된다. 진짜 문제는 바로 이것이지, 짐바르도가 개탄한 '개인주의적 사고방식'이 아니다.

법의 이런 불의를 잘 알고 있는 보통 사람들은 권력과 금력을 가지지 못한 자들에 대해서라도 '악의 상황 이론'을 배격해야 한다는 생각을 하게 된 건 아닐까? 법이 '가진 자의 범죄'와 '가지지 못한 자의 범죄', 또는 '화이트칼라 범죄'와 '블루칼라의 범죄'에 대해 차별을 두지 않고 엄정하게 처벌하는 정의를 실현한다면, 그때 가서야 비로소 '악의 상황 이론'을 포용할 수 있는 심적 여유를 갖게 되지 않을까?

범죄 이야기라 별로 실감이 나지 않는다면, 직장에서 '권위주의적 성격'을 가진 상사가 부하 직원들에게 몹쓸 '갑질'을 하는 경우를 생각해보자. '악의 상황 이론'을 믿는 부하는 그 상사가 치해 있는 현재 상황은 물론 어린 시절의 성장 상황까지 고려해가면서 판단을 해야 하는가? 설사 그런 고려를 하더라도 그 상사의 갑질에 대한 책임을 온전히 그 상사에게 묻는 게 잘못된 일일까?

옳건 그르건 우리는 이런 경우 별 고민 없이 갑질을 저지른 사람에게 갑질의 책임을 묻는 걸 당연하게 생각한다. 그럼에도 갑질은 사라지지 않는다. 왜 그럴까? 사실 중요한 건 갑질을 저지르는 상사를 둘러싼 개인적인 상황이라기보다는 회사 전체, 더 나아가 사회 전반의 상황일 가능성이 높다.

권위주의적 성격이 생존 경쟁에서 경쟁력이 없다고 한다면, 제발 권위주의적 성격을 가져달라고 등을 떠밀어도 그런 성격을 가질 리 없다. 무슨 수를 써서라도 스스로 고칠 가능성이 높다. 하지만 세상은 어떤가? 왜 '갑질 공화국'이라는 말까지 나왔겠는가? 갑질을 저지르는 권위주의적 성격이 생존 경쟁에 도움이 된다는 걸 말해주는 게 아닐까?

조직 생활에서 널리 떠도는 속설 가운데 "잘해주는 사람보다는 못살게 구는 사람에게 잘하려고 애쓴다"는 말이 있다. 물론 약자의 처지에서 당하지 않기 위해서다. 이런 처세술 메커니즘은 권위주의적 성격을 가진 사람에게 유리하게 작용한다. 권위주의적 성격은 그런 토양에서 자라나는 독버섯이라고 할 수 있다. 정치적으로 권위주의 시대는 갔다지만, 우리의 일상적 삶에서 권위주의가 여전히 건재한 이유이기도 하다.

14

왜 "SUV 애호가일수록
이기심이 강하다"고 하는가?

▲

SUV 이데올로기

최근 한국 자동차 시장의 대세는 단연 SUVSport Utility Vehicle다. 2018년 국내 완성차 5개사의 SUV 판매량은 51만 9,000여 대로 지난 7년 새 2배 넘게 껑충 뛰었다. 국산 차의 잇따른 호조에 닛산, 메르세데스벤츠, 캐딜락 등 수입차 업체들도 2019년 상반기에 신형 SUV모델을 선보인다고 한다. 그간 일부 전문가들은 1~3인 핵가족화가 작은 차 선호 현상을 부를 것이라 했지만, 가족의 구성원 숫자와 관계없이 대형 SUV가 큰 인기를 누리고 있다. 현대자동차가 야심차게 선보인 대형 SUV가 출시 두 달 만에 누적 계약 대수 4만 5,000대를 돌파했을 정도로 성공을 거둔 게 그걸 잘 말해준다.[30]

왜 SUV, 그것도 대형 SUV가 인기를 누리고 있는 걸까? 여러 실용적인 이유가 있겠지만, SUV의 본고장이라 할 미국에선 오래전부터 SUV의 인기를 사회적 차원의 이기심 확산과 연결 지어 분석하는 주장이 많이 나왔다. SUV 애호가일수록 이기심이 강하고 SUV 중에서도 큰 차량을 선호하는 사람일수록 더욱 그렇다는 것이다. 이른바 'SUV 이데올로기'라고 부를 수 있는 이런 주장을 한국에 곧장 적용하기엔 무리가 있을 것이므로, 그간 미국에서 논의된 'SUV 이데올로기'의 이모저모를 살펴보는 것으로 만족하기로 하자.

SUV의 원조는 지프Jeep다. GM은 자신들이 1935년부터 생산한 쉐보레 서버번Chevrolet Suburban이 SUV의 원조라고 주장했지만, 널리 공인을 받진 못했다. 지프는 크라이슬러의 자동차 브랜드이자 부문 조직division의 이름으로, 4륜구동 자동차의 원조다. 두 번째는 영국의 랜드로버Land Rover다(현재는 인도 회사 Tata Motors 소유). 지프라는 이름의 유래에 대해선 여러 가지 설이 있으나, 제2차 세계대전 때 이 차의 생산을 주문한 미국 정부가 GPGovernment Purposes로 지정한 데에서 비롯되었다는 설이 유력하다. '지피'라는 발음이 '지프'로 바뀌었다는 것이다. 초기 SUV는 사실상 군용 지프의 후예인데, 최초의 본격적인 SUV는 1974년 AMCAmerican Motors Corporation가 생산한 지프 체로키Jeep Cherokee였다(AMC는 1987년 크라이슬러에 흡수되어 1988년 사라졌다).[31]

SUV는 마케팅 용어일 뿐이며, 경트럭 차대chassis에 모든 걸 얹은 차라고 보면 된다. 모든 4륜구동이 SUV는 아니며 모든 SUV가 4륜구동은 아니지만, 미국에선 일반적으로 "off-road vehicle", "four-wheel drive", "four-by-four(4WD/4×4)"라고 한다. four by four(4×4)

는 1940년대에 군에서 쓰던 용어로 이젠 민간 영역에서도 널리 쓰이고 있다. 4×4에서 앞의 4는 바퀴의 수, 뒤의 4는 동력이 전달되는 바퀴의 수를 말한다.[32] 이걸 자랑스럽게 크게 표시한 자동차들이 미국 거리엔 즐비하다. 왜 미국인들은 4륜구동이라면 사족을 못 쓰는가?

Expedition(탐험), Explorer(탐험자), Escape(탈출), Compass(나침반), Liberty(자유), Range Rover(산악 유랑자), Navigator(항해자), Ascender(올라가는 사람), Mountaineer(등반가), Mariner(항해자), TrailBlazer(개척자), Outlander(외래자), Endeavor(노력), Pathfinder(개척자), Quest(탐험), Highlander(고지에 사는 사람), Sky(하늘), Outback(오지), Ridgeline(능선), Odyssey(모험 여행), Canyon(협곡), Sierra(산맥), Mustang(야생마), Ranger(방랑자), Sequoia(세쿼이아 거목), Tundra(북시베리아 동토대), Forester(산림에 사는 사람), Wrangler(카우보이).[33]

미국의 자동차 브랜드 이름들이다. 브랜드 이름에 걸맞게 자동차 광고는 늘 황량한 황야를 배경으로 해서 프런티어 개척자의 모습을 보여준다. 미국인이 사랑하는 '거친 개인주의rugged individualism' 효과를 극대화하기 위해서일까? 광고에 다른 차량이나 사람은 보이지 않는다. 나 홀로 자연과 대결하는 듯한 비장하고 숭고한 분위기마저 감돈다. SUV가 주로 그런 이미지를 연출하지만, 어느 차종을 막론하고 '프런티어십'은 미국 자동차 이미지의 오랜 전통이다. 4륜구동이어야만 포장도로가 아닌 곳도 거침없이 갈 수 있어 '개척자' 또는 '프런티어맨'다운 면모를 유감없이 발휘할 수 있다는 생각, 이게 바로 미국인들이 SUV를 사랑하는 주요 이유 중 하나다.

그러나 미국인들이 실제로 그런 용도로 SUV를 사용하는 건 전체 사용 시간의 5퍼센트 미만이다. 포장도로에서도 SUV의 장점을 써먹을 만한 기회가 별로 없다. 그래도 미국인들은 개의치 않는다. SUV는 필수로 장만해두고 다른 승용차들을 2~3대 더 갖추면 되기 때문이다. "큰 것이 아름답다"는 이데올로기와 더불어 미국 특유의 경쟁 문화가 작용한 탓이기도 하다.

SUV는 특히 여피yuppie의 세계관을 가장 잘 보여주는 자동차라는 시각도 있다. 아이를 낳고 가정에 얽매인 몸이지만 저항자나 반란자 이미지는 계속 풍기고 싶은데, 이때에 가장 적합한 것이 바로 오프로드off-road 능력이 뛰어난 SUV라는 것이다. 실제로 오프로드를 달리느냐 하는 건 중요치 않다. 자유에 대한 열망을 상징적으로 표현하는 동시에 자신의 인생은 모험이라는 느낌을 갖는 걸로 족하다. 1960년대 히피들의 폭스바겐 선택처럼, 일종의 '자위masturbation'로 볼 수 있겠다.[34]

이런 SUV에 대해 본격적인 포문을 연 사람은 2002년에 『높고 강력한: 세계에서 가장 위험한 차인 SUV는 어떻게 성장했나High and Mighty: SUVs-The World's Most Dangerous Vehicles and How They Got That Way』를 출간한 『뉴욕타임스』 기자인 키스 브래드셔Keith Bradsher다(high and mighty는 숙어로 '오만한, 거만한, 건방진'이란 뜻으로 쓰인다). 그는 이 책에서 미국 정부가 자동차회사의 로비에 굴복해 SUV를 승용차car가 아닌 트럭truck으로 분류해 세금 혜택, 연비 기준 완화, 안전 기준 완화 등의 특혜를 줌으로써 환경과 안전을 해쳤다고 맹렬히 비난했다. SUV는 영국에서도 '기름 잡아먹는 귀신gas guzzler'라는 별명을 얻었을 정도로

기름은 더 많이 사용하는데 규제 기준은 더 낮다니, 이게 말이 되느냐는 주장이었다.[35]

그렇다면 언론은 왜 제대로 된 문제 제기를 하지 않았던 걸까? 브래드셔는 자신의 경험담을 거론하면서 자동차회사들이 기자들을 어떤 식으로 구워삶았는지를 생생하게 폭로했다. 한마디로 말해서 기자들에겐 엄청난 향응 등의 특혜가 베풀어지며 자동차회사들과 자동차 전문 저널리스트들 사이에 열려 있는 '회전문(기자를 하다가 자동차회사에 취직한다는 뜻)'으로 인한 유착 때문에 기자들이 '포섭'될 수밖에 없다는 것이다.

설사 포섭되지 않더라도 미국 언론의 자동차 취재 시스템이 여러 파트로 세분화되어 있어 신형 SUV를 소개하는 기자는 안전이나 환경 문제 따위를 다룰 필요가 없기 때문에 비교적 편안한 마음으로 자동차회사들의 홍보에 협력적인 보도를 하게 된다는 것이 브래드셔의 주장이다. 자동차회사들은 안전이나 환경 문제를 다루는 기자들은 아예 상대하지 않으려고 하거나 아무런 정보도 주지 않기 때문에 SUV의 문제를 지적하는 일이 쉽지 않았다는 것이다.[36]

SUV의 인기는 미국 운전자들의 안전 운행 의지가 수동적으로 변한 것을 말해주는 증거라는 지적도 나오지만, 경제적으로 설명하는 게 더 설득력이 있다는 주장도 있다. SUV의 폭발적 인기는 자동차회사들이 일반 승용차 판매에선 적자를 보는 반면 SUV 판매에선 1대당 1만 달러에서 1만 8,000달러가 남는 큰 이익을 취할 수 있기 때문에 엄청난 광고 물량 공세를 통해 소비자들의 심리를 사실상 '조작'한 결과라는 게 비판자들의 한결같은 주장이다.[37]

SUV 이데올로기

안전과 환경보호 차원에서 SUV를 반대하는 사람들은 SUV를 가리켜 SUVSelfish Useless Vehicle라고 조롱하거나 비하한다. 실제로 SUV는 일반 승용차 운전자의 시야를 가리고 차폭이 넓어 좁은 길에서 다른 차에 위험 요소로 작용한다. SUV의 범퍼는 일반 승용차의 범퍼보다 훨씬 높아 충돌하면 승용차 운전자에게 치명적이다. SUV도 승용차 기준으로 설치된 가드레일 등의 안전장치 덕을 보지 못하기 때문에 위험하다. 일반 승용차의 전복 가능성은 10퍼센트인 반면 무게중심이 높은 SUV는 14~23퍼센트로 전복 가능성도 더 높다. 잘 전복된다고 해서 "SUVSuddenly Upside-down Vehicle"이라는 또다른 별명까지 얻었다. 일반 승용차 운전자보다 SUV 운전자가 11퍼센트 더 죽었다는 조사 결과도 나와 있다.[38]

SUV의 가장 큰 장점으로 꼽히는 것은 빙판길, 눈 쌓인 길, 비에 젖은 길에서도 미끄러지지 않고 가속할 수 있는 능력인데, 이게 과연 장점이냐고 의문을 제기하는 전문가도 많다. 오히려 그렇기 때문에 SUV 운전자는 길이 얼마나 미끄러운지를 전혀 느끼지 못하고 있다가 위급한 상황 시 그걸 알았을 땐 너무 늦어 사고로 이어지기 쉽다는 것이다.[39]

SUV 구입자들은 거의 모두 '안전'을 구입의 가장 큰 이유로 들지만, 그건 사실과 다르거니와 실은 SUV를 타고 높은 시야를 확보해 일반 승용차들을 내려다보는 '권력의지'를 '안전감'으로 착각한 결과일 뿐이라는 주장도 있다. 다만, 앞서 지적했듯이, 다른 일반 승용차와 충돌 또는 추돌 사고 시 SUV가 유리하긴 하다. 한 연구 결과에 따르면, SUV와 충돌한 일반 승용차 운전자는 부상당하거나 사망할 확률이 2배인 것으로 나타났다. 일반 승용차가 SUV와 측면 충돌 사고를 일으켰을 때 일반 승용차 운전자가 사망할 확률은 일반 승용차들끼리 충돌사고를 일으켰을 때보다 30배 더 높다는 연구 결과도 있다.

그래서인지 SUV 운전자가 일반 승용차 운전자에 비해 안전벨트도 잘 안 매고 음주운전도 많이 하고 공격적인 것으로 밝혀졌다. 그건 남이야 어찌되건 말건 자신과 자기 가족만 안전하면 그만이라는 극도로 이기적이고 공격적인 사고방식이라는 게 비판자들의 주장이다. SUV 운전자들이 안전 운전에 신경 쓰기보다는 충돌하더라도 안 다치거나 덜 다치자는 생각을 한다는 것이다. 그래서 앞서 지적한 바와 같이, SUV 애호가일수록 이기심이 강하고 SUV 중에서도 큰 차량을 선호하는 사람일수록 더욱 그렇다는 주장이 나오는 것이다.[40]

2001년 9·11 테러는 미국인들에게 엄청난 공포와 더불어 안전의 욕구를 극대화시켰다. 비키 쿤켈Vicki Kunkel은 9·11 테러 이후 SUV의 매출이 급증했다는 점에 주목한다. 쿤켈이 인용한 지리학자 제이 애플턴Jay Appleton에 따르면 인간은 '높은 전망'과 '높은 은신처'를 선호한다. 사람은 주변 환경에 대해 시야가 트인 곳으로 올라가고 싶어 하며, 안전하고 보호받는다고 느낄 수 있는 공간에 들어가고 싶어 한다는 것이다. 쿤켈은 "SUV의 높은 차체와 넓은 구조는 인간의 이 두 가지 본능적 욕구를 채워준다"며 다음과 같이 말한다.

"차체가 낮은 승용차를 타고 가다 정지 신호를 받아 서 있는데 옆 차선에 SUV가 와서 정차했다고 생각해보라. 그때 최소한 잠재의식에서 우리는 머리 위쪽이 보호받지 못한다는 느낌을 받는다. SUV 탑승자들이 말 그대로 우리의 차 안을 내려다볼 수 있기 때문이다.

또한 대형 SUV들이 시야를 가로막아 주변 경관을 모두 확보하기가 사실상 불가능하다. 이는 우리의 생존 본능에 위협이 되는 것이다."[41]

그 밖에도 수많은 학자가 'SUV 이데올로기'에 대한 견해를 표명했다. 2005년 조시 라우어Josh Lauer는 범죄에 대한 공포와 SUV의 관계를 다룬 논문에서 SUV의 인기는 범죄나 폭력을 바라보는 미국인의 태도를 반영한 것이며, 거친 개인주의를 숭상하고 타인과 아예 접촉하지 않으려는 불신의 징표라고 결론 내렸다.[42] 같은 해 에두아르도 멘디에타Eduardo Mendietta는 "SUV는 도시란 전장이며 정글이라는 것, 정복하고, 도주해야 한다는 것을 너무 지나치게 은밀하지 않게 가정하고, 암시하고 있다"고 말했다.[43]

지그문트 바우만Zygmunt Bauman은 『유동하는 공포』(2006)에서 "불안과 공포는 많은 금전적 이득의 원천이 될 수 있다"며 "SUV는 공포를 상업적으로 이용한 하나의 예에 불과하다"고 말했다.[44] 리처드 윌킨슨Richard G. Wilkinson은 『평등이 답이다: 왜 평등한 사회는 늘 바람직한가?』(2010)에서 "SUV 판매량이 늘어난 시점에 미국 사회는 불안감과 서로에 대한 두려움이 팽배해졌다"며 "공동체는 서로의 문을 꽁꽁 걸어 잠갔고, 주택 보안 시스템의 판매도 급증했다"고 말했다.[45] 폴 로버츠Paul Roberts는 『근시사회: 내일을 팔아 오늘을 사는 충동인류의 미래』(2014)에서 "SUV는 개인의 힘에 대한 갈망을 사회조직이 훼손될 정도로 이용하는 현실의 극단적 예"라고 말했다.[46]

이런 일련의 주장이 한국에서 높은 SUV 인기에도 적용될 수 있는지 인문사회과학자들이 나설 때가 된 것 같다. 한국인은 위험에 대한 위협 인식 수준, 즉 안전 민감도가 세계에서 가장 높은 국민이라고 하는 점과 관련은 없는지 살펴봐야 할 것 같다.[47] 물론 어떤 연구 결과를 내놓건 달라질 건 없으리라. 자동차는 이미 세속적 종교가 된 지 오래니 말이다.

'자동차 종교'라는 말을 만들어 그걸 비판한 이는 미국의 도시 계획가이자 사회주의자인 루이스 멈포드Lewis Mumford, 1895~1990였지만,[48] 한국인의 신앙심도 미국인들 못지않다. 할리우드 영화 〈아메리칸 그라피티American Graffiti〉(1973)에서 10대 운전자가 거룩하게 선언한 다음의 맹세는 오늘날 한국 SUV 애호가들의 심정을 대변해준 걸로 봐도 무방하지 않을까? "죽음이 우리를 갈라놓을 때까지 나는 이 차를 사랑하고 보호할 거야I'll love and protect this car until death do us part."

116

117

합리적 선택 이론

15

왜 모든 중독 현상마저
합리적이라고 하는가?

합리적 선택 이론

자신의 비만을 걱정하면서도 커다란 초코 과자를 즐겨 먹는 사람이 있다. 우리 주변에서 쉽게 볼 수 있는 풍경이다. 그런데 그 사람은 도대체 왜 그러는 걸까? 그 이유를 놓고 A와 B 사이에 오고 간 다음 대화를 감상해보자.

A 그 사람에게는 초코 과자를 먹는 것이 참는 것보다 효용이 크기 때문이에요.

B 어떻게 그런 줄 알지요?

A 그렇지 않았다면 다르게 선택했을 테니까요.

B 5분간 초코 과자를 즐기고서 그날 내내 자기 혐오로 괴로워해도 말인가요? 그게 효용 극대화인가요?

A   미래 가치를 가파르게 할인한 것이지요. 과자 소비가 당장 가져다줄 쾌락이 미래에 자기 혐오로 겪을 고통을 피하는 것보다 가치가 큰 것입니다.

B   늘 합리적으로 효용을 극대화하며 살지는 않는 사람이 있다고는 생각 안 하시나요?

A   안 합니다. 그렇지 않다면 그들이 왜 그렇게 행동을 하겠습니까?[49]

여기서 B는 영국의 공중보건학자 마이클 마멋Michael Marmot이고, A는 '합리적 선택 이론rational choice theory'을 신봉하는 합리적 선택론자다. 신고전파 경제학new classical economics의 강한 영향 속에서 나온 합리적 선택 이론은 개인은 구조가 미리 결정한 역할을 단순히 집행하는 '수동적인 위치'에만 머물러 있다고 보는 '구조 결정론structural determinism'에 반발해 개인을 스스로 자신의 운명을 개척하고 사회구조까지 바꿀 수 있는 의사결정의 주체로 보았다는 점에서 의미가 있다.[50]

"나는 내 운명의 주인이다"는 말은 아름답다. 이 험난한 세상을 살아가려면 그런 자세를 가져야만 생존할 수 있고, 더 나아가 성공할 수 있다. 하지만 그런 신념을 갖고 있는 사람일지라도 자기 집을 갖지 못한 처지라면 세상이 잘못 돌아가면서 부동산 값이 폭등하는 사태를 보면서 사회구조의 문제에 분노하지 않을 수 없다. '개인'과 '구조' 사이의 그 어느 중간에 답이 있는 것이지, 어느 하나에 답이 있다고 말하긴 어려울 것이다. 하지만 학자가 그런 어정쩡한 자세를 취하면 성공하기 어렵다. 자신의 간판 상품을 선택해 한 우물을 깊게 파야만 성공할 수 있다.

1992년 노벨경제학상을 수상한 미국 시카고대학 경제학자 게리 베커Gary Becker, 1930~2014는 '합리적 선택 이론'을 일상생활에 적용해 1988년 「합리적 중독 이론A Theory of Rational Addiction」이라는 논문을 발표했다. 이 이론은 쉽게 말하자면, 알코올, 담배, 마약뿐만 아니라 텔레비전 중독, 일중독, 설탕 중독 등과 같은 모든 중독 현상은 '내일'보다는 '오늘'을 중시하는 합리적 선택의 결과라는 것이다.

이에 대해 마멋은 비만을 예로 들어 "'건강은 자기 책임'이라는 흔한 말에도 합리적 선택 이론의 개념이 내포돼 있다"며 다음과 같이 반문한다.

"데이터를 객관적으로 관찰한다면 비만의 증가가 개인의 선택만이 아니라 훨씬 많은 요인이 작용한 결과임을 명확히 알 수 있다. 비만의 증가는 환경의 변화에서 기인한 것이다.……그런데 개인의 행동을 바꾸는 것을 왜 개인의 책임으로만 둬야 한다고 말하는가? 사회의 행동이 문제의 원인이라면 그에 대해 어떤 사회적 조치를 취할지 논의하는 것이 합당하지 않은가?"[51]

오랜 역사를 자랑하는 이런 논쟁은 연구 방법론의 문제이기도 하다. 합리적 선택 이론을 떠받치는 이론적·방법론적 토대는 '개인' 수준의 이론에서 집단 수준의 이론을 구성해낼 수 있다는 '방법론적 개인주의methodological individualism'와 합리적이고 이기적인 인간을 가정하는 '합리적 경제인rational economic man'이라는 가정이다.

'방법론적 개인주의'는 모든 사회현상은 개인적 사실로서만 설명될 수 있다는 입장인데, 이를 받아들인 합리적 선택 이론가들은 오직 개인만이 선택하고 행동하며, 사회적 총합social aggregate은 단지 개인들이 행한 선택과 행동의 결과로서만 이해될 수 있다고 주장한다. 따라서 합리적 선택 이론에서 분석의 기본 단위는 정당, 지역, 국가와 같은 유기체적인 전체가 아니라 선택하고 행동하는 개인이다.

'합리적 경제인'은 모든 행위자는 합리적이고 경제적이라는 것인데, 여기서 말하는 합리성이란 목표가 있는 경우 그 목표를 달성하기 위한 최선의 수단을 선택한다는 의미에서 '도구적 합리성instrumental rationality'이다. 다음으로 '경제적'이라는 것은 이기적인 동기, 즉 자기 자신의 이익self-interest이나 효용을 얻기 위한 의도에서 행동한다는 것을 의미한다.[52]

합리적 선택 이론에선 전통적인 정치학이나 행정학에서 공익의 대변자라고 보았던 정치인이나 관료도 재선이나 관할권의 확대와 같은 이기적인 동기에 의해 움직이는 경제인에 불과하며, 정책 결정은 공익을 실현하는 과정이라기보다는 자신의 이익이나 효용을 극대화하려는 행위자들 사이의 '교환 과정'으로 이해된다. 이처럼 인간의 사회적 행위를 규제하는 정치제도나 공적인 규제 체제를 우선적인 탐구의 대상으로 삼는 것을 합리적 선택 이론 중에서도 '공공선택 이론public choice theory'이라고 한다.[53]

합리적 선택 이론은 정치학 분야에선 시민의 정치 참여 동기와 투표 행태와 관련해 많이 연구되어왔다. 합리적 선택 이론이 등장하기 전에는 시민이 참여에 더 적극적이지 못한 이유를 주로 시민의 냉담함apathy과 무관심 때문인 것으로 보았지만, 1950~1960년대에 앤서니 다운스Anthony Downs와 맨커 올슨Mancur Olson, 1932~1998 등은 합리적 선택의 관점에서 시민은 참여와 관련한 비용과 편익을 고려하여 편익이 비용을 초과한다는 계산이 도출될 때 참여를 하게 된다고 주장했다. 투표도 투표의 기대 효용이 비투표의 기대 효용보다 높을 때 이루어진다는 것이다.[54]

그간 한국에선 합리적 선택 이론의 관점에서 지역주의 투표가 합리적 유권자의 의도적 선택의 결과라는 주장이 제기되어왔다. 강원택은 그런 주장은 무엇보다 지역주의 투표라는 집합적 수준의 현상을 하나의 단위로 두고 그 속에서 개인의 합리성을 찾으려 했다는 데에 근본 문제가 있다고 비판한다. 지역주의를 통해 기대되는 정치적 혜택은 비배제적인 것이 아닐 뿐만 아니라, 설사 배타적인 혜택이 특정 지역에 주어지게 되더라도 그러한 혜택의 배분에는 불확실성이 존재하기 때문에, 합리적 선택 이론에서 일반적으로 이야기되는 설명의 틀 속에 기존의 지역주의 투표 논의를 포함시키기에는 문제점이 있다는 것이다.[55]

합리적 선택 이론의 관점에서 정치 참여를 설명하는 이론은 무엇보다 개인의 동기 관점을 중요시한다는 점, 누가 참여할 것이고, 어떠한 상황하에서 참여할지, 참여가 저조한 현상, 개인이 어떤 후보자에게 표를 던질 것인지에 대한 예측의 틀을 부여한다는 점에서 이론적 의의를 갖지만, 크게 보아 3가지 문제점을 갖고 있는 것으로 평가된다.

첫째, 인간의 합리성에 관한 전제로서 인간의 능력을 넘어서는 불확실성의 상황하의 개인이 지니는 인지 능력의 한계, 둘째, 의사결정에서 기대 편익과 비용의 계산에 요구되는 확률 계산에서 기초가 없는 급진적 불확실성의 상황에 대한 문제, 셋째, 분석에서 나타난 바와 같이 경험적으로 불일치하는 문제 등이다. 즉, 합리적 선택 이론은 참여를 지나치게 협소하게 해석하기 때문에 정치 행태의 중요하고 보편적인 관점을 이해하지 못하게 할 여지를 만든다는 것이다.[56]

합리적 선택 이론은 다양한 분야에 걸쳐 적용되고 있다. 예컨대, 저출산 문제를 보자. 합리적 선택 이론은 사람들이 출산을 결정하는데 아이를 출산함으로써 얻을 수 있는 혜택이 비용을 능가할 것인지를 계산한다고 주장한다. 이 이론은 출산하는 것보다 다른 것에서 얻을 수 있는 효용이 크다면 다른 것을 선택한다는 이른바 효용의 극대화에 주목한다.[57]

법도 합리적 선택 이론의 분석 대상인데, 이런 연구를 가리켜 '법 경제학law and economics'이라고 한다. 범죄자도 합리적 인간이라고 가정할 때, 범행으로 기대되는 이득이 비용을 초과하게 되면 범행에 착수하고, 역으로 기대되는 비용이 그 이득을 초과하게 되면 행동으로 옮기지 않는다는 것이다. 법 경제학에 반발해 나온 '행동법 경제학behavioral law and economics'은 인간이 늘 비용과 이득(편익)을 정확히 계산해 행동을 하는 합리적인 존재가 아닐 뿐 아니라 너무도 쉽게 불완전한 정보로 오류가 명백한 판단을 한다고 주장한다.[58]

합리적 선택 이론으로 종교 현상을 분석하는 연구 경향은 '종교 경제학Economics of Religion' 또는 '종교 경제 이론Theory of Religious Economy'이라고 한다. 종교 경제학은 종교 조직은 종교적 재화와 용역을 생산하는 자, 개별 신자는 이러한 재화와 용역을 소비하는 자이며, 종교 조직이나 개별 신자가 자신의 영적·물질적 보상rewards을 최대화하기 위해 합리적으로 행동하는 가운데 종교 시장religious market이 형성된다고 본다. 세속화론자들은 종교를 비합리적인 것으로 보고, 근대화와 세속화 과정 속에서 종교가 쇠퇴한다고 본 반면, 종교 경제학자들은 종교를 합리적인 것으로 간주하면서, 종교에 대한 수요가 지속적이고 안정적이라고 주장한다.[59]

구현우·이정애는 전반적으로 보아 합리적 선택 이론은 사회현상의 미시적 기초를 정교한 논리로 설명했다는 점에서는 높이 평가할 수 있으나, 그간의 연구 결과를 종합하자면 6가지 이론적·방법론적 한계가 있는 것으로 평가한다. 이 가운데 3개만 감상해보자.

첫째, 합리적 선택 이론에서는 행위자들을 자기 이익의 극대화를 추구하는 이기적인 존재로 가정하는데, 이러한 '합리적 이기주의rational egoism'의 가정은 시민 정신civic spirit을 약화시키는 규범적인 문제가 있을 뿐만 아니라, 사회적 실재social reality를 지나치게 단순화한다는 분석적인 문제도 있다. 또한 이러한 가정은 행위의 결과에서 동기를 추론하고, 이를 통해 다시 결과를 설명하는 "순환론tautology"의 오류에 빠질 수 있다.

둘째, 합리적 선택 이론은 편협한 공리주의의 가정에 기초한 "원자화된atomized" 또는 "과소사회화된undersocialized" 행위자를 전제로 하기 때문에, 행위자나 그들의 행위가 문화와 같은 거시적인 사회적 맥락 속에서 "배태된다는embedded" 사실을 무시하고 있다.

셋째, 전통적인 합리적 선택 이론에서는 죄수의 딜레마나 집합적 행위의 딜레마와 같은 '사회적 딜레마'의 문제를 강제력의 행사나 선별적 유인의 제공을 통해 해결할 것을 강조할 뿐 자발적 협력의 가능성은 배제했으나, 많은 경험적 연구는 그러한 조건이 충족되지 않는 상황에서도 협력이 가능하다는 것을 보여주고 있다. 즉, 사회적 딜레마 문제의 해결에서 합리적 선택 이론은 이론과 경험 세계의 불일치에 직면하는 경우가 많다는 한계가 있다.[60]

합리적 선택 이론이 모든 사회적 현상에 경제학적 접근법을 적용하는 것을 가리켜 '경제학의 제국주의'라는 비판의 목소리도 있지만,[61] 합리적 선택 이론이 적잖은 인기를 누려온 것은 불확실성과 모호성으로 가득 찬 세계에 어느 정도의 설득력을 갖고 있는 그 어떤 질서를 부여해주는 장점이 있기 때문일 것이다. 합리적 선택 이론의 세계는 모든 것이 수학적 공식으로 환원되는 세계지만,[62] 오히려 그런 단순성과 간결함이 매력으로 작용하고 있다는 걸 부인하기 어렵다.

하지만, 그간 수많은 연구 결과가 밝혀주었듯이, 우리 인간은 합리적 선택 이론이 가정하는 것처럼 그렇게 합리적인 동물은 아니며 '이기적 유전자'만 갖고 있는 것도 아니다. 우리는 감정과 충동에 의해 행동할 때도 많으며, '이타적 유전자'도 갖고 있다. '이타적 유전자'에 의한 행위도 해석하기에 따라선 어떤 사람들에겐 '합리적 선택'일 수 있는 것이다. 즉, '합리적 선택'의 범주를 좁게 보거나 동원할 수 있는 다양한 전략과 전술을 하나의 고정된 틀로 묶지는 않는 것이 바람직하지 않을까 하는 생각이 든다. 당신이 그 어떤 유형의 중독에 빠져 있다면, 그건 합리적 선택이라고 강변하고 싶겠지만 말이다.

제4장

개인과 사회

16

왜 우리는 가깝지도 않고 멀지도 않은 관계를 유지하는가?

▼
▲

고슴도치의 딜레마

"그저 바라만 보고 있지/그저 눈치만 보고 있지/늘 속삭이면서도 사랑한다는 그 말을 못해/그저 바라만 보고 있지/그저 속만 태우고 있지/늘 가깝지도 않고 멀지도 않은 우리 두 사람/그리워지는 길목에 서서 마음만 흠뻑 젖어가네/어떻게 하나 우리 만남은 빙글빙글 돌고/여울져가는 저 세월 속에/좋아하는 우리 사이 멀어질까 두려워."

가수 나미의 노래 〈빙글빙글〉(1984)이다. '가깝지도 않고 멀지도 않은' 관계를 주제로 수많은 노래가 불렸을 텐데, 요즘 노래보다는 30여 년 전 노래의 가사가 퍼뜩 떠오르는 필자의 노쇠함을 너무 탓하진 마시기 바란다.

'가깝지도 않고 멀지도 않은' 관계에 대한 고민은 남녀관계에서만 일어나는 건 아니다. 그런 관계를 유지하는 '기술'은 우리 삶의 필수적 요소라고 해도 과언이 아니다. 가까이 하기도 어렵고 멀리 하기도 어려운 관계를 뜻하는 '불가근불가원不可近不可遠'은 부정적인 의미로 자주 쓰이지만, 그런 부정적 함의를 걸어내고 말한다면, 우리 모두의 기본적인 처세술이 된 지 오래다.

우리는 우연히 어떤 곳에서 오랜만에 아는 사람을 만나면 "언제 밥 한번 먹자"는 인사말과 함께 헤어지지만, 실제로 시간을 내서 그 사람과 밥을 먹는 법은 거의 없다. 그 말을 들은 사람도 전화를 해서 "언제 먹을 거냐?"고 묻는 법도 없다. 양쪽 모두 그냥 인사말이라는 걸 알고서 하고 알고서 듣는 데에 익숙해 있다.

160여 년 전 독일 철학자 아르투어 쇼펜하우어Arthur Schopenhauer, 1788~1860는 자신의 마지막 책인 『부록과 추가』(1851)에서 "고슴도치들은 겨울에 어떻게 함께 살아가는가?"라는 질문과 함께 이 문제에 대한 철학적 논의를 제시했다. 고슴도치들은 날씨가 추워지면 서로 모여들어 체온을 나누는 습성이 있다는데, 같이 붙어 있게 되면 가시에 찔리고 떨어져 있자니 추운 딜레마에 봉착하게 된다. 결국 답은 가시에 찔리지 않을 정도의 적정 거리를 유지하면서 모이는 가까움과 멂의 균형이다.

인간 역시 인간관계에서 멀지도 않고 가깝지도 않은, 가깝지도 않고 멀지도 않은 관계를 유지한다는 점에서 고슴도치와 같다. '고슴도치의 딜레마hedgehog's dilemma'는 곧 '인간의 딜레마'인 것이다.[1] 쇼펜하우어가 그런 말을 했나 보다 하는 정도로 묻힐 수도 있었던 이 개념을 널리 알린 이는 지그문트 프로이트Sigmund Freud, 1856~1939다. 프로이트가 『집단심리학과 자아 분석』(1921)에서 쇼펜하우어를 인용함으로써 '고슴도치의 딜레마'는 심리학의 영역에 편입되었고, 이후 수많은 저자에 의해 자주 거론되는 유행어가 되었다.

어떤 개념이건 후세 사람들이 자신의 논지를 뒷받침하기 위해 이용하다보면 원래의 뜻과는 다르게 점점 더 확장되어가기 마련이다. 정성훈은 "쇼펜하우어는 이 현상을 통해 외부로부터 따뜻함을 구하는 사람은 어느 정도 타인으로부터 상처받을 것을 각오해야 한다고 말합니다"라며 다음과 같이 말한다.

"그러나 비관적 세계관을 전파하는 데 평생을 바쳤고 여성을 비하하여 결혼도 하지 않았던 그에게 이 말은, 다른 사람에게 의지하지 않아도 얼마든지 잘살고 있는 스스로에 대한 자부심을 표현한 말이었습니다. 한편 인간관계가 점점 더 계산적이 되어가는 현대에 와서, 고슴도치 딜레마는 쇼펜하우어가 쓴 의미와는 달리 아무리 타인에게 다가가려 해도 두려움 때문에 다가가지 못하는 젊은이들의 고민을 절실히 표현하는 말이 되어버렸습니다."[2]

그래서 '고슴도치의 딜레마'는 인간관계에 큰 부담을 느끼는 젊은이들의 행태를 지적하는 용도로 자주 거론되고 있다. 예컨대, 이주형은 "서로 알아가고 신경 써주면서 시간과 돈과 정신을 낭비하느니 차라리 혼자 편하게 지내는 것이 낫지"라고 생각하는 '신인류 고슴도치'들이 늘고 있다고 우려한다.

"그래서 오늘도 온라인상에서 '한 번도 만나본 적 없는 친구'들과의 적당한 거리에 만족하며 살아간다. 얼굴도 모르는 사람들과 매일 메신저와 댓글을 통해 소통하는 동안 가시는 더욱 뾰족해지고 날카

로워진다. 앞으로는 자신과 비슷한 생각을 가진 사람, 자신과 코드
가 맞는 사람하고만 소통하는 '관계의 편식'이 일반화될 것이다. 이
것이 당장은 세상 살아가는 데 별 불편함을 주지 않을 것이다. 갈수
록 쿨한 사람, 쿨한 관계들로 넘쳐날 것이다. 하지만 인생은 단거리
경주가 아니다."[3]

'고슴도치의 딜레마'를 거시적 관점에서 사회 전체의 문제로 해
석하는 학자들도 있다. 영국의 철학자이자 신학자인 조너선 색스
Jonathan Sacks는 『사회의 재창조: 함께 만들어가는 세상을 찾아서』
(2007)에서 이 딜레마는 '인간 협력의 가장 기본적인 문제'라며 다음
과 같이 말한다.

"우리는 독립성의 가치를 중시하면서도 또 한편으로 상호 의존성
을 인정한다. 우리는 온기와 우정과 도움을 나눌 다른 누군가를 필
요로 한다. 우리는 사회적 동물이다.……한편으로 지나친 접근성은
긴장을 유발한다. 우리는 개인성을 개발하기 위한 사적인 공간을 필
요로 한다. 서로의 비밀에 대해 속속들이 알고 있는 마을 사람들과
더불어 살아가는 일은 밀실 공포증을 유발할 만큼 숨 막히는 것일
수 있다."[4]

이런 논의를 연장시키면 결국 '공동체주의 논쟁'으로까지 이어지
겠지만, 공동체주의 문화가 강했던 한국에서 당장 문제가 되는 것은
가족주의가 야기하는 '고슴도치의 딜레마'다. 그 딜레마는 '가족 파
시즘'이란 말로 표현되기도 한다. 전혜성의 장편소설 『마요네즈』에
나오는 "가족은 안방에 엎드린 지옥", 배수아의 장편소설 『랩소디 인
블루』에 나오는 "가족은 흡혈귀"라는 표현 등이 말해주듯이, 이미 여

고슴도치의 딜레마

러 작가가 '가족 파시즘'을 고발하고 있다.[5]

한국인에겐 평소 잠재된 '고슴도치의 딜레마'가 겉으로 불거져 나오는 특별한 기간이 있는데, 그게 바로 명절이다. 가족 또는 친족이라는 미명하에 말로 상처를 주는 한국형 '마이크로어그레션 microaggression'은 '적정 거리'를 무시함으로써 "추위도 좋으니 뿔뿔이 흩어져 살자"는 생각을 갖게끔 만드는 주범 중의 하나다.[6]

도대체 어떻게 살아가야 하는 걸까? '고슴도치의 딜레마'에 대한 답으로 제시된 것 중의 하나가 바로 '포용적 개인주의inclusive individualism'다. 포용적 개인주의는 물리적 접촉 없이 홀로 존재하지만 상호 연결되어 있는 개인주의로, 그 핵심은 '따로 그러나 같이'라는 슬로건으로 표현할 수 있다. 포용적 개인주의는 '강한 연결'을 추구했던 이전의 방식을 탈피해 개인주의적이면서도 다른 사람들과의 연대는 배척하지 않기 때문에 이른바 '약한 연결의 힘the strength of weak ties'과 친화적이다.[7]

포용적인 개인주의는 이미 온라인에선 예외 없이 작동하는 법칙의 지위에까지 올랐다. 오프라인에선 고립된 개인임에도 온라인에선 '사회적 실재감social presence'을 느끼는 방식으로 사회의 구성원 지위를 만끽하는 것이다. 사회적 실재감은 매개된 커뮤니케이션에서 사람을 '실제 사람real person'으로 느끼는 정도, 또는 타인과 같은 공간을 공유할 때 느끼는 기분을 말한다. 온라인에서 게임을 하는 사람은 '홀로 함께 플레이하기playing alone together'에 빠져드는데, 한 플레이어는 이를 좋아하는 이유를 이렇게 설명했다. "세상에 나 혼자만 있는 게 아니라는 기분이 들기 때문이다. 게임 속에서 주위에 실제 플레이어들이 있다는 게 참 좋다. 그 사람들이 무엇을 하고, 무엇을 이루는지 보는 것도 재미있고, 서로 자기 할 일 하다가 우연히 마주치는 것도 재미있다."[8]

지금 우리는 그런 온라인 세계의 삶이 실제로 오프라인화되는 세상에 살고 있는 건 아닐까? 1인 가구 비율은 이미 27퍼센트를 넘어섰고(2015년 기준 27.2퍼센트), 통계청 추계로 본다면 당장 2019년에 1인 가구(590만 7,000가구)가 '부부+미혼 자녀'(572만 1,000가구) 가구를 추월하고, 2045년(1인 809만 8,000가구, 부부+자녀 354만 1,000가구)이면 그 차이를 2배 이상 벌리게 됨으로써 가족의 범위가 사실상 '개인'으로 수렴하는 시대에 접어들고 있다.[9]

가수 나미는 늘 가깝지도 않고 멀지도 않은 관계에 대해 '좋아하는 우리 사이' 멀어질까 두렵다고 했지만, 우리는 그 어떤 두려움이나 의심도 없이 그런 삶이 당연하다고 생각한다. 고슴도치 이야기는 우화였지만, 인간은 점점 고슴도치를 닮아가고 있는 게 아닌가.

고슴도치의 딜레마

17

왜 정의로운 내부고발자를
'배신자'로 탄압하는가?

▼
▲

도덕적 인간과 비도덕적 사회

과거 국가적으로 아주 못된 짓을 저질렀을 때의 일본이라는 나라는 '악마'라고 해도 과언이 아닐 정도로 잔인하고 악랄했다. 하지만 일본인들 하나하나를 보면 대부분 착하고 윤리적이었다. 어떤 악행을 저지른 강대국의 국민들 대부분이 개인적으로 보자면 다 그럴 것이다. 그런데 그런 개인들이 모여 집단이 되면 전혀 다른 특성이 나타난다. 집단의 이익을 추구하는 새로운 논리와 생리를 갖게 되는 것이다. 그 집단은 국가나 사회일 수도 있고 거대 조직일 수도 있다.

왜 인간 개개인이 모여 구성된 사회는 그렇게 전혀 다른 성질을 갖게 되는가? 이 의문에 답하기 위해 미국의 신학자요 정치학자요 철학자인 라인홀드 니부어Reinhold Niebuhr, 1892~1971는 1932년『도덕적 인간과 비도덕적 사회Moral Man and Immoral Society』라는 책을 출간했다. 이 책은 미국 사회에 큰 충격과 반향을 불러일으켰다.

니부어는 당시 이성과 과학의 시대에 팽배해 있던 나른한 낙관주의에 도전했으니 그럴 만도 했다. 이성적으로, 과학적으로 따지고 또 따지면 인간들의 문제가 해결될 수 있을 거라고 믿는 낙관주의는 그것이 낙관적이라 문제가 되기보다는 번지수를 전혀 잘못 찾았다는 데에 문제가 있다. 니부어가 당대의 저명한 철학자이자 교육학자인 존 듀이John Dewey, 1859~1952가 이끌던 학파를 강하게 비판한 것도 바로 그런 문제의식과 맞닿아 있다.

니부어는 오늘날의 사회문제가 도덕 교육과 인간 지성의 계발에 의해 해결될 것이라는 그들의 믿음을 비웃으면서 '우리의 약탈적인 이기심'과 같은 인간의 본성에 주목했다. 니부어는 인간은 본성적으로 비극적이고 죄악적인 상황에 처해 있다며 인간 본성의 유연성plasticity 또는 변화 가능성에 무게를 두는 진보적 신념을 거부했다. 그래서 니부어는 '비관주의, 조소주의, 염세주의, 패배주의'에 물든 인물이라는 비판을 받기도 했지만, 동시에 '모든 현실주의자의 아버지'라는 말을 들을 정도로 현실주의에 투철한 인물로 평가되기도 한다.[10] 당시 신학도로서 니부어의 책을 아주 흥미롭게 읽은 흑인 민권 운동가 마틴 루서 킹Martin Luther King Jr., 1929~1968은 니부어의 주장과 거리를 두면서도 "인간 본성과 관련한 피상적 낙관주의의 환상과 잘못된 이상주의의 위험성"에 대한 니부어의 통찰은 결코 부정하지 않았다.[11]

니부어에 따르면, 모든 인간 집단은 개인과 비교할 때 충동을 올바르게 인도하고 때에 따라 억제할 수 있는 이성과 자기극복의 능력 그리고 다른 사람들의 욕구를 수용하는 능력이 훨씬 결여되어 있으며, 집단을 구성하는 개인들이 개인적 관계에서 보여주는 것에 비해 훨씬 심한 이기주의를 드러낸다. 니부어는 이처럼 집단의 도덕이 개인의 도덕에 비해 열등한 이유를 오직 개인들의 이기적 충동으로만 이루어진 집단적 충동과 자연적 충동을 억제할 만큼 강력한 합리적 사회 세력을 만들기 어렵다는 것에서 찾았다. 개인들의 이기적 충동은 개별적으로 나타날 때보다는 하나의 공통된 충동으로 결합되어 나타날 때 더욱 생생하게 그리고 더욱 누적되어 표출되기 때문이라는 것이다.

니부어는 도덕주의자들이 인간의 집단행동 속에서 자연의 질서에 속하면서도 이성이나 양심의 지배하에 완전히 들어오게 할 수 없는 요소들을 파악하지 못함으로써 인간 사회의 정의를 획득하기 위한 싸움에서 정치가 꼭 필요하다는 것을 간과했으며, 어떠한 형태건 집단적 힘이 약자를 착취할 때 그것에 대항할 세력을 형성하지 못하면 그런 착취는 결코 사라지지 않는다는 사실을 간과하지 못했다고 비판했다. 이렇듯 사람들은 인간관계에서 집단 이기주의collective egoism가 갖는 힘과 범위와 지속성을 깨닫지 못하고 있다는 게 니부어가 이 책을 쓴 주요 이유였다.[12]

니부어가 보기에 개인은 대가에 관계없이 자신의 이익을 희생할 수도 있지만, 집단의 이해관계를 책임지고 있는 사람은 자기집단의 이익을 버리고 다른 집단에 이익을 주는 행위를 정당화할 수 없다. 니부어는 역사적으로 순수한 공평무사의 도덕을 집단적 관계에서 실현시켜 보려던 모든 시도는 실패로 돌아갔음을 상기시키면서, 집단은 도덕적으로 무디기 때문에 순수한 공평무사의 도덕을 집단에서 찾기란 거의 불가능하다고 단언한다.[13]

'도덕적 인간과 비도덕적 사회'라고 하는 모순의 한복판에 민족국가와 애국자가 있다. 니부어가 보기에 국가에 대한 충성심은 치열한 충성심이나 지역에 한정된 충성심(향토애)에 비교해볼 때에 고차원적 형태의 이타주의altruism임이 분명하지만, 국가에 대한 개인의 비판적 태도를 완전히 말살해버리는 열정의 행태로 드러나는 경향이 있으며, 이와 같은 헌신적인 충성의 맹목적인 성격이야말로 국가권력의 기초로서 도덕적 제한을 받지 않고 무한대로 권력을 사용할 수 있는 자유의 토대가 된다. 즉, 애국심은 개인의 이타주의가 국가의 이기주의로 전환되는 과정을 보여주는 좋은 증거인 셈이다.[14]

'도덕적 인간과 비도덕적 사회' 현상은 사회심리학적으로도 설명할 수 있다. 미국 오클라호마대학의 심리학자 무자퍼 셰리프Muzafer Sherif, 1906~1988는 1954년 여름 3주간에 걸쳐 오클라호마 로버스 동굴 주립공원Robbers Cave State Park 주변에 사는 건강한 12세 소년 24명을 선발해 무작위로 두 집단으로 나눈 뒤 두 팀 사이에 경쟁을 시키고 이를 관찰하는 실험을 했다. '로버스 동굴 실험Robber's Cave Experiment'으로 알려진 이 실험 결과는 놀라웠다. 얼마 지나지 않아 양 팀은 방울뱀족과 독수리족이라고 이름을 지어 붙였고, 경기할 때 서로 놀리기 시작했을 뿐만 아니라, 상대방의 캠프를 습격해 약탈하고 깃발을 불태우기까지 했으니 말이다.[15]

우리 인간은 자기가 속한 집단이 여러 방면에서 더 우월하다고 볼 뿐만 아니라, 보상도 자기집단에 더 많이 배분하는 경향을 보인다. 이를 가리켜 '내內집단 편애in-group favoritism'라고 하는데, 이는 이른바 '최소집단 패러다임minimal group paradigm'을 사용해 광범위하게 연구되었다. 사람들을 아주 사소하거나 무의미한 기준에 따라 집단으로 나눠도 각 집단에 속한 사람이 자기집단에 대한 편애를 보인다는 것을 입증하는 연구다. 이렇게 최소한의 조건만 있어도 집단 사이에 차별이 일어나는 현상을 '최소집단 효과minimal group effect'라고 한다.[16]

그런데 도대체 왜 그러는 걸까? 진화심리학자들은 이런 사고는 인간이 초기 발달 단계에 아주 작은 무리를 이루고 살기 시작하면서부터 적용되었다고 주장한다. 이와 관련, 엘리엇 애런슨Elliot Aronson은 "내가 속하는 무리의 구성원들과 외부자 간의 차이에 대해 항상 경계심을 가지는 것은 대단히 중요한 것이었다"며 다음과 같이 말한다.

"왜냐하면 외집단은 결국은 경쟁자나 공격자가 되기 때문이다. 이와 똑같이 우리 자신이 속하는 무리에 대한 응집력이 필요하였다. 왜냐하면 이 내집단 구성원들끼리는 의식주와 관련되는 것을 나누었을 뿐만 아니라 서로 보호했기 때문이다. 그 결과 이 같은 종류의 우리와 그들이란 무리 중심 사고가 아주 용이하게 발휘될 수 있도록 사람들의 하드웨어에 내장되어왔다. 이런 경향성이 민족적, 인종적 편견의 근간이 되기도 한다."[17]

그럼에도 우리는 그런 편견의 집결체라고 할 수 있는 국가나 사회가 선할 수 있다는 믿음을 버리지 않는 경향이 있다. 그건 국가가 위선hypocrisy에 매우 능하기 때문이다. 17세기 프랑스 작가로 풍자와 역설의 잠언으로 유명한 프랑수아 드 라로슈푸코François de La Rochefoucauld,

1613~1680는 "위선은 악덕이 미덕에 바치는 공물이다"고 했다.[18] 이는 위선이 그 기만성과 반도덕성에도 사회적으로 미덕이 악덕에 비해 우월하다는 점을 끊임없이 시인하고 확인함으로써 미덕에 도움을 준다는 뜻이다.[19] 니부어는 국가 역시 위선의 그런 기능을 이용해 개인의 충성심과 헌신을 이끌어내기 때문에 국가의 위선은 정치적 차원에선 반드시 필요하다고 말한다.[20]

위선의 그런 기능은 특권적인 지배계급의 태도에도 그대로 적용될 수 있다. 니부어는 특권계급이 비특권계급에 비해 더 위선적인 이유는, 자신의 특권을 평등한 정의라고 하는 합리적 이상에 의해 옹호하기 위해 특권이 전체의 선에 뭔가 기여할 수 있다는 것을 증명하려 하기 때문이라고 말한다. 사회의 불평등 상태는 합리적 변호에 의해서는 정당화될 수 없을 만큼 심화되어 있기 때문에, 특권계급은 온갖 머리를 짜내어 자신들의 특권이 보편적 이익에 기여한다는 이론을 옹호할 수 있는 교묘한 증거와 논증을 창안해내려고 노력한다는 것이다. 특권계급에는 머리가 좋고 유능한 사람이 많기 때문에 자신들이 알게 모르게 저지르는 온갖 협잡과 무능력을 그럴듯하게 둘러대거나 변호할 수 있다는 게 니부어의 주장이다.[21]

'도덕적 인간과 비도덕적 사회' 현상은 국가기관이나 회사의 선량한 구성원들이 자신의 조직을 사랑한다는 이유만으로 조직 내부의 비리를 폭로하는 정의로운 내부고발자(공익제보자)를 '배신자'로 낙인찍으면서 탄압하는 데에 동참하는 이상한 행태도 잘 설명해준다. 이와 관련, 공익제보지원단장 김창준은 "한국 사회 특유의 이중 잣대와 위선, 조직 문화의 폭력성, 저급한 의리 의식, 절대 권력에 굴종하는 비열한 인간 군상 등 한국 사회의 모순"을 개탄했지만,[22] 그게 바로 '도덕적 인간과 비도덕적 사회' 현상 때문에 발생한다.

니부어는 인간 이성을 믿는 사람들에 비해 비관주의자이긴 했지만, 결코 민주주의를 거부하지는 않았다. 그는 1944년에 출간한 『빛의 자식들과 어둠의 자식들The Children of Light and the Children of Darkness』에서 "정의를 이룰 수 있는 인간의 능력이 민주주의를 가능하게 한다. 그러나 불의를 저지르려는 인간의 성향이 있기 때문에 민주주의는 필요하다"면서 내린 다음과 같은 결론이야말로 '도덕적 인간과 비도덕적 사회' 현상을 넘어서거나 완화시킬 수 있는 최상의 답이 아닐까?

"민주 문명을 보존하기 위해서는 뱀의 지혜와 비둘기의 순진무구함이 동시에 있어야 한다. 빛의 자식들은 어둠의 자식들로부터 그들의 악의를 빌어오면 안 되겠지만 지혜는 빌어와야 한다. 빛의 자식들은 이기심을 도덕적으로 정당화하지는 않더라도 그것이 인간 사회에서 갖는 영향력은 명확히 알아야 한다. 그들은 공동체를 위해서 개인적 이기심이나 집단적 이기심 모두를 기만, 통제, 이용, 억제할 줄 아는 지혜를 갖고 있어야 하는 것이다."[23]

니부어는 미국 내 저명한 학자들로 구성된 '언론 자유에 관한 위원회(허친스위원회)'의 일원으로 참여하기도 했다. 1947년 3월 『자유롭고 책임지는 언론』이라는 책으로 출간된 허친스위원회 보고서는 "민주주의의 보존과 아마도 문명의 보존까지 자유롭고 책임지는 언론에 의존하게 될는지도 모른다. 우리가 진보와 평화를 누리고자 한다면 우리는 반드시 그러한 언론을 가져야만 한다"고 강력히 권고했다. 니부어는 "사회적 책임"의 원칙을 적극적으로 내세우며, "매스미디어의 뉴스와 오락 생산에 생산자로 하여금 도덕적 책임을 지게 한다"는 점에서 사회 책임주의는 옳다고 주장했다. 그러나 인간의 지혜를 의심하는 그답게, 니부어는 미디어를 단속하기 위해 소비자 대중으로 하여금 입력을 행사하게 하는 것은 엄청나게 어렵다는 점을 인정했다.[24] 이 또한 '뱀의 지혜와 비둘기의 순진무구함'을 포기하지 않아야 할 이유라 하겠다.

도덕적 인간과 비도덕적 사회

18

왜 개인적으론 합리적인 게
사회적으론 불합리할까?

구성의 오류

"개별적으로 타당한 이야기가 전체적으로는 틀리는 현상을 구성構成의 모순 또는 구성의 오류라고 말한다. 즉 한 개인의 입장에서 보면 옳다고 생각한 행동이 구성원 전체 입장에서는 옳지 않은 행동이 되는 현상을 일컫는다. 예를 들면, 운동 경기장에서 앞줄에 앉아 있는 사람이 경기 상황을 더 잘 관람하기 위하여 일어선다면 뒷줄에 앉아 있던 관람자들이 모두 일어서게 되며, 결국 제대로 관람하지 못하는 현상과 마찬가지라고 할 수 있다. 케인스는 '절약의 역설'을 강조하여, 대공황의 탈피를 위하여 수요를 진작시키는 정책을 취할 것을 주장하였다. 그에 의하면, 개인이 저축을 많이 하면 미래의 소득이 늘어나 바람직하지만, 모든 국민이 소비하지 않고 저축한다면 오히려 물건이 팔리지 않아 재고가 쌓이는 등 국민소득이 감소하는 현상이 나타날 수 있다."

『Basic 고교생을 위한 사회 용어사전』(네이버 지식백과)에 나오는 설명이다. '구성의 오류fallacy of composition'는 웬만한 고등학생(아니면 공부 잘하는 고등학생?)이면 다 아는 것이기에 신문 칼럼에도 자주 등장한다. 이 주제에 대해 좀 깊이 있는 글을 쓰고 싶어 논문 전문 사이트에서 검색을 하다가 깜짝 놀랐다. 많은 논문이 있을 걸로 기대했는데, 뜻밖이었다. 매우 드물었다. 누구나 다 아는 상식을 논문의 주제로 삼을 필요가 없다는 생각 때문일까?[25]

개인이 불황에 저축을 늘리면 안전감을 느끼겠지만 모두 다 그렇게 하면 소비가 줄어 경기를 더 악화시키는 결과를 초래한다. '절약의 역설Paradox of Thrift'이다. 경제학자 존 메이너드 케인스John Maynard Keynes, 1883~1946가 1936년에 출간한 『고용·이자 및 화폐의 일반이론 The General Theory of Employment, Interest and Money』에서 개인 행동의 논리와 전체 경제가 잘 들어맞지 않는 경우가 많다며 예시한 이 역설은 '구성의 오류'의 대표적인 예로 자주 거론되지만, 케인스 이전에 여러 학자가 비슷한 말을 했다. 이 개념의 원조를 『구약 성경』 「잠언」 11장 24절에서 찾기도 한다. "흩어 구제하여도 더욱 부하게 되는 일이 있나니 과도히 아껴도 가난하게 될 뿐이니라."[26]

케인스에게 '구성의 오류'는 시장 만능주의에 대한 반론이기도 했다. 그는 "'보이지 않는 손'을 믿는 사람들은 이기적인 개인의 행동이 사회적으로 바람직한 결과로 이어진다고 주장함으로써 (전체와 부문을 혼동하는) '구성의 오류'를 범했다"고 주장했다. 그는 경제활동에선 '야성적 충동animal spirit'이나 "가만히 있기보다는 뭔가 열심히 해보려는 자발적인 충동"이 중요한 역할을 한다고 말했다. 케인스 비판자들은 이 말을 들어 그의 이론이 대중의 비합리성에 의존한다고 주장했지만, 이런 비판은 '구성의 오류'에 대한 오해에서 비롯된 것이었다. 케인스의 이론은 '합리적 비합리성', 즉 개인적 차원에서는 합리적이지만 사회적으로는 불합리한 결과를 초래하는 합리성을 핵심으로 한 것이었다.[27]

경제학자 폴 새무얼슨Paul A. Samuelson, 1915~2009이 1955년판 『경제학 원론Economics: An Introductory Analysis』에서 내린 간결한 정의에 따르자면, "구성의 오류는 부분이 참이라는 이유만으로 전체를 참으로 간주하는 오류다."[28] 이해하기 쉬운 간단한 개념이지만, 당시 정책 등과 같은 현실적인 분야에선 완전히 외면되었다. 오죽하면 칼럼니스트이자 대중과 소통을 하는 공공경제학자이기도 했던 월터 리프먼Walter Lippmann, 1889~1974이 1963년 1월 30일자 칼럼에서 '구성의 오류'를 지적하면서 재정 정책에서 사람들에게 이걸 이해시키는 데엔 한 세대가 걸릴 것이라고 했을까?[29]

리프먼이 그런 개탄을 한 지 한 세대를 넘어 거의 두 세대가 지났으니, 이젠 재정 정책을 비롯한 모든 정책 분야에서 '구성의 오류'는 경계 대상이 되고 있을까? 전혀 그렇지 않다. '이론 따로, 현실 따로'는 여전히 지속되고 있다. 특히 국제 분야에선 더욱 그렇다. 글로벌 금융 위기가 좋은 예다.

구형건·박정숙·정재웅은 「제도, 규범 그리고 반복되는 금융 위기」라는 논문에서 글로벌 금융 위기의 원인을 '구성의 오류'에서 찾는다. 이들은 금융 위기의 발생과 확산에 기여한 각종 제도와 규범들은 합리적·과학적 사고에 기반한 것으로 각 부분에선 최적의 결과를 낳았지만, 전체적으론 파국을 가져왔다고 진단한다. 금융시장은 개별 국가를 넘어서 국제적 이해관계가 복잡하게 얽혀 있으며, 합리적·과학적 사고 못지않게 '군중심리'나 '야성적 충동'에 의해 움직인다. 이런 상황에서 한 부분에서 문제가 발생되어 확산되는 데 다른 부분이 그것을 통제하거나 축소시키는 것을 불가능하게 만들었다는 것이다.[30]

복잡한 기술 문제가 개입되면 '구성의 오류'가 커질 가능성은 더욱 높아진다. 미국 역사학자 윌리엄 맥닐William H. McNeill은 『전쟁의 세계사』(1982)에서 1884년에 정신없이 쏟아져나온 기술 혁명의 결과가 기술 그 자체에 대한 제어를 불가능하게 만들어 어떤 어이없는 결과를 낳았는지 영국 해군을 중심으로 상세히 분석하고 있다.

맥닐은 "제1차 세계대전 직전에 이르러서는 포격 통제 장치가 너무나 복잡해진 나머지, 어떤 설계를 채택하고 어떤 설계를 폐기할지를 결정해야 할 제독들마저 여러 설계안이 어떤 기술적 문제를 놓고 경합을 벌이는지 이해할 수 없게 되었다"며 다음과 같이 말한다.

"기술 문제를 다루는 기존의 방법으로는 더이상 합리적이거나 만족스러운 결정을 보장할 수 없게 된 것이다. 기밀 유지라는 것 때문에 관계자들의 지혜를 모으기가 쉽지 않았고, 파벌 싸움과 자신의 경쟁 상대가 이익을 보고 있지 않을까 하는 의심도 마찬가지 결과를 낳았다. 무엇보다도 이것은 고도의 수학적 소양이 있어야만 이해할 수 있는 복잡한 문제였고 그 문제에 가장 밀접하게 관여하고 있던 사람들조차 대부분 이해할 수 없었기 때문에 최소한의 합리성마저 결여된 정책이 결정되었던 것이다."[31]

맥닐은 1910년대에 벌어진 이 일은 "기술이 제어되고 있지 않고 또 제어될 수도 없는 바로 지금 우리가 살고 있는 것과 같은 시대"를 예시해준 것이라며, 이런 결론을 내린다. "가장 큰 역설은 모든 일을 합리적으로 경영하려고 하는 인간의 노력이 모든 개별적인 측면에서는 위대하고 인상 깊은 성과를 거두었음에도 불구하고, 사회 시스템 전체는 제어 불가능한 방향으로 나아갔다는 점이다. 각 부분이 점차 합리적이고 경영하기 쉽고 예측할 수 있게 되어갈수록 인간의 전반적인 정황은 더욱 무질서하고 경영하기 어렵게 되어갔던 것이다."[32]

개인적 차원에서는 합리적이지만 사회적으로는 불합리한 결과를 초래하는 '합리적 비합리성'은 인간 세계 어느 곳에서건 일어나지만, 경쟁적인 쏠림 현상이 세계 최고 수준인 한국에서 특히 심한 것 같다. 마강래는 『지방분권이 지방을 망친다』에서 지방에서 일어나는 '구성의 오류'의 위험성에 대해 경고한다.

서로 가까운 거리에 있는 지방자치단체 A, B, C가 있다. 지역 발전을 위한 단체장들의 열정은 높지만, 이렇다 할 수단이 없다. 한국의 많은 지방 도시가 그렇듯이, 이들은 모두 산업단지를 개발하기로 했다. 하지만 서울과 멀리 떨어져 있는 지방에 공장이 들어올 리 없으니 개발업자들이 시큰둥해한다. 그래서 A가 "분양이 안 되는 물량의 20%는 우리가 사주겠다"고 하자, 경쟁 관계에 있는 B는 "우리는 미분양 물량의 30%를 사주겠다"고 했고, A와 B의 협공을 받은 C는

통 크게 "60%를 사주겠다"고 했다. 어떤 일이 벌어질까? 공멸共滅이다! 실제로 지방에서 자주 벌어지는 일이다.

이런 예를 제시한 마강래는 기초자치단체는 226개나 되며, 이들 간의 격차가 너무 크다는 점에 주목한다. 이들이 지방분권으로 권한을 이양받는다면 어떤 일이 벌어질까? 마강래는 "지자체들은 각각 지역 발전을 위해 합리적 정책을 제안하고, 이를 실현하기 위해 최선의 노력을 다할 것이다. 하지만 이번 지방선거 과정에서 지자체장 후보들이 내놓은 정책 공약들을 보자. 큰 차이는 없었다. 특히 인구나 재정 규모가 적은 지자체일수록 그 내용은 크게 차이가 나지 않았다. 가난한 지자체일수록 쓸 수 있는 카드가 많지 않기 때문이다"며 다음과 같이 말한다.

"조그맣게는 지역 축제를 활성화하고, 빈집을 활용해 청년 기업을 유치하고, 전통시장을 살리겠다고 한다. 크게는 산업 단지를 유치해서 일자리를 만들고, 관광 산업을 키우겠다고 한다.……이 모든 정책들은 어쩌면 지역 발전을 위한 합리적 대안들이 될 수도 있다. 하지만 모든 지자체가 이런 노력을 기울인다면? 온 나라가 빈 산업 단지와 사람 없는 축제로 가득할 것이다.……이보다 더 큰 문제도 있다. 그건 바로 지자체 간 격차가 큰 상태에서 개별적인 노력이 가져오는 공간의 양극화 현상이다. 공간의 부익부 빈익빈 현상은 궁극적으로 어느 지역에 살건 우리 모두에게 피해를 줄 것이다."[33]

빈 산업 단지와 사람 없는 축제는 다가올 미래라기보다는 이미 현실이다. 서울 언론은 특히 '사람 없는 축제'에 대한 비판을 자주 한다. 그렇게 된 현실에 대한 이해가 결여된 서울 중심적 시각이 영 못

구성의 오류

마땅하긴 하지만, '팩트'까지 외면할 수는 없는 일이다. 예컨대, 2013년 전국 243개 지방자치단체에서 열린 각종 행사와 축제는 총 1만 1,865건으로 총 1조 304억 원의 예산이 투입되었다. 문제는 수많은 행사·축제가 이곳저곳에서 동시다발적으로 벌어지다 보니 수익성이 보장되지 않는다는 점이었다. 투자비용 상위 10개 행사·축제 중 요금 수익이 0인 행사·축제도 7건에 달했다. 수익성이 보장되지 않는데도 일부 지자체는 빚까지 내면서 행사·축제를 벌여 '빚잔치 행사'라거나 '묻지마 빚 축제'라는 말까지 나왔다.[34]

경쟁적인 쏠림 현상으로 인한 '구성의 오류'는 한국 사회의 거의 모든 분야에 걸쳐 자주 일어나고 있다. 부동산 정책과 교육 정책을 비롯한 정부 정책들이 늘 처음엔 야심차게 출발했다가 '구성의 오류'에 뒤통수를 맞고 나자빠진 경우도 무수히 많다. 정부와 정책 결정자들은 '구성의 오류'가 뭔지는 알아도 그걸 실제 현실에 적용하는 데엔 믿기지 않을 정도로 게으르거나 무감각하다. 정책 결정자들에게 '구성의 오류'를 이해시키는 데엔 한 세대가 걸릴 것이라고 했던 리프먼의 개탄이 현 시점에서도 여전히 유효한 건 아닌지 모르겠다. 아니면 관료주의 특유의 무책임성이 시공을 초월해 건재한 탓일까?

19

왜 〈SKY 캐슬〉은 경멸보다는
동경의 대상이 되었는가?

사회적 증거

"서울대가 있는 낙성대 일대 지하철 역내엔 '100% 서울대 선생님'이란 홍보 문구를 내건 사교육 업체 광고가 실렸다. 해당 광고엔 '〈SKY 캐슬〉 제작 지원'이란 문구가 큼지막하게 들어갔다. '예서 엄마' 한서진을 맡은 염정아는 한 사교육 업체의 광고 모델이 됐고, 학습효과를 높여준다고 입소문을 탄 1인 전용 스터디룸 '예서 책상'은 200만 원대라는 높은 가격에도 포털사이트 실시간 검색어 순위를 차지하며 날개 돋친 듯 팔렸다."

사회적으로 폭발적 관심을 불러일으킨 JTBC 드라마 〈SKY 캐슬〉이 종영된 2월 1일 『경향신문』에 게재된 「"입시 문제" 고발했는데 '입시 코디' 물색…민낯 드러낸 교육 현실」이라는 기사 내용이다. 이 드라마의 작가인 유현미는 첫 대본 리딩 현장에서 "대한민국 한 가정이라도 살렸으면 하는 마음"이라고 말했다는데, "현실은 작가의 바람과 달리 움직였다"는 것이다.[35]

이런 일도 있었다. 어느 가정주부는 〈SKY 캐슬〉을 보면서 "에휴, 서울대 의대가 뭐라고 저 난릴까. 아이 의대 보내려고 돈 수십억 원을 쓰고 엄마가 자살까지 하고……정말 한심하다 한심해"라고 개탄했지만, 5분 후 이렇게 말했다. "근데 〈스카이 캐슬〉 저 집 진짜 좋다. 인테리어도 고급지고, 염정아 귀걸이도 너무 예쁘다. 나도 저런데서 살고 싶다." 곽영신은 「경멸과 동경의 SKY 캐슬」이란 글에서 이 에피소드를 전하면서 다음과 같이 말한다.

"깜짝 놀랐다. 나 역시 아내와 같은 생각을 하고 있었기 때문이다. 겉으로는 욕하면서도 속으로는 그들처럼 살고픈 이중적인 마음. 대중의 이상과 욕망 사이에 자리한 이 틈을 교묘히 파고든 게 이 드라마의 인기 비결 아닐까. 학벌 문제와 입시 교육을 꼬집는 데 기획 의도가 있었을 것이 분명한 이 드라마를 보고 얼마나 많은 사람들이 오히려 '스카이(서울대·고려대·연세대)'를 더 강렬하게 열망하게 됐을지 궁금하다. 실제로 요즘 학원가에는 'SKY 캐슬반'이 생기고 드라마처럼 입시 컨설팅을 해준다는 광고가 유행이라고 한다."[36]

정신건강의학과 전문의 손성은은 "소위 '상류층'만 그럴까"라는 근본적인 질문을 던진다. "정도는 다르지만 우리 모두 그런 성을 쌓으려고 하지 않는지 돌아볼 필요가 있다. 누구나 속물근성을 어느 정도 갖고 있기 때문이다. 멋진 사진을 올리고 자랑하는 소셜네트워크서비스SNS도 자기 머릿속에 있는 욕망과 이미지를 실현하려는 것이다. 아이가 대학에 합격하면 엄마들 프로필 사진이 바뀌는데, 아이가 합격한 학교 사진이나 로고를 올린다. 일종의 '온라인 캐슬'을 쌓는 것이다."[37]

현실이 작가의 바람과 달리 움직였는지는 좀더 면밀하게 따져볼 문제지만, 이 드라미기 '사회적 증기social proof'의 효과를 냈을 가능성이 어느 정도나마 존재했던 건 분명해 보인다. '사회적 증거'는 많은 사람이 하는 행동이나 믿음은 진실일 것이라고 생각해 그것이 옳건 그르건 따라서 하는 경향을 말한다. '남들도 하니까' 효과라고 해도 좋겠다. 언론이 좋은 뜻으로 한 사회 고발이 역효과를 낳을 수 있는 것도 바로 이런 사회적 증거의 원리 때문이다. '아' 다르고 '어' 다르다는 원리에 따라, 부정적 사회적 증거의 역효과를 염두에 두고 사회 고발을 하는 지혜를 발휘할 필요가 있겠다.[38]

크리스토퍼 해드네기Christopher Hadnagy에 따르면, '사회적 증거'는 '불확실성'과 '유사성'이라는 2가지 조건에서 가장 큰 영향력을 행사한다. 즉, 사람들은 확신이 없고 상황이 모호할 때 다른 사람의 행동을 관찰하고 그 행동을 옳다고 받아들이는 경향이 높아지며, 자기와 유사한 다른 사람의 선례를 더 따르는 경향이 있다는 것이다.[39]

누구나 인정하겠지만, 한국은 불확실성과 유사성(사회문화적 동질성)이 매우 높은 나라다. '사회적 증거' 효과가 한국인들의 가장 큰 관심사인 교육과 부동산 문제에서 자주 나타나는 건 당연한 일인지도 모른다. 서울대학교 물리학과 교수 김대식은 진보 언론이 강남의 높은 사교육비와 주택 문제들을 열심히 비판한 것에 대해 다음과 같이 주장한 바 있다.

사회적 증거

"그 결과가 뭔지 아세요? 사람들이 강남에 있는 학원으로 더 몰리게 됐어요. 전세를 얻어서라도 기를 쓰고 학원 주변으로 이사 가는 사람들이 생긴 거예요. 강남 학원 가면 점수가 오른다는 걸 오히려 선전해준 셈이죠. 잘사는 집에서 교육비를 열 배 쓴다고 진보 언론에서 문제를 제기해요. 부잣집에서 교육비를 더 쓰는 건 당연한 일이에요. 그래서 어쩌라는 말입니까. 그런 기사는 가난한 집 애들의 공부 의욕을 꺾어요. 진보 언론 기자들이 대부분 명문대 출신이기 때문에 자기 애들은 학원 잘 보내면서 가난한 아이들 마음만 아프게 하잖아요! 진짜 가난한 사람들의 마음을 제대로 이해하고 쓴 기사가 아니에요."[40]

그런데 꼭 그렇게만 볼 일은 아니다. 기자가 가난한 사람들의 마음을 충분히 이해하고 쓰더라도 모든 종류의 사회 고발 기사는 그런 부작용을 완전히 피해갈 수는 없기 때문이다. 즉, 고발 기사의 속성이 원래 그렇다는 것이다. 그건 드라마건 책이건 모든 종류의 사회 고발 행위가 안고 있는 숙명이다. 나의 책 『전라도 죽이기』(1995)도 "전라도를 차별하는 사람들이 많다는 건 그만한 이유가 있는 거 아니겠어?", 『서울대의 나라』(1996)는 "서울대 출신이 그토록 많이 한국 사회 요직을 장악했다니, 내 자식은 꼭 서울대에 보내야겠네!"와 같은 엉뚱한 반응을 유발했을 수도 있다. 그렇다고 사회 고발을 하지 않을 수도 없으니, 이거야말로 딜레마다.

경희대학교 교수 김종영의 『지배받는 지배자: 미국 유학과 한국 엘리트의 탄생』(2015)이라는 책은 어떤가? 그는 미국 유학파를 "미국 대학의 글로벌 헤게모니에 지배받는 자이지만 한국 대학과 사회에서는 지배하는 자"로 규정하면서, 이들은 한국 대학의 개혁엔 관심이 없으며 '사회적 지위 향상의 기회'에만 몰두한다고 비판했다.[41] 강한 개혁의 메시지를 담고 있음에도 이 책은 미국 유학 지망생과 강남권 주민들 사이에서 많이 팔렸다. 일부 독자들에게는 이 책이 미국 유학의 이점을 설명하는 책으로 받아들여진 것이다.[42]

'사회적 증거' 효과가 부정적으로만 작용하는 건 아니다. 이른바 '넛지Nudge'는 긍정적 결과를 얻어내기 위해 '사회적 증거'를 많이 사용한다.[43] 예컨대, 세금 체납자로 골머리를 앓던 영국 국세청은 2009년 새로운 시도를 했다. 국세청이 세금 체납자에게 보내는 독촉장 첫 줄에 "영국인 90%가 세금을 냈습니다"라는 한 문장을 추가하자 전년도에 비해 연체된 세금 56억 파운드(약 9조 3,000억 원)를 더 걷을 수 있었다.[44]

어느 지역의 청소년 음주·흡연율이 다른 지역에 비해 높을 경우, 그간의 방법은 주로 그 심각성을 널리 알리면서 "이래선 안 된다"는 계몽·훈계조의 캠페인이었다. 이렇게 해선 안 된다는 게 수없이 입증되었다. 그래서 미국 몬태나주가 택한 방법은 정반대의 '사회적 증거'였다. 그럼에도 여전히 음주·흡연을 하지 않는 청소년이 훨씬 많다는 걸 강조하는 캠페인을 벌임으로써 큰 성과를 거두었다.[45]

"나 혼자만 이런 생각을 하는 건 아니에요But I'm not the only one." 존 레논John Lennon, 1840~1980의 〈이매진Imagine〉이라는 노래의 한 소절이다. 이 노래는 기아와 탐욕, 소유, 심지어 국가가 없는 세상을 제시했다. 로버트 치알디니Robert B. Cialdini의 해설이 재미있다. "그것은 현재와는 다른 세계이며, 사실 기나긴 인류의 역사에서 그런 시대는 한 번도

사회적 증거

없었다. 그는 자기 바람이 몽상가의 이상향처럼 보인다는 사실을 인정하면서도 단 한 소절로 노래를 듣는 사람들에게 그 이상향을 받아들이도록 설득했다.……이 고독한 주장에서 레넌의 믿음은 사회적 증거 원칙의 예상된 힘을 증명한다."[46]

기업들이 이 원리를 외면할 리 만무하다. 국내 한 신용카드 회사의 텔레비전 광고는 "천만 명이나 쓰는 카드가 있대요. 괜히 천만이 겠어요"라거나 "대한민국 성인 남녀 넷 중 하나는 ㅇㅇ카드를 갖고 계십니다. 자그마치 천만이나 쓴다는 얘기죠"라고 외침으로써,[47] 확실한 사회적 증거에 동참하라고 선동한다. "그거 아직도 몰라요?" 묻고 "나만 모르고 있었네!" 답하게 하는 광고 역시 마찬가지다. 소비자행동 컨설턴트인 필립 그레이브스Philip Graves는 "군중을 따르고자 하는 우리의 의지는 눈앞에 군중이 반드시 보이지 않아도 된다는 점에서 상당히 흥미롭다"며 다음과 같이 말한다.

"소비자가 그토록 일시적인 유행에 쉽게 휩쓸리는 것도 전혀 놀라운 일이 아니다.……소비자 행동의 이해에 관한 한 우리는 스스로를 뭐라고 부르고 싶든지 간에, 무의식의 차원에선 독자적인 선구자들이기보다는 차라리 한 무리의 양 떼와 같다고 볼 수 있다."[48]

그렇기 때문에 설문 조사 등과 같은 마케팅 전략을 너무 믿지 말라는 게 이 분야 전문가들의 한결같은 조언이다. 치알디니는 "사람들은 어떤 일이 일어나기 전과 후에 자신에게 영향을 미친 요소를 알아차리지 못한다"며 이렇게 말한다. "사업체나 기업은 고객과 소비자들의 구매 결정과 행동에 영향을 미치는 요소를 알아내기 위해 시간과 노력은 말할 것도 없고 상당한 비용을 투자한다. 많은 고객이 기꺼이 응답하겠지만 이런 응답이 실제로 일어나는 일을 정확히 반영한다고 할 수 없다. 그렇기 때문에 고객 응답에 기반을 둔 마케팅 전략이 상당 부분 실패하는 것이다."[49]

투표나 여론조사에서 나타나는 대중의 정치적 판단도 크게 다를 게 없다. 늘 그런 건 아니지만 정 투표나 여론조사 결과는 남들 하는 대로 따라서 하는 대세 추종의 산물일 경우가 많다. 그럼에도 우리는 그 결과에 큰 의미를 부여하면서 그게 마치 필연인 것처럼 온갖 분석과 해석을 곁들여가면서 화려한 명분과 이론을 만들어낸다. 우리가 결코 '한 무리의 양 떼'가 아님을 확인하는 자긍심을 위해 필요한 일이겠지만, 문제는 그렇게 급조된 명분과 이론의 수명이 매우 짧다는 데에 있다. 지난 2011년 '붉은 국물' 라면을 대체하겠다던 '흰 국물' 꼬꼬면이 한때 20퍼센트의 시장점유율을 기록하며 위세를 떨치다가 1년 후 사라진 것처럼,[50] '사회적 증거'는 워낙 변덕스러워 어떤 방향으로 나아갈지 예측 불허니 말이다.

20

왜 '태극기 부대'는
민주주의의 공로자인가?

▼
▲

1퍼센트 법칙

'1퍼센트 법칙'이라는 게 있다. 10여 년 전 미국의 마케팅 전문가들이 만들어낸 법칙이다. 처음엔 웹사이트의 콘텐츠 창출자는 전체 이용자의 1퍼센트라는 사실에서 출발했지만, 이젠 어느 분야에서건 꼭 1퍼센트가 아니더라도 극소수의 사람들이 전체 판도를 좌지우지하는 걸 가리켜 '1퍼센트 법칙'이라고 부르게 되었다.[51]

'1퍼센트 법칙'은 한국에서도 입증되었다. 2018년 네이버에서 댓글을 작성한 회원은 전체 회원의 0.8퍼센트에 불과했다. 6개월간 네이버 뉴스에 한 건이라도 댓글을 단 사용자는 175만여 명이었지만, 1,000개 이상의 댓글을 단 아이디는 약 3,500여 개였다. 전체 인터넷 사용자 인구 대비 0.008퍼센트에 해당하는 사람이 전체 댓글 여론에

영향을 미친 셈인데, 이게 바로 댓글 조작 사건이 벌어지는 배경이다.[52]

시민의 참여는 민주주의와 정치의 정상적인 작동을 위한 전제 조건이지만, '1퍼센트 법칙'은 '참여의 딜레마'를 말해준다. 누구나 절감하겠지만, 참여는 밀처럼 쉬운 게 아니다. 영국 작가 오스카 와일드Oscar Wilde, 1854~1900의 말을 빌리자면, 참여는 "자유로운 저녁 시간을 너무 많이 빼앗는다".[53] 노력도 요구한다. 먹고살기 바쁜 사람들에게 시간과 노력은 곧 돈인데, 그들에게 참여를 하라는 건 목돈 내놓으라는 말과 다를 바 없다. 먹고사는 문제에서 자유로운 사람들일지라도 정열이 없으면 참여를 너무 성가시고 힘든 일로 여긴다.

그래서 어떤 일이 벌어지는가? 정치적 신념을 종교화한 사람들이 정치에 적극 참여한다. 종교적 열정으로 뭉친 이들은 자신의 시간과 노력을 아낌없이 바치는 '순수주의자들'이다. 이들은 자신의 순수성이라는 '도덕적 면허'를 앞세워 정치적 반대파에 법과 윤리의 경계를 넘나드는 호전적 공격성을 보인다.[54] 어느 집단에서건 이런 강경파는 1퍼센트 안팎의 극소수임에도 지배력을 행사한다. 뜨거운 정열로 똘똘 뭉친 그들은 참여를 하지 않는 사람들과 대비해 '일당백'을 넘어서는 영향력을 행사할 수 있기 때문이다.

이를 잘 보여준 게 지난 2009년부터 수년간 미국 정치를 뒤흔들었던 우익 포퓰리즘 운동 단체인 '티파티Tea Party'다. 당시 공화당 의원들은 티파티에 찍힐까봐 벌벌 떨었다. 공화당 일각에선 "티파티에게 더이상 휘둘려선 안 된다"는 불만이 들끓었지만, 그 누구도 공개적으로 나서진 못했다. 그래서 미국 언론은 "누가 공화당을 대표하

고 있는가?"라는 의문을 제기했다.[55]

이 의문은 오늘날 한국의 일부 정당들에도 똑같이 적용될 수 있다. 2019년 2월 자유한국당이 '2퍼센트 태극기 부대'에 휘둘린 게 그걸 잘 보여주었다. 자유한국당의 2·27 전당대회를 앞두고 태극기 부대의 지지를 받는 김진태 지지자 8,000여 명이 집단적으로 입당 원서를 냈는데, '2퍼센트 태극기 부대'는 8,000명이면 전체 선거인단(37만 8,000여 명)의 2퍼센트에 불과하다는 의미에서 나온 말이다. 도대체 어떤 일이 벌어졌던가?

2월 17일 JTBC 〈썰전〉에서 더불어민주당 의원 이철희는 "탄핵으로 당세가 급격하게 위축됐고 지지층도 많이 빠져나가다 보니 그 공백을 이른바 '태극기 부대'가 메우고 있다. 지금 한국당 안에서는 태극기 부대 목소리가 과잉 대표되고 있는 구조다. 태극기 부대의 요구에 호응해야 당권도 잡고 당내에서 당직도 맡는 구조"라고 말했다.[56] 그 결과는 참담했다. 이미 2월 8일에 벌어진 '5·18 망언' 3인방(김진태·김순례·이종명 의원) 사건이야말로 바로 그런 구조의 산물이었지만, 이후에도 '망언'은 그칠 줄 몰랐다.

2월 18일 대구·경북 합동 연설회에선 김진태 지지자들이 단상의 김병준 비대위원장을 향해 "내려와", "빨갱이"라며 야유를 쏟아냈다. 5·18 발언 논란으로 물의를 빚은 후보 등을 당 윤리위에 회부한 것에 대한 불만을 표시한 것이다. 이들은 오세훈 후보가 연설할 때도 거친 욕설을 퍼부으며 김진태를 연호해 연설을 방해했다. 청년최고위원 경선에 출마한 김준교 후보는 "문재인은 지금 나라를 팔아먹고 있다", "문재인을 민족 반역자로 처단하자", "짐승만도 못한 주사

파 정권", "종북 문재인을 탄핵하자"고 폭언을 퍼붓는 광기를 보였다.

이에 여권이 분노한 건 말할 것도 없지만, 일부 자유한국당 인사들도 화들짝 놀라면서 비판에 나섰다. 이완구 전 국무총리는 "(전대에서 나온) 극단적 표현·행위는 해당害黨 행위를 넘어서 민주주의 질서에 위배된다"고 했고, 김무성 의원은 "질서를 지키지 않는 과격한 사람들이 결국 일을 그르치게 된다. 당이 과격분자들의 놀이터가 되어서는 안 된다"고 했다. 또 다른 중진 의원도 "극우정당 낙인이 찍혀버렸다"고 탄식했고, 한 초선 의원은 "5·18 펌훼 논란 직후 '김진태를 보호하라'는 문자 폭탄이 쏟아졌다"면서 "'우리 당이 여기까지 와버렸구나' 하는 낭패감이 들었다"고 했다.[57]

2월 20일 『조선일보』는 「국민 혀 차게 만드는 한국당 전당대회」라는 사설을 통해 "과격한 소수가 몰려다니며 가장 중요한 당 행사를 방해하는데도 아무도 통제할 수 없다면 정상적인 공당이라고 할 수 없다"며 이렇게 말했다.

"주말마다 서울 광화문 일대에서 시위를 벌이는 이른바 태극기 시위대의 대부분은 현 정권의 실정失政을 걱정하는 합리적 태도를 지키고 있다. 하지만 일부는 도를 넘은 행태로 일반 국민으로부터 외면받고 있다. 이들은 정부를 감시하고 견제하는 것이 아니라 그 역효과를 낳고 있다."[58]

전당대회가 진행될수록 자유한국당이 태극기 부대에 더 휘둘리는 일들이 벌어지자 『중앙일보』 대기자 이훈범은 "한국당은 폐업밖에 답이 없다"고 개탄했다. "누가 당 대표가 된들 뭐가 다르랴. 누구도 박근혜의 망령에서 벗어나지 못하고 있는데 말이다. 전당대회가 끝나고서도 탄핵이 옳다 그르다, 석방해라 마라, 사면을 해라 마라 다투고 또 다툴 텐데 말이다. 자신들이 내세우는 보수 통합이란 게, 2% 태극기 부대조차 감당 못하는 사람들이 풀 수 있는 문제가 아니다."[59]

그렇다면 어떻게 해야 이 문제를 풀 수 있을까? 그간 수많은 학자가 이런 '참여 격차participation gap'의 문제를 연구했지만, '딜레마'라는 진단을 넘어선 해결책은 내놓지 못하고 있으니 무슨 뾰족한 수가 있을 리 만무하다. 이론적으론 다양성이 살아 있는 광범위한 참여가 답이지만, 아직까진 이론일 뿐이다. 사실상 기존 정치의 가장 큰 피해자인 청년들이 정당을 향해 침만 뱉지 말고 정당으로 쳐들어가 당원 자격으로 정당을 개혁하자는 주장이 이 문제에 대한 대안이라면 대안이었다. 이 대안은 아무런 효과를 거두지 못했지만, 그런 주장과 실천 시도가 얼마나 이루어졌는지는 따져볼 일이다.

정치인들은 자신의 영향력하에 있는 사람들을 당원으로 끌어들이는 데엔 적극적이지만, 자기 패거리가 아닌 사람이 당원이 되는 데엔 아무런 관심도 없다. 아니 오히려 방해물로 간주한다. 이를 잘 아는 시민들은 정당원을 좋게 보지 않는다. 정치발전소 이사 김경미가 청년의 정치 참여와 관련해 지적했듯이, "당에서 오래 활동한 친구들은 '정치 낭인', '구태 정치꾼'으로 낙인찍"히는 일이 벌어지고, "정치인이 되려는 인재들은 로스쿨에 가거나 '알아서' 당이 영입하고 싶은 인재가 돼 들어오는 수밖에 없"다.[60] 아니면 종교적 순수주의자가 되거나.

정당들이 낮은 자세로 "제발 우리를 바꿔달라"고 호소하면서 당원 가입을 요청하는 캠페인을 벌인 걸 본 적이 있는가? 이걸 단 한 번도 본 적이 없거니와 정치를 독식하기 위한 음모의 냄새가 농후한데도 광범위한 참여는 실현되기 어려운 꿈으로만 봐야 하는가? 지금 우리가 목격하고 있는 정치의 '1퍼센트 법칙'은 자연스러운 현상이라기보다는 정당이 스스로 애써 만들어낸 게 아닌가? 태극기 부대는 우리의 민주주의 운영 방식에 근본적인 의문을 제기하면서 변화를 촉구한 공로자가 아닌가?

제5장

촉진과 경쟁

왜 카페에서
공부가 더 잘될까?

▼
▲

사회적 촉진

1897년 미국 심리학자인 노먼 트리플렛Norman Triplett, 1861~1931이 재미있는 실험을 했다. 사이클 선수가 혼자 달리는 것과 다른 선수와 함께 달리는 것의 기록 차이를 비교한 것이다. 다른 선수와 함께 달릴 때의 기록이 더 나은 것으로 나타났다. 오늘날에야 "그걸 꼭 실험을 해봐야 아느냐?"며 싱거운 실험이라고 일축하겠지만, 당시 심리학 연구에선 '혁명적'인 것으로 여겨졌다. 사람의 과업 수행이 다른 사람의 존재에 의해 영향을 받을 수 있다는 것, 이게 적용되고 응용될 수 있는 분야는 무궁무진했으니 연구 분야의 '혁명'인 건 분명했다.

1928년 심리학자 플로이드 알포트Floyd Allport, 1890~1979는 사람이 어떤 과업을 홀로 수행하는 것과 그룹에서 다른 사람들이 똑같은 과업을 수행하는 환경에서 더불어 수행하는 것의 차이를 비교하는 실험에서 후자가 생산성이 더 높다는 것을 확인했다. 그는 이런 현상을 설명하기 위해 '사회적 촉진social facilitation'이라는 용어를 만들어냈다. 이후 이에 관한 수많은 연구가 이루어지면서 '사회적 촉진' 개념은 다양하게 발전했다.

사회적 촉진은 경쟁 때문에 나타나는 게 아니냐는 설명도 가능하겠지만, 개인의 과업 수행을 수동적으로 관찰하도록 설계된 비경쟁적 상황에서도 과업 수행은 촉진되는 것으로 밝혀졌다. 내가 하는 일을 그냥 바라만 보는 사람들이 있느냐 없느냐의 차이가 과업 수행에 큰 영향을 미칠 수 있다는 것인데, 바로 이 점이 중요하다.

사회적 촉진엔 2가지 유형이 있다. 함께 참여하는 사람이 있을 때 나타나는 공통 행동 효과coaction effect와 구경하는 관중이 있을 때 나타나는 관중 효과audience effect다. 집에서는 밥을 잘 안 먹던 아이가 유치원이나 학교에서 밥을 잘 먹는 것은 공통 행동 효과이며, 누군가가 지켜보고 있을 때 일을 잘하는 건 관중 효과다. 동물들도 똑같다. 바퀴벌레는 다른 바퀴벌레가 보고 있으면 더 빨리 뛰고, 개미는 다른 개미들이 옆에 있을 때는 흙을 빨리 파고, 다른 닭과 함께 있는 닭은 혼자 있는 닭보다 모이를 60퍼센트까지 더 먹는 것으로 나타났다.

그러나 사회적 촉진이 늘 긍정적 효과만 낳는 건 아니다. 반대로 누가 보고 있기 때문에 더 잘 못하는 것은 사회적 저하social impairment 또는 사회적 억제social inhibition 현상이라고 한다. 흔히 하는 말로 멍석을 펴 놓으면 잘하는 사람이 있는가 하면 오히려 못하는 사람도 있다. 전문가와 초보자, 프로와 아마추어의 차이가 바로 여기에 있다.[1]

사회적 촉진

1982년에 이루어진 한 연구는 당구를 치는 사람들의 행동을 관찰했다. 4명의 구경꾼을 투입시킨 상황과 그렇지 않은 상황을 비교했는데 재미있는 결과가 나타났다. 구경꾼이 있을 때 당구를 잘 치는 사람의 정확도는 71퍼센트에서 80퍼센트로 상승한 반면, 당구를 잘 못 치는 사람의 정확도는 36퍼센트에서 26퍼센트로 떨어졌다.[2]

사회적 촉진과 관련된 법칙으로 '여키스–도슨 법칙Yerkes-Dodson law'이란 게 있다. 로버트 여키스Robert Yerkes, 1876~1956와 존 도슨John Dodson, 1879~1955이 1908년에 제시한 이 법칙은 스트레스 연구에서 나온 것으로, 쉬운 과제를 배울 때는 스트레스가 학습 능력을 올려주지만 좀 더 어려운 과제를 배울 때는 오히려 학습 능력을 저해한다는 것이다. 이 법칙은 경쟁이 생산성을 높여주느냐는 문제를 다룰 때에 자주 거론된다.[3]

같은 이치로 사회적 촉진엔 과업의 성격이 큰 영향을 미친다. 익숙해서 쉬운 일은 남들이 지켜보고 있을 때 더 빨리 잘해낼 수 있지만, 익숙하지 않아 어려운 일은 남들의 시선으로 인해 집중에 방해를 받아 정반대의 결과가 나타난다. 그래서 이런 조언들이 나오기도 한다.

"중요한 프레젠테이션을 앞두고 청중의 시선이 부담스럽다면 사람들이 웅성대는 소리를 틀어 놓고 연습하라. 익숙할수록 실수가 줄어든다."[4] "아무리 연습량이 많아도 완전히 체질화되지 않은 상태에서는 다른 사람의 시선이 부담되기 때문에 이를 극복하기 위해서는 피나는 연습을 할 수밖에 없다."[5]

시선 집중의 부담은 클레이턴 크리스텐슨Clayton M. Christensen이 말한 '혁신가의 딜레마innovator's dilemma'와도 관련이 있다.[6] 제프리 페퍼 Jeffrey Pfeffer는 '혁신가의 딜레마'를 "'잘 보여야 한다'는 부담감에 리스 크를 피하고 안전한 쪽으로 택하는 등 혁신을 외면하게 된다는 점" 으로 재정의하면서 이렇게 말한다. "대중의 관심이 집중되고 분석가 나 인론의 감시가 심해지면 모험과 리스크를 피하고 몸을 사리게 된 다. 개인이든 조직이든 감시망에 오래 머물수록 치러야 할 대가도 커진다."[7]

로버트 서튼Robert I. Sutton도 사회적 촉진이 조직 내의 혁신에 방해 가 될 수 있다는 점에 주목한다. 그는 "사람들은 비평가나 상사처럼 '다른 이를 평가하는 사람들' 앞에서는 점수가 깎일까 두려워 새로운 것을 선뜻 시도하지 못한다"며 이렇게 말한다. "그들에게 좋은 인상 을 남기고 싶기 때문에 아직 검증되지 않은 새로운 방식보다는 이미 검증된 방식을 고수하게 된다. 이렇게 하면 실패하더라도 '지금까지 는 아무 문제도 없었던 표준 관행'이라고 말하며 변명할 수 있다."[8]

사회적 촉진은 우리의 일상적 삶에서도 자주 나타난다. 여러 사람 과 밥을 먹으면 평소보다 더 많이 먹게 되고, 조깅을 하면서 사람들이 앉아 있는 벤치 앞을 지날 때는 더 빨리 뛰고, 집에서 할 수 있음에도 굳이 카페에 가서 공부를 하고, 술집에 손님이 많아야 술맛이 더 난다 고 느끼는 것 등 이 모든 게 사회적 촉진을 의식한 것이다.

특히 카페를 공부방으로 삼는 이른바 '카공족'이 많아지면서 카페 업주들이 울상이라고 한다. 오죽하면 어느 카페는 "장시간의 공부는 도서관을 이용하는 게 어떠신지요"라는 글귀가 적힌 안내문까지 붙 였을까? 그러나 카공족들은 "하품 소리도 내기 민망한 도서관이나 독서실의 답답한 분위기와 달리 아늑하고 공간이 개방된 느낌을 주는 데다 적절한 소음이 있는 카페가 오히려 집중하기에 좋다"고 주장한다. 카페 안에 흐르는 작은 목소리와 잔잔한 음악이 뒤섞인 '화이트 노이즈(백색소음·적절한 수준의 소음)'가 오히려 집중력을 높여준다는 주장이다.[9] 도서관도 사회적 촉진 효과가 있지만, 카페의 사회적 촉진 효과가 도서관의 그것보다 크다는 말로 들린다.

타인의 시선, 그 힘이 이렇게 크다. 길거리나 술집에서 일어나는 싸움의 상당 부분도 사실상 시선의 문제다. 시선이 조금만 길어지면 "왜 째려봐?"가 되기 때문이다. 그래서 시선으로 인한 폭행 사건이 신문 1단 기사로 자주 오르내린다.[10] 자신이 남의 주목을 받고 있다는 착각을 가리켜 '조명 효과spotlight effect'라고 하는데,[11] 이런 착각은 싸움으로 이어지기도 하지만 과업 수행에도 큰 영향을 미친다. 이미 나와 있는지도 모르겠지만, '타인의 시선 활용법'을 주제로 한 자기계발 책이 나올 법하다. 행여 남의 시선에 시비 걸 생각하지 말고, 그걸 생산적인 방향으로 활용하는 게 좋겠다.

22

왜 공부를 하려면
도서관에 가는 게 유리할까?

어포던스

"어떤 의자는 앉아서 독서를 해야 할 것 같고, 어떤 의자는 편안하게 휴식하고 싶어지고, 또 어떤 의자는 누군가와 마주 앉아서 대화를 나누고 싶어진다. 의자의 디자인에 따라서 우리가 하고 싶은 행위가 달라지는 것이다. 의자를 마주한 사람들이 디자이너의 의도대로 생각하고 행동한다면 그 의자는 어포던스가 뛰어난 의자, 즉 디자이너의 의도대로 행위를 유도하는 힘이 매우 강한 의자라고 할 수 있다. 그와 반대되는 경우도 있다. 누구나 한 번쯤은 레스토랑 세면대 앞에서 수도꼭지를 눌러야 하는지, 비틀어야 하는지, 아니면 당겨야 하는지 순간적으로 당황해본 경험이 있을 것이다. 아무리 세련되고 감각적으로 디자인된 수도꼭지라고 해도 이 경우는 어포던스가 약한 디자인으로 평가된다."[12]

브레인컴퍼니 대표이사 박병천의 말이다. '어포던스affordance' 개념을 이해하고 실천하는 데 어포던스가 매우 뛰어난 설명이라고 할 수 있겠다. 어포던스는 '어떤 형태나 이미지가 행위를 유도하는 힘' 또는 '대상의 어떤 속성이 유기체로 하여금 특정한 행동을 하게끔 유도하거나 특정 행동을 쉽게 하게 하는 성질'을 말한다. 예컨대, 사과의 빨간색은 따 먹고자 하는 행동을 유도하며, 적당한 높이의 받침대는 앉는 행동을 잘 지원한다.

어포던스는 우리말로 보통 '행동 유도성'이나 '행위 지원성'으로 번역되지만, 외래어로 쓰는 경우가 더 많아 여기선 어포던스로 부르기로 하자. 어포던스의 뿌리 말인 어포드afford는 원래 '~할 여유가 있다, ~하여도 된다, ~을 공급하다, 산출하다'라는 뜻을 가지고 있으나, 인간과 컴퓨터 상호작용, 인지 심리학, 산업디자인, 인터랙션 디자인, 환경 심리학, 인공지능학 등의 분야에서는 '서로 다른 개념을 연결하는 것'이란 뜻으로 쓰인다.

어포던스는 미국 심리학자 제임스 깁슨James J. Gibson, 1904~1979이 1977년에 발표한 「어포던스 이론The Theory of Affordances」이라는 논문에서 처음 사용한 용어로 그의 『시각적 인지에 대한 생태 환경적 접근 The Ecological Approach to Visual Perception』(1979)을 통해 널리 알려졌다. 깁슨은 어포던스라는 개념을 세상과 행위자(사람이나 동물) 사이에서 실행할 수 있는 속성이나 관계를 가리키는 말로 썼지만, 미국 인지과학자 도널드 노먼Donald A. Norman은 『디자인과 인간 심리The Psychology of Everyday Things』(1988)에서 이 개념을 인간과 컴퓨터 상호작용 분야의 관점에서 사용했다. 그러나 엄밀히 말하자면, 노먼이 말하는 어포던 스의 개념은 '지각知覺 어포던스perceived affordance'라고 하는 것이 정확하 다. 노먼은 "디자이너는 눈에 보이는 조형이나 그래픽 요소를 디자 인하는 것이 아니라 어포던스를 디자인해야 한다"고 주장했다.[13]

노먼이 고안한 어포던스 가운데 하나는 '기능 강제forcing function' 방 식이다. 이는 원하는 것을 얻기 위해 먼저 다른 무언가를 하게 만드 는 것이다. 예컨대, 자동차에 기름을 넣고 주유구 뚜껑을 잊어버리 고 가거나 현금 인출기로 현금을 인출한 후에 카드를 그대로 꽂아 두고 가거나 복사를 끝마친 후에 복사기에 원본을 남겨두는 경우를 들 수 있다. 심리학자들은 이를 '완성 후postcompletion' 오류라고 한다. 물론 이런 오류를 막기 위한 장치가 이미 다 나와 있는데, 그게 바로 '기능 강제' 방식이다. 즉, 카드를 먼저 뽑아야만 현금을 인출할 수 있게 함으로써 카드를 잊고 가는 일이 없게끔 하는 것이다.[14]

보통 '컴퓨터와 소프트웨어 조작 방식'으로 알려져 있는 '인터페이 스interface'는 '어포던스들의 집합체'라고 할 수 있다.[15] 즉, 인터페이스 는 서로 다른 두 물체 사이에서 상호 간 대화하는 방법을 의미하는 커뮤니케이션인 것이다. 우리 주변에서 쉽게 들을 수 있는 인터페이 스에 관한 이야기를 몇 개 살펴보자. "요번에 새로 구입한 워드프로 세서는 굉장히 쓰기 어려워." "하루 종일 모니터를 보면서 일을 했더 니, 눈이 가물가물해." "실수로 지우기를 잘못 눌러, 하루 종일 입력 한 데이터가 다 날라갔어." "아무리 컴퓨터 책을 읽어봐도, 이 프로 그램은 잘 못 쓰겠어." "매뉴얼을 아무리 봐도 잘 모르겠어."[16]

나은영은 "예를 들어, 문고리를 보면 '저 고리를 돌리면 문이 열리

겠구나' 하고 생각하게 되는데, 이때 그 문고리는 우리에게 '나를 돌리세요'라고 말해주는 셈이다. 즉, 그 대상을 어떻게 사용해야 사람이 원하는 것을 얻을 수 있는지를 우리에게 알려주는 특성을 그 대상 자체가 지니고 있는 것이다"며 다음과 같이 말한다.

"최근에 발명되어 나오는 최신 휴대폰들은 일일이 설명서를 보지 않아도 어떤 키를 누르면 어떤 기능을 얻어낼 수 있을지 즉각적으로 알 수 있는 경우가 많은데, 그 정도는 사람에 따라 다르다. 구세대 성인들에 비해 신세대 청소년들이 이런 디지털 기기의 사용법을 더 즉각적으로 알아차릴 때가 많다. 그 이유는 태어나자마자 디지털 기계들과 함께 살아온 청소년들이 성인에 비해 생태학적으로 그만큼 더 디지털 환경에 익숙하기 때문이다. 인간이 지금까지 자연환경 속에서 살아오며 '저것은 먹어도 되겠구나' 또는 '저것은 위험하겠구나'라고 거의 즉각적으로 판단할 수 있었던 것도 자연과 인간의 관계 속에서 자연환경 속의 대상들이 '어포던스'를 지니고 있었기 때문이라 할 수 있다."[17]

배리 웰먼Barry Wellman은 「네트워크화된 개인주의를 위한 인터넷의 사회적 어포던스The Social Affordances of the Internet for Networked Individualism」(2003)라는 논문에서 테크놀로지 어포던스를 사회학적으로 다루었다. 즉, 테크놀로지가 가지는 '정치사회적 속성'을 연구하자는 것이다. 해럴드 이니스Harold Innis의 '커뮤니케이션의 편향bias communication' 개념은 어포던스 개념의 초기 버전이며, "코드가 곧 법이다code is law"는 로런스 레식Lawrence Lessig의 주장은 어포던스의 최근 버전이라고 볼 수 있다.[18]

우리가 새로운 미디어를 볼 때 "이걸 가지고 무엇을 할 수 있을까?"라고 스스로 묻는다면, 이것이 그 미디어의 어포던스를 의미하는 것이다.[19] 예컨대, 휴대전화는 이동 중인 사람들에게 행동할 수 있게 하는 새로운 어포던스를 유발하며, 이것이 갖는 정치사회적 의미는 매우 크다.[20] 미디어가 다른 사람과 상호작용할 수 있는 사회적 공간을 제공함으로써 정치사회적 의미를 갖게 되는 어포던스를 '사회적 어포던스social affordance'라고 한다. 트위터를 보자. 하워드 라인골드Howard Rheingold는 "트위터는 한정된 글자 수 안에서 텍스트를 입력하는 빈 상자와 같다"며 다음과 같이 말한다.

"트위터에서의 어포던스는 사용자의 트위터 활용을 제한하거나 북돋울 수도 있다. 트위터 사용자는 원한다면 누구든 팔로우할 수 있고, 다른 사람들도 나를 팔로우할 수 있다. 팔로잉은 비대칭적이다. 사용자는 원치 않는 사람의 팔로잉을 차단할 수 있다. 누구의 팔로워든 누구나 확인할 수 있다. 이 모두가 사회적 어포던스를 의미한다."[21]

어포던스 개념은 그 밖에도 다양한 분야에 응용될 수 있다. 우선 광고를 보자. 정승호는 "한국 기업들도 휴대폰, 자동차 등에서 어포던스를 통해 사랑받는 브랜드가 되는 전략을 성공적으로 활용하고 있다"며 "(광고) 스토리를 만들 때 중요한 것은 제품의 기능이 아니고 고객의 관점에서 제품을 사용하는 경험을 통해 느끼고 싶은 환상fantasy이다"고 말한다.[22]

광고 중에는 광고 자체나 광고에 출연한 모델만 유명하게 만들고 판매는 부진했던 사례가 많다. 박병천은 "디자인이나 광고는 감상용으로 만들어지는 것들이 아니다. 소비자의 마음을 움직이고, 기업이 의도하는 방향으로 소비자가 행동하도록 유도하지 못한다면 존재 의미가 없는 것들이다. 그러므로 디자인이나 광고는 늘 어포던스에 초점을 맞추어야 한다"며 다음과 같이 말한다.

"'어떻게 디자인하면 또는 어떻게 광고를 만들면 어포던스를 더 강하게 만들 수 있을까'의 관점이 필요하다. 그리고 어포던스의 강 약 정도가 디자인과 광고의 우수성을 평가하는 기준이 돼야 한다. 고객이 기업의 의도대로 느끼고 행동하도록 유도하는 힘, 즉 어포던 스가 강한 브랜드가 되기 위한 첫 번째 조건은 '의도'를 명확화하는 일이다. 고객들이 어떤 욕구를 느끼도록 할 것인지, 어떤 행동을 하 도록 유도할 것인지 그 의도를 분명히 설정하는 것이 무엇보다 중요 하다. 연설이든 광고든 브랜드든 어포던스보다 박수 받는 일에 더 유혹을 느끼면 실패할 가능성이 높아진다."[23]

어포던스는 자기계발에도 적용될 수 있다. 자신이 이루고자 하는 것을 염두에 두고 주변 환경을 조성하는 방식으로 말이다. 양정훈은 "어떤 사람이 지적 성장을 목표로 정한 후 가장 먼저 큰 책장을 샀 다. 덩그러니 비어 있는 흰 책장을 보면서 가장 먼저 무엇을 하고 싶 겠는가? 책을 사서 채우고 싶을 것이다. 그러다 보니 점점 집에 책이 많아지고 자연스럽게 책을 읽는 환경이 조성됐다"며 다음과 같이 말 한다.

"공부를 하려면 도서관에 가는 것도 마찬가지다. 조용한 실내, 적 당한 온도, 책의 고유한 냄새, 책장 넘기는 소리, 특유의 긴장감과 함 께 각각의 학문에 몰두하는 사람. 이것이 도서관 환경이다. 집중하고 작업하는 데 도서관만 한 장소가 없다.……어떤 환경에서도 능히 자신의 일을 방해받지 않고 수행할 수 있는 사람이 아니라면 환경을 먼저 바꿔보는 게 어떨까? 능률이 오르는 자신을 발견할 수 있다."[24]

김정래는 정부의 정책도 어포던스 개념을 따라야 한다고 주장한다. 그는 "어포던스는 인간을 '몸 전체로 사회를 담고 있는 복잡계'로 본다. 인간 행동은 비합리적이지도 않지만 전적으로 합리적이지도 않다"며 이렇게 말한다. "복잡계의 어포던스에 따르면 인간은 합리적 계산이 내린 판단만이 아니라, 과거부터 축적돼온 전통과 관행에 따라 판단하고 행동한다. 이 점에 착안해 정치는 국민 모두가 자조의 정신을 갖고 행동할 수 있는 사회 여건을 마련해줘야 한다. 국민이 솔선해 자조 정신을 갖도록 '저녁이 있는 삶'보다는 '아침이 있는 삶'을 권장해야 한다. 그러나 모든 것을 국가가 책임을 질 테니 표를 달라고 구걸하는 정치인들의 행태는 국민에게 장밋빛 환상을 내세우며 자조 정신을 버리고 쇠락衰落의 길로 가라고 내모는 것이다. 우리 모두가 경계해야 하는 이유다."[25]

이는 2012년에 나온 주장이라는 걸 감안해야 할 것 같다. 지난 몇 년 사이에 한국인들의 과로過勞와 살인적인 경쟁은 더욱 악화되었고, 급기야 "왜 사는가?"라는 의문을 제기할 정도로 행복감이 바닥으로 떨어졌으니 말이다. 그런 상황에서 어떤 정치적 어포던스가 필요하다면, 그건 '자조'라기보다는 배려, 공감, 연대, 협동을 이끌어낼 수 있는 어포던스가 아닐까? 이런 의문을 크고 작은 제도적 장치로 발전시키고자 한다면, 사실 어포던스는 이른바 '넛지nudge'의 문제라고 할 수 있다.[26]

한국의 극단적인 정치 혐오도 그런 관점에서 생각해볼 필요가 있다. 우리는 유권자의 광범위한 정치 참여를 진작시키기 위해 그런 행동을 유도할 수 있는 인터페이스 구축엔 전혀 신경 쓰지 않으면서, 정치에 대해 일방적으로 도덕과 당위 일변도로 비판과 비난만 하고 있다. 즉, 정치 혐오에 모든 열정을 쏟는 셈이다.

언론과 지식인에겐 정치 비판이 좋은 상품이 되는 반면, 참여를 진작시키기 위한 담론은 상품화가 어렵다. 비당파적인 참여를 부르짖어 이름을 얻은 논객을 본 적이 있는가? '독설의 상품화'로 인기를 얻은 논객은 많아도 그런 논객은 전무하다. 즉, 비판의 어포던스는 지나치게 발달한 반면, 참여를 위한 어포던스는 사실상 전무하다고 해도 과언이 아니다. 유권자가 참여를 거부하면서 기껏해야 야유나 퍼붓는 구경꾼으로만 머무르는 '구경꾼 민주주의spectator democracy'는 곧 사회적 어포던스의 문제이기도 하다.

왜 취업 준비생들은
모욕을 견뎌내는 연습을 할까?

면접 착각

"열정은 어느덧 착취의 언어가 되었다.……오늘날 면접관들은 열정을 '측정'한다. 하지만 대체 어떻게 그렇게 할 수 있는가? 답변은 간단하다. '악조건들을 얼마나 버텨내는지' 확인하면 된다는 것이다. 그래서 면접관들에게는 우리를 모욕할 권리가 주어진다."[27]

『열정은 어떻게 노동이 되는가: 한국 사회를 움직이는 새로운 명령』(2011)이라는 책에 나오는 말이다. 그래서 청춘들은 '모욕 스터디'를 한다. 취업 준비생들은 면접관의 압박 면접에 대비하면서 "외모 때문에 고생 좀 하겠어요", "그 나이가 되도록 뭐했어요" 등 가상의 인신공격을 주고받으면서 모욕에 대한 저항력을 키운다.[28]

이런 '모욕 스터디'가 말해주듯, 면접은 '갑질의 대향연'이다. 이

방면의 선두 주자는 단연 보수정권하의 KBS였다. 이른바 '사상 검증 갑질'이다. 2011년 면접에선 MBC〈PD수첩〉광우병 편에 대한 질문을, 2012년엔 언론사 파업에 대한 생각을 묻는 질문을, 2014년엔 최종 면접 중 응시자들에게 '애국가 4절을 불러보라', '애국가를 부르면 그 말(가사)을 지킬 자신이 있나', '종북 세력이 있다고 보는가', '종북 좌파에 대해 어떻게 생각하는가', '건국일을 언제로 보나' 등의 질문을 했다.²⁹ 이에 질세라 같은 해 MBC는 데스크급 경력 기자 채용 면접에서 "당신은 보수냐 진보냐", "누가 차기 대통령이 돼야 한다고 생각하느냐" 등의 질문을 했다.³⁰

2014년 4월 중순, 직장인들의 자발적인 '나의 회사 평가'를 모아 국내 기업 평가 사이트를 구축한 '잡플래닛'이 '면접'을 주제로 구직자들이 자신에게 질문을 던졌던 면접관들을 평가하도록 하는 서비스를 개시했다. 이 서비스는 5개월 만에 2,800개 회사에 대한 8,000여 개의 면접 평가가 쌓일 정도로 인기를 끌었다. "○○ 기업은 사생활과 관련해서 집요하게 물어봐서 난감했습니다." "○○ 무역 면접은 준비했던 것에 비해 너무 낮은 난이도의 질문뿐이었습니다." "○○ 회사는 면접자 한두 명한테만 집중하고 다른 사람들은 아예 병풍 취급을 하더라고요." "아버지는 뭘 하시나?" "아버지 연봉은 얼마죠?" "나이에 비해 얼굴이 좀 들어 보이네요. 그런 말 좀 듣죠?"³¹

2014년 12월 한 포털사이트엔 '구직자 인권법' 제안 청원이 올랐는데, 여기엔 이런 사례가 등장했다. "법대인데 사시 준비를 하지 않았냐고 묻기에 다른 경험을 쌓고 싶었다고 했습니다. 발가락을 주물럭거리던 면접관은 '입에 침이나 바르라'고 말했습니다." "면접관이

'삶에 대해 만족하느냐'고 묻기에 '그렇다'고 대답했습니다. 그러자 '건방진 소리'라고 했습니다. 그런 소리는 사회적으로 성공한 사람들이나 할 수 있는 이야기라는 겁니다."

2015년 3월 취업 포털사이트 '사람인'이 면접 경험이 있는 구직자 676명을 대상으로 조사한 결과 57.4퍼센트가 '면접관의 태도 때문에 불쾌감을 느낀 적이 있다'고 답했다. 이 중 85.8퍼센트가 '면접 때문에 해당 기업의 이미지가 나빠졌다'고 말했다. 헤드헌팅 기업 에이치알코리아의 조사 결과도 이와 비슷했다. '면접관 때문에 생각했던 기업의 이미지가 바뀐 적이 있느냐'는 질문에 98퍼센트가 '그렇다'고 대답했다.[32]

2015년 12월 취업 포털사이트 '인크루트'는 하반기 기업 공채에 응시한 취업 준비생 652명을 대상으로 설문조사를 한 결과, 조사 대상의 38퍼센트가 면접 과정에서 '채용 갑질'을 당했다고 밝혔다. 취업 준비생들이 공개한 '채용 갑질' 사례들을 보면, 인격 모욕적이거나 성차별적 질문이 많았다. 심지어 '성희롱'에 해당되는 태도를 보인 면접관들도 있었다. 한 여성 지원자는 "내가 키가 큰 편인데 면접관이 '들어오는데 스튜어디스가 들어오는 줄 알았다'며 두 손으로 에스 라인을 그려 너무 불쾌했다"고 전했다. 또 다른 여성 지원자는 남성 면접관이 성적 증명서를 보면서 "성에 관한 수업을 들었는데 성에 관심이 많으냐"고 물어 수치심을 느꼈다고 털어놓았다. 인격 모욕적인 질문들로는 "공부 안 하고 뭐 했느냐", "토익 점수가 왜 이렇게 낮으냐", "성적이 낮은데 업무를 이해할 수 있겠느냐", "너 말고도 우리 회사 들어올 놈 많아" 등 지원자의 성적이나 스펙 등을 무시하

는 것이 많았다.[33]

세계 최대 승차 공유업체인 우버는 채용 시 면접에 들어가는 5명의 면접관 중 한 명은 심사 과정에서 혹여나 차별적인 언행이 나오는지 감시하는 역할을 한다고 하는데,[34] 우리도 그런 제도를 도입해야 하는 건 아닌지 모르겠다. 그런데 한국엔 그런 차별적 언행을 하찮게 보이게 만들 정도로 더 큰 문제가 있다.

2017년 감사원 감사와 국정감사 과정에서 채용 비리 실태가 무더기로 적발된 데 이어 공공기관 채용 비리 특별대책본부도 불과 한달 보름여의 조사 만에 2,000건이 넘는 문제 사례를 적발했다. 기관장의 부정 지시나 서류 조작 등 채용 비리 혐의 사례가 무더기로 쏟아졌다. 면접은 이런 비리를 정당화하는 수단으로 악용되기도 했다.[35]

물론 모든 면접이 다 그렇진 않겠지만, 취준생들의 면접에 대한 불신과 불만의 수준이 매우 높다는 건 분명하다. 2018년 11월 취업포털사이트 잡코리아가 면접을 치른 적이 있는 취준생 1,127명을 대상으로 실시한 설문조사에 따르면, 76.5퍼센트가 면접에서 들러리라고 느낀 적이 있는 것으로 나타났다. 그렇게 느낀 이유 1위는 '특정 지원자에게만 질문이 쏟아져서(45.5퍼센트)'가 차지했으며, '나에게 질문하거나 응답을 듣는 태도가 건성처럼 느껴져서(37.1퍼센트)', '내정자가 있는 것처럼 느껴져서(26.5퍼센트)'가 각각 2, 3위를 차지했다. 또 '질문을 거의 받지 못해서(25.4퍼센트)', '특정 지원자에게 면접관이 계속 호의적이라는 인상을 받아서(24.8퍼센트)'라는 응답도 차례로 5위권에 올랐다.[36]

흥미로운 건 불신과 불만의 수준이 그토록 높을수록 면접의 중요성은 날이 갈수록 강조되고 있다는 사실이다. 압박 면접, 개별 면접, 집단 면접, 토론 면접, 프레젠테이션 면접, 블라인드 면접, 동료 평가 면접, 술자리 면접, 등산 면접, 합숙 면접 등 면접의 종류도 다양하다.[37] 면접을 진지하고 성실하게 임하라는 조언을 담은 면접 관련 책은 수백 종이나 나와 있다. 면접 학원들도 성황을 누리고 있으며, 일대일 지도가 2시간에 36만 원 하는 데도 인기라고 한다. 이게 도대체 뭘 하자는 건지 모르겠다. 한국에 비해 면접을 훨씬 중시 여기면서 비교적 공정하게 하는 미국에서조차 '면접 무용론'이 나오고 있음을 감안컨대, 면접 제도를 아예 없애자고 요구해야 하는 게 아닌가?

'면접 무용론'의 대표적 인물은 심리학자 리처드 니스벳Richard Nisbett이다. 그는 면접관이 면접을 통해 자신이 실제 파악한 것보다 많은 정보를 습득했다고 믿는 성향을 가리켜 '면접 착각interview illusion'이라고 했다. 그는 대학원 입학 과정에서 면접을 학점 못지않게 중요시할 때가 많다며, 이런 의문을 제기한다. "고작 지원 서류를 검토하거나 30분간 면접을 보고 나서 20~40명의 교수들이 3년 반 동안 내린 평가를 모두 합친 것보다 더 정확한 판단을 내일 수 있다니, 이처럼 불합리한 생각이 어디 있습니까?"[38]

니스벳은 "면접 자료에서 얻을 수 있는 교훈은 이렇다. 서류만 봐도 알 수 있는 입학생 또는 구직자 후보에 대한 아주 중요하고 짐작건대 가치 있는 정보가 있다면, 그 후보를 면접하지 않는 편이 낫다. 물론 면접에 치중하지 않을 수 있다면 면접을 하는 게 나을 수도 있다. 하지만 우리는 사람을 직접 보면 그의 능력과 특성에 관해 아주 중요한 정보를 얻을 수 있다는 근거 없는 확신을 갖는 성향이 있어서 면접을 과대평가하지 않기란 거의 불가능하다"며 다음과 같이 말한다.

"그것은 마치 면접에서 받은 인상을 그 사람의 홀로그램을 관찰해 얻은 결과로 간주하는 것과 같다. 확신하기에는 입자가 너무 작고 희미하지만 그래도 그 사람 전체를 표현한 것은 맞다. 면접은 그 사람에 대한 모든 정보 가운데 아주 작고 단편적이며 편향 가능성이 높은 표본이라는 것을 잊어서는 안 된다. 장님과 코끼리 이야기를 떠올리고, 내가 그 장님이라고 생각해보라. 면접 환상과 근본적 귀인 오류는 뿌리가 같으며, 우리가 어떤 사람에 대해 알고 있는 정보의 양에 제대로 주목하지 못할 때 더욱 부풀려질 수 있다. 행동의 원인을 상황보다 고정된 기질 탓으로 돌리는 근본적 귀인 오류를 제대로 이해하면, 면접으로 많은 것을 알 수 있다는 생각에 회의적이 된다. 대수법칙을 확실하게 이해해도 근본적 귀인 오류와 면접 환상에 쉽게 빠지지 않는다."[39]

('대수법칙law of large numbers'은 표본의 평균이나 비율 등은 표본이 클수록 모집단의 실제 값에 가깝다는 법칙이다. '근본적 귀인 오류fundamental attribution error'는 사람의 행동엔 구조적 여건, 절박한 상황, 집단의 규범, 판단 착오 등 여러 가지 원인이 있을 수 있음에도 이런 원인 요소들을 무시하고 성격이나 동기 등 행위자의 내적 특성 탓으로만 돌리는 오류를 말한다.)[40]

칩 히스Chip Heath와 댄 히스Dan Heath는 이런 질문을 던진다. "면접의 효용성에 대한 근거가 희박한데도 왜 우리는 그토록 면접에 의존하는 것일까?" 이들이 내놓은 답은 이렇다. "자신이 훌륭한 면접관이 될 수 있다고 믿기 때문이다. 사람들은 자신이 바버라 월터스Barbara Walters나 마이크 월리스Mike Wallace 같은 텔레비전 쇼 진행자처럼 인터뷰에 능숙하다고 착각한다. 우리는 면접 한 번으로 상대방을 제대로 파악할 수 있다고 자신한다."[41] 이런 착각은 '과신 효과overconfidence effect'인데,[42] 면접 과정엔 이런 과신을 무너뜨릴 수 있는 수많은 함정이 존재한다.

첫째, '후광 효과halo effect'다. 지원자의 외모, 학벌, 부모의 소득 수준은 평가에 큰 영향을 미칠 수 있다. 면접, 세일즈, 선거, 재판 등에서 외모가 매력적인 사람이 훨씬 더 유리하다는 것이 수많은 연구 결과에 의해 입증되었다. 심지어 사기를 치는 데에도 매력적인 외모가 도움이 되는바, 사기꾼들 중에 매력적인 외모를 가진 자가 많은 것도 우연이 아니다.[43] 다음과 같은 웃기는 사례도 있다.

"'아버지는 뭘 하시나?' 이 질문이 나올 때까지만 해도 정식(가명) 씨는 '그러려니' 했다. 수십 번 입사 시험을 보면서 이런 질문을 받은 것이 처음이 아니었기 때문. 하지만 다음 질문을 듣고는 깜짝 놀라 면접관 얼굴을 다시 쳐다봤다. '아버지 연봉은 얼마죠?' 2인 1조 면접에서 정식 씨와 함께 들어간 남성 지원자는 당황하지 않고 대답했다. '1억 원이 조금 넘으십니다.' 상황 끝. 두 명의 면접관은 모두 흐뭇한 미소를 띠고 그에게만 '골프는 칠 줄 아느냐' 등 '애정 만발'한 질문을 이어갔다. 그 질문 이후 더이상 정식 씨에게는 질문이 오지 않았다."[44]

둘째, '문화적 동질성'이다. 면접관은 인종, 성, 사회경제적 배경,

거주 지역, 교육 등을 중심으로 자신과의 동질성을 중요시하는 경향이 있다. 기업의 인사 담당자와 120번의 인터뷰를 진행한 로렌 리베라Lauren A. Rivera의 연구에 따르면, 문화적 동질성이 채용 결정에 중요한 요소라고 말한 사람은 40~70퍼센트에 달했다.[45] 이들의 동질성 중시엔 나름의 이유가 있다. 효과적인 커뮤니케이션은 자신과 이질적이기보다는 동질적인 사람과의 관계에서 이루어지기가 쉽기 때문이다. 쉽게 말해서, 눈빛만 봐도 알 수 있는, 배짱이 맞는 사람과 같이 일을 해야 높은 생산성을 올릴 수 있다는 것이다. 문화적 동질성을 중시하는 연고·정실주의는 바로 그 '배짱 맞는 분위기'를 제공해주는 장점을 갖고 있다.[46]

셋째, 미시적 신호 효과signaling effect다. 지원자가 입은 옷의 상표와 같은 사소한 신호에 의해서도 면접관의 착각이 발생할 수 있다는 것이다. 롭 넬리슨Rob Nelissen은 브랜드에 의해 전달되는 '지위 신호'가 채용 결정에 큰 영향을 미칠 수 있음을 실험으로 규명했다.[47] 얼굴 표정도 신호가 될 수 있기 때문에 면접 학원에선 '얼굴 성형'하듯 '표정 성형'을 가르치고 있다.[48]

넷째, '대비 효과contrast effect'다. 면접에선 순서의 운이 큰 영향을 미친다. 내 앞에 어떤 지원자가 면접을 보느냐에 따라 나에 대한 면접관들의 평가가 크게 달라질 수 있다. 면접관들이 유난히 인상이 좋거나 말하는 게 똑똑해 보이는 지원자를 면접했다면 바로 다음에 면접을 보는 지원자는 실제보다 더 깎아내리기 쉽다. 반대로 어떤 지원자가 면접을 아주 망쳤다면 그다음 차례 지원자는 그럭저럭 평균 수준에 지나지 않더라도 비교적 더 높은 평가를 받을 수 있다.[49]

이 밖에도 수많은 함정이 존재하지만, 기업들은 전혀 개의치 않는 것 같다. 왜 그럴까? 면접이 굳건한 사회적 제도로 고착된 상황에서 남들 다하는 걸 유별나게 안 하겠다고 할 필요는 없다고 생각하는 걸까? 아니면 면접 무용론자들의 주장이 너무 이상적이라 현실엔 맞지 않는다고 생각하는 걸까? 그럴 수도 있겠지만, 이건 '노력 정당화 효과Effort Justification Effect'로 설명하는 게 가장 좋을 것 같다.

노력 정당화 효과는 자신이 큰 고생을 했거나 엄청난 노력을 쏟아부은 일을 더 가치 있는 것으로 평가하는 심리적 현상을 말한다.[50] 면접이라는 어렵고 힘든 과정을 거쳐야 애사심도 높아지고 따라서 이직률도 낮아질 게 아니냐는 생각, 이것만으로도 면접을 유지하는 건 물론 더욱 어렵고 힘들게 만들어야 할 이유는 충분하다고 할 수 있을 게다.

어디 그뿐인가. "내가 얼마나 어렵고 힘든 과정을 거쳐 여기에 들어왔는데……"라는 생각은 조직의 불합리함은 물론 범법 수준의 갑질도 견뎌낼 수 있는 멘탈을 형성케 하는 데에도 기여할 것이다. 취준생들 스스로 합격을 위해 모욕을 견뎌내는 연습까지 하는 마당에 학교에서 비교적 자유분방하게 생활해온 젊은이들을 '조직인'으로 만드는 데에 크게 기여할 수 있는 이런 소중한 기회를 왜 포기한단 말인가? 뭐 이런 생각을 하는 게 아닌가 싶다. 기업의 발전이란 것도 개인의 번득이는 창의성보다는 개인을 조직에 종속시키는 의식이 더 크게 기여하는 게 현실이라면, 면접 무용론자들의 생각은 기업의 현실을 전혀 모르는 사람들의 헛소리에 지나지 않을 게다. 아닌가?

24

왜 "먼저 된 자 나중 되고
나중 된 자 먼저 된다"고 하는가?

▼
▲

후발자의 이익

"매년 중국에서 300만 대의 컴퓨터가 판매되고 있음에도 불구하고, 사람들은 소프트웨어를 이용하는 대가를 지불하지 않고 있습니다. 하지만 언젠가 그들은 소프트웨어를 이용하는 대가를 지불하게 될 것입니다. 그들이 소프트웨어를 훔쳐야 한다면 우리 것을 훔치길 바랍니다. 그러면 그들은 우리 소프트웨어에 중독될 것이고, 향후 10년 내에 우리는 소프트웨어 이용료를 징수하는 방법을 찾아내게 될 것입니다."[51]

1998년 마이크로소프트 창업자인 빌 게이츠Bill Gates가 워싱턴대학에서 학생들에게 한 말이다. 마이크로소프트의 초기 슬로건은 "우리가 표준을 만든다We set standard"였다. 1980년대 초 게이츠가 MS-DOS

를 무료로 시장에 뿌린 것도 표준 설정을 위한 전략이었다. 소비자들이 일단 도스의 맛에 길들여지게 만든 후에 그들의 돈을 뽑아내겠다는 것이었고, 이런 표준 설정 전략은 큰 성공을 거두었다.[52] 게이츠는 불법 소프트웨어의 유통도 표준 설정을 위해선 도움이 된다고 보았기 때문에 불법 복제를 근절시키기보다는 적정 수준에서 관리하는 방식을 취한 것이다.

이처럼 어떤 상품에 대한 수요가 형성되면 이것이 다른 사람들의 수요에 영향을 미치는 것, 즉 사용자들이 몰리면 몰릴수록 사용자가 계속 늘어나는 것을 가리켜 '네트워크 효과network effect'라고 한다. 미국 경제학자 하비 라이벤스타인Harvey Leibenstein, 1922~1994이 제시한 개념이다. 생산자는 네트워크 효과로 인해 생산 규모가 커질수록 비용이 줄어드는 효과를 누릴 수 있다. 왜냐하면 많은 사람이 사용할수록 '규모의 경제economies of scale'에 의해 생산비는 낮아지는 반면, 네트워크 효과에 의해 사용자 수는 더 많이 증가하기 때문이다.[53]

네트워크 효과라는 개념의 사용은 1990년대 중반 미국에서 닷컴 기업이 홍수를 이루면서 폭발적 증가 추세를 보였는데, 이때에 같이 사용된 또 하나의 용어가 '선점자의 이익first-mover advantage'이다. '선도자의 이익' 또는 '선발자의 이익'이라고도 한다.[54] 어떤 종류의 시장이건 선점을 해야 네트워크 효과의 덕을 볼 수 있다는 의미에서 거의 진리처럼 여겨진 것이다.

그러나 세상일이란 게 묘해서 선발자라고 해서 꼭 성공을 하는 건 아니다. 이 경우의 고전적 사례로 자주 언급되는 이가 바로 크리스토퍼 콜럼버스Christopher Columbus, 1451~1506다. 그는 '황금의 땅' 인도를 발견했다는 착각에 사로잡혀 신대륙에서 금광을 찾는 데 여생을 바쳤다가 말년에 재산도 없이 쓸쓸한 죽음을 맞았으며, 정작 큰돈을 번 것은 콜럼버스의 '발견'을 발판 삼아 신대륙에 진출한 2세대였다. 그래서 나온 게 "획기적인 발견이나 혁신을 이룬 선구자가 반드시 성공하는 것은 아니다"는 '콜럼버스 효과'다.[55]

'콜럼버스 효과'의 업그레이드된 버전이 바로 '선발자의 불이익First Mover's Disadvantage'인데, 그 대표적 사례가 스마트폰을 가장 먼저 만들고도 아이폰 좋은 일만 시켜준 핀란드의 노키아다. 노키아는 1996년부터 꾸준히 성능이 좋은 스마트폰을 출시했지만, 스마트폰에 걸맞은 '킬러 애플리케이션'이 부족했다. 당시엔 앱스토어나 모바일용 웹사이트가 없었고, 모바일 환경에 적합한 SNS도 없었으며, 비용과 편리성 면에서 스마트폰에 필수 기능인 와이파이가 널리 보급되지 못했다. 아직 스마트폰 생태계가 갖춰지지 않은 것이다.

이와 관련, 조신은 "한 기업이 혼자서 생태계와 비즈니스 모델을 만들어나가는 건 쉽지 않다. 그러나 선발자는 다양한 가능성을 염두에 두고 이런저런 시도를 하게 된다. 그러면 자원은 분산되고 전략도 색깔이 애매해진다. 그러니 새로운 길을 닦느라 힘은 많이 드는데 얻는 것은 없고, 뒤따라오는 경쟁자에게 길을 열어주기만 할 수도 있다"며 다음과 같이 말한다.

"조직 관점에서 보면 혼자서 시장을 끌고 가는 선발자는 지쳐 추진 동력을 잃을 수 있다. 더 나쁜 것은, 자신이 지금까지 했던 방식을 벗어나지 못하고 관성적으로 대응하는 경우이다. 물론 새로운 시도를 계속하고 제품 개선도 해나가지만 기존 틀을 깨지는 못한다.

조직 전체에 매너리즘과 냉소주의가 흐르는 상황이 된 것이다. 설사 경쟁력 있는 후발자가 등장하더라도 선발자가 더 빨리 달아나면 될 텐데, 이게 어려운 이유가 조직 이슈 때문이다. 외부 환경이 바뀌었는데도 '그거 내가 다 경험한 거야'라는 답이 돌아온다. 경쟁자가 새로운 전략을 들고 나외도 '그거 내가 해봤는데, 잘 안 돼'라고 무시하게 된다. 소위 '겪어본 일, 해본 일Been There, Done That 증후군'이다. 그러는 사이 후발자는 선발자를 제치고 앞으로 나선다."[56]

이런 '선발자의 불이익'을 뒤집으면 '후발자의 이익last mover advantage'이 된다. 'second-mover advantage'라고도 하며,[57] 비슷한 용어로 '후진성의 이점advantage of backwardness'이 있다.[58] 후발자는 선발자의 경험과 자산을 공유하면서 전략적인 요충지만을 골라 집중할 수 있어 도리어 유리할 수 있다는 것이다. 조신은 노키아의 스마트폰 사례를 들면서 "무조건 먼저 나가는 것만이 능사는 아니다"며 "모든 환경을 잘 고려해 경쟁자보다 반 발자국만 앞서가면 된다"고 말한다.[59]

이런 '후발자의 이익'은 국가적 발전에서도 잘 나타난다. 노벨경제학상 수상자 마이클 스펜스Michael Spence 교수가 이끄는 성장위원회에 따르면, 제2차 세계대전 이후 13개 국가가 후발 주자의 이점을 활용해 25년 이상 연평균 7퍼센트가 넘는 성장률을 기록했다. 7퍼센트는 선진국 성장률의 최소 2배가 넘는다. 1979년 이후 중국도 그런 13개국 중 하나다. 중국 베이징대학 교수 린이푸林毅夫는 "산업혁명 이후 선진국들은 기술과 산업의 최전선에 있었고, 이 때문에 고비용·고위험이 수반되는 연구·개발에 뛰어들어야 했다. 이에 비해 개도국들은 후발 주자의 이점을 누렸다. 기술 혁신과 산업 발전을 기존 기술의 모방과 수입, 융합으로 달성할 수 있었고, 이는 선진국보다 훨씬 낮은 연구·개발 비용을 의미한다"며 다음과 같이 말한다.

"선진국과의 1인당 GDP 격차는 후발 주자의 이점을 따지는 데 유용하다. 2008년 중국의 1인당 GDP는 1990년 달러 가치 기준으로 6,725달러였다. 미국의 21% 수준이다. 이는 미국과 비교했을 때 1951년의 일본이나 1967년 싱가포르, 1975년 대만, 1977년 한국과 대략 비슷한 격차이다. 이 4개국도 후발 주자의 이점을 극대화한 13개국에 포함된다. 미국과 비교한 1인당 GDP가 현재 미국·중국만큼의 격차를 보였던 당시 일본(1950년대)은 20년간 연평균 9.2%의 고속 성장을 했고, 싱가포르는 8.6%, 대만은 8.3%, 한국은 7.6%의 성장 속도를 보였다. 이런 사례를 보면 후발 주자의 이점이 20년간 매년 7.6~9.2%의 성장률을 가져다준다는 것을 알 수 있다. 중국도 앞으로 20년간 연평균 8%대의 성장을 이룰 수 있다고 전망할 수 있는 대목이다."[60]

'후발자의 이익'은 경제에만 국한되지 않는다. 2019년 1월 미국 국방정보국DIA이 발간한 「중국 군사력: 싸워서 이기기 위한 군대 현대화」 보고서는 미국이 신기술 개발에 막대한 금액을 투자하는 반면, 중국은 이미 개발된 기술을 사들여 군사력을 키움으로써 "중국이 후발 주자의 이점을 누리고 있다"고 지적했다. 이 보고서는 중국이 외국 기업에 시장을 열어주는 대가로 기술 이전을 강요하고 지식재산권을 절취하는 방식으로 군사 기술을 확보한다고 꼬집었다.[61]

반면 한국은 '후발자의 이익'에 근거한 성장 모델이 한계에 다다랐다는 지적이 나오고 있다. 2018년 8월 영국 『파이낸셜타임스』는

「한국: 중국의 그림자의 공포」라는 기사에서 미국과 일본 등에 비해 경쟁력 있는 가격으로 우수한 제품을 만들어 수출을 하는 한국식 경제성장 모델이 더는 유효하지 않다고 보도했다. 이 기사는 영국의 조선·해운 분석기관 클락슨 리서치Clarkson Research의 분석을 인용해 "중국과 인도의 추격으로 한국은 후발 주자로서의 이점을 갖고 있지 않다"면서 "자체적인 기술 노하우도 축적돼 있지 않다"고 주장했다.[62]

"먼저 된 자 나중 되고 나중 된 자 먼저 된다"는 『성경』의 명언(「마태복음」 20장 16절)은 신앙엔 '선점자의 이익'이 없다는 말이지만,[63] 끊임없는 순환이 작동하는 법칙으로 이해하는 게 좋을 것 같다. 나중 된 자가 먼저 되었어도 또 다시 후발자에 의해 나중으로 밀려날 수 있다는 것이다. 그러니 자만하지 말고 늘 '처음처럼' 초심初心을 잃지 않으면서 겸허하게 애쓰는 자세가 필요한 게 아닐까?

25

왜 자동차 회사와
가방 회사가 손을 잡을까?

디드로 효과

백과사전을 편찬해 지식의 대중화를 실현함으로써 프랑스대혁명으로 나아가는 길을 열었던 프랑스 계몽주의 철학자 드니 디드로Denis Diderot, 1713~1784는 「나의 옛 실내복과 헤어진 것에 대한 유감Regrets on Parting with My Old Dressing Gown」이라는 에세이에서 친구에게서 선물 받은 실내복에 관한 이야기를 하고 있다.

그는 "다 헤지고 시시하지만, 편안했던 옛 실내복"을 버리고 새 실내복을 입었다. 그러나 그게 끝이 아니었다. 그는 한두 주 후 실내복에 어울리게끔 책상을 바꾸었고, 이어 서재 벽에 걸린 벽걸이 장식을 바꾸었으며, 결국엔 모든 걸 다 바꾸고 말았다. 달라진 건 그것뿐만이 아니었다. 전에는 서재가 초라했지만 사람들이 붐볐다. 혼잡했지만 행복했다. 이제는 우아하고 질서정연하고 아름답게 설비가 갖춰졌지만 자신은 우울해졌다는 것이 이 에세이의 요지다.

바로 이 에세이에서 '디드로 효과Diderot effect'라는 말이 탄생했다. 미국 인류학자 그랜트 매크래켄Grant McCracken이 1988년에 출간한 『문화와 소비Culture and Consumption』라는 책에서 처음 쓴 말이다. 그런데 미국 '서커스의 제왕' P. T. 바넘P. T. Barnum, 1810~1891이 1880년에 출간한 『돈을 버는 법The Art of Money Getting』이라는 책엔 흥미로운 대목이 등장한다. '실내복'이 '소파'로 바뀌었을 뿐, 디드로의 이야기와 거의 똑같은 이야기가 나오는 게 아닌가.[64]

새 소파를 들여놓고 그것에 맞는 물건들을 계속 사들이다가 망한 사람의 이야기지만, '디드로 효과'라는 점에선 같다. 디드로에 대한 언급은 전혀 없어 바넘이 디드로의 글을 읽고 슬쩍 비슷하게 가져다 쓴 건지 아니면 독자적으로 깨닫게 된 것인지는 알 길이 없다.

'디드로 효과'는 미국 하버드대학 여성 경제학자로 소비학 분야의 전문가인 줄리엣 쇼어Juliet B. Schor가 1998년에 출간한 『과소비하는 미국인들The Overspent American』에서 새 가운이 새 서재를 만든 소비 상승 효과 모델을 상세하게 분석한 후 점점 많은 사람의 주목을 받으며 사회생활 각 분야에 적용되기 시작했다.

오늘날 '디드로 효과'는 소비재는 어떤 공통성이나 통일성에 의해 연결되어 있다는 것을 시사하는 개념으로 쓰이고 있다. '서로 어울린다'는 말을 생각해보면 쉽게 이해할 수 있을 것이다. 이런 식으로 일관성을 지닌 사물들을 '제품 보완물product complements'이라 하는데, 디드로 효과는 "개인에게 자신의 소비재 보완물에 문화적 일관성을

유지하도록 고쳐시키는 힘"으로 정의할 수 있겠다.[65]

레이철 보츠먼Rachel Botsman과 루 로저스Roo Rogers는 "1920년대부터 우리는 물건의 색깔과 스타일, 최신형에 걸맞은 다른 소유물이 필요하다고 자신을 설득해왔다"며 다음과 같이 말한다.

"랠프 로런은 완벽한 가정을 꾸미려면 이런 것쯤은 갖춰야 한다며 랠프 로런 상품으로 블루밍데일 백화점 전체를 도배한다. 이곳에서 쇼핑객은 랠프 로런에 어울리는 벽지와 유리잔, 이불, 양탄자, 슬리퍼, 침실 가운을 구매할 수 있다. 마찬가지로 여성들은 『굿하우스키핑』이나 『레이디스홈저널』에 실린 스완 전기 주전자 광고를 통해 스완 전기 토스터, 스완 냉장고, 스완 식기세척기를 갖춘 이상적인 주방에 서서 미소 짓는 완벽한 가정주부의 모습을 본다. 단순히 전기 주전자를 사라고 꼬드기는 것이 아니라 사진 속에 나오는 완벽한 라이프스타일을 열망하게 만드는 것이다."[66]

디드로 효과는 특히 명품의 마케팅 전략으로 많이 이용된다. 명품 메이커들은 처음에는 어떤 물건이든 하나만 사게끔 하는 마케팅 전략을 구사한다. 그 이후엔 소비자들이 알아서 그 물건에 대한 조화와 구색을 맞추기 위해 스스로 다른 품목을 찾게 될 것이라는 계산을 하기 때문이다. 이게 바로 '토털 패션' 전략이다. 그걸로도 모자라 '크로스 브랜딩' 전략까지 가세한다. 예컨대, 렉서스 자동차에는 렉서스 라인이라는 코치의 가방 시리즈가 있는 식이다.[67]

'토털 패션'이니 '크로스 브랜딩'이니 하는 전략은 어린이에게까지 적용된다. 어린이를 위한 보석 상점까지 등장하는 것도 바로 그런 이유 때문이다. 아이를 데리고 다니는 엄마의 패션과 아이의 패선이 어울려야 한다는 것이다. 일본의 유아연구소 소장인 다카야 히데오는 "요즈음 엄마들은 아이들 옷을 자신이 입은 옷과 조화되도록 입히길 원한다. 그들은 자신의 자녀들을 위해 멋진 식탁용 식기류와 물건을 산다. 어린이들이 더 유행에 민감하다"고 말한다.[68]

'크로스 브랜딩' 전략은 기업 간 공동 작업을 뜻하는 '컬래버레이션collaboration'으로 발전했다. 처음엔 패션계에서 디자이너 간의 공동 작업을 일컫는 용어로 많이 쓰였는데, 최근 들어서는 다양성을 추구하는 수단으로 채택되고 있다. 명품 브랜드가 대중성을 강화하기 위해 비교적 저렴한 브랜드와 손잡고 고객층을 넓히는 전략이 이에 속한다. 국내에서는 LG전자의 프라다 폰, KT&G의 람보르기니 담배 등이 대표적이다.[69]

최근 각광을 받고 있는 컬래버레이션은 '아트 컬래버레이션art collaboration이다. 이는 브랜드 이미지 구축을 위해 광고와 예술을 결합(사실적 이용, 재가공, 변형)하는 전략으로, 고전적인 사례로는 영화와 브랜드가 결합한 BMW의 단편영화 시리즈가 있다.[70]

2013년 1월 20일 SBS 〈인기가요〉에서 소녀시대는 신곡 〈I got a boy〉 무대에 올라 힙합 스타일로 재해석한 '동양화 팝아트' 의상을 선보였다. 소녀시대 9명의 이름이 각각 새겨진 이 의상은 컬러풀한 안경, 교정기, 양머리, 무궁화, 아이스크림 등 팝아트적인 이미지로 표현되어 관객들의 눈길을 끌었다. 이 행사를 주최한 손보미는 "소녀시대와 같은 대중 스타와의 협업을 통해 이루어진 아트 컬래버레이션은 미술에 대해 어렵게 느끼는 소비자들에게 친근함과 신선한 자극을 제공한다는 점에서 대중문화에 시사하는 바가 크다"고 말했

디드로 효과

다.[71]

명품이나 패션은 합리적인 고찰의 대상은 아니다. 모든 걸 합리적인 관점에서만 보려고 하면 그렇지 않은 사회현상에 대해 너무 편협해질 수 있다. '정신'과 '물질'에 대해서도 그 어느 한쪽에만 치우치지 않게 균형 감각을 갖는 것이 좋을 것이다. 물론 어느 한쪽에 경도된 삶을 사는 건 각자의 자유지만, 자신이 어느 한쪽의 삶을 산다고 해서 다른 방식으로 사는 사람들의 삶을 경멸하거나 부정할 필요는 없다는 것이다.

컬래버레이션에서 한 걸음 더 나아간 게 '하이브리드 패치워크 hybrid patchwork'다. 외식을 하러 간 레스토랑에서 농산물을 구입한다거나 인기 아이돌 그룹의 신곡을 듣기 위해 옷을 구입하는 등 사업의 경계를 넘어 새로운 경쟁력을 확보하려는 마케팅 전략이다.[72] 여기서 중요한 건 이질적인 것들을 하나로 묶어 예상 밖의 시너지를 만들어내는 창의적 조합인데, 이 또한 디드로 효과를 수반해야 함은 두말할 나위가 없다.

왜 자동차 회사와 가방 회사가 손을 잡을까?

제6장

인간의 한계

왜 '아는 것'과 '하는 것' 사이에
격차가 존재하는가?

지행격차

"말을 행동에 맞추지 말고 행동을 말에 맞춰라." "행동이 늘 행복을 가져다주는 건 아니지만 행동 없이 행복은 없다." "인간의 삶은 생각이 아닌 행동에 의해 이루어진다." "성공과 실패의 유일한 차이는 행동을 취할 수 있는 능력이다." "나는 행동하는 게 두려운 게 아니라 아무런 행동도 하지 않는 게 두렵다."[1]

행동을 예찬하는 이런 명언은 무수히 많다. 이런 명언이 많다는 것은 그만큼 행동이 어렵다는 걸 말해준다. 우리는 일상적 삶에서 무얼 하면 좋겠다는 생각은 하지만 그걸 행동으론 옮기는 경우는 드물다. 생각과 행동이 따로 노는 것이다. 원래 우리 인간이 그렇게 생겨먹은 걸까?

"늘 도덕적 문제를 취급하는 윤리학 교수들이 도덕적으로 더 나은 사람들일까?" 철학을 심리학과 접목시킨 미국 철학자 에릭 스위츠게벨Eric Schwitgebel과 조슈아 러스트Joshua Rust가 실험을 위해 던진 질문이다. 이들은 헌혈 횟수에서 시작해 문을 닫는 태도, 컨퍼런스를 마치고 쓰레기를 치우는 행동에 이르기까지 17가지 행동 방식과 관련해 윤리학을 강의하는 교수들과 다른 교수들을 비교했다. 그 결과 도덕철학 전문가들이라고 다른 사람보다 조금이라도 도덕적으로 행동하는 것은 아닌 것으로 드러났다.[2]

생각은 생각일 뿐 행동과는 거리가 멀다. 설사 그렇다 하더라도, 변화의 가능성이 전혀 없는 건 아니다. 그래서 자기계발 전문가들은 물론 경영학자들은 앞다투어 행동의 중요성을 강조한다. 미국 스탠퍼드대학의 경영학자인 제프리 페퍼Jeffrey Pfeffer와 로버트 서튼Robert I. Sutton은 『아는 것과 하는 것의 격차The Knowing-Doing Gap』(2000)라는 제목의 책까지 썼다. 간단히 줄여서 '지행격차知行隔差'라고 할 수 있는 'knowing-doing gap'은 우리가 해야 한다고 알고만 있는 것과 실제로 하는 것 사이의 격차를 말한다.

페퍼와 서튼은 사람들은 늘 "무슨 일을 해야 하는지 알지만 실행하지 않았다"면서 이러한 지행격차가 "조직의 성과를 가로막는 가장 골치 아픈 커다란 장벽"이었다고 지적했다. 이들은 자신들의 논지를 뒷받침하기 위해 독일 건축가 월터 그로피어스Walter Gropius, 1883~1869의 '행동 예찬론'을 이렇게 인용한다.

"말과 경험으로 시험되지 않은 이론들은 행위보다 훨씬 더 해로울 수 있다는 것을 나는 내 평생에 걸쳐 배웠다. 1937년 내가 미국에

왔을 때 새로운 아이디어가 생기면 바로 가서 직접 시험해보는 미국인들의 성향이 나는 즐거웠다. 그들은 새로운 아이디어가 가질 수 있는 가치에 대해 때 이른 논쟁을 많이 하며 모든 싹을 잘라버리지 않았다."[3]

페퍼와 서튼은 '지식 실천을 위한 8가지 지침'을 제시한다. 첫째, '어떻게'보다 '왜'가 먼저다, 즉, 철학이 중요하다. 둘째, 실행하고 가르치면서 지식을 얻는다. 셋째, 계획과 개념보다 행동이 중요하다. 넷째, 실수가 없는 실행은 없다. 즉, 실수를 인정하고 용납해야 한다. 다섯째, 두려움은 지행격차를 벌린다. 두려움을 몰아내라. 여섯째, 끼리끼리 싸우지 말고 경쟁사와 싸우라. 일곱째, 지식 실천에 도움이 되는 것을 측정하라. 여덟째, 리더가 어떻게 시간과 자원을 쓰는지가 중요하다.[4]

지행격차를 극복하지 못해 실패한 대표적 기업으론 코닥Kodak이 꼽힌다.[5] 미국의 혁신 전문가 톰 켈리Tom Kelley와 데이비드 켈리David Kelley는 『유쾌한 크리에이티브: 어떻게 창조적 자신감을 이끌어낼 것인가』(2013)에서 코닥을 대표적 사례로 들면서 "말이 행동을 대체하면 기업은 불구가 된다"며 다음과 같이 말한다.

"출발선상에 선 자에게 전통이란 것은 방해가 된다. 코닥의 영광스런 과거는 지나치게 매혹적이었던 것이다.……디지털 시장에서 세계적으로 강력한 경쟁자들을 만나면서 코닥은 그게 엄청난 투쟁임을 알게 됐다. 그리고 실패의 공포가 임원진을 꽁꽁 얼어붙게 했다. 아는 것-하는 것의 간극에 빠진 코닥은 화학 기반 비즈니스에 필사적으로 매달렸다. 이는 20세기였다면 성공의 보증수표였겠지만

21세기엔 디지털 저투자로 나타났을 뿐이다. 우리가 코닥에서 본 것은 정보의 부족이 아니라 통찰을 효과적으로 행동으로 전환시키는 노력의 결핍이었다. 그 결과 미국의 가장 강력한 브랜드가 길을 잃었다."[6]

영화 〈스타워즈〉에서 요다Yoda가 루크 스카이워커Luke Skywalker에게 말한 것처럼 "하느냐 마느냐만 있지, 해볼까는 없다". 이 말을 소개한 톰과 데이비드는 "궁극적으로 창조적 도약에 이르기 위해선 나중에 이런저런 실패가 나타날 수도 있지만 우선 출발해야 한다는 것이다. 어떤 일을 시도해 한번에 성공할 가능성은 많지 않다. 그렇더라도 괜찮다"며 다음과 같이 말한다.

"당장 '최선의 것'을 얻기는 어려우므로 신속하고 지속적으로 개선을 해나가겠다는 생각으로 임해야 한다. 그런 뒤얽힌 시행착오들이 처음에는 견디기 힘들 수 있겠지만, 행동을 하면 우리들 대부분은 점점 더 배우는 속도가 빨라진다. 그것이 성공에 이르는 전제 조건의 전부라고 해도 과언이 아니다. 이렇게 하지 않으면 '최선'이 되겠다는 욕망은 '개선'으로 가는 길의 장애물이 될 뿐이다."[7]

프랑스 인시아드INSEAD 경영대학원 교수 허미니아 아이바라Herminia Ibarra는 『리더처럼 행동하고, 리더처럼 생각하라』는 책에서 "혼자 골똘히 사색에 잠긴다고 답이 나오는 게 아니다"고 말한다. "생각만 하다 보면 오히려 행동이 억제됩니다. 겁이 나기 때문이죠. 우리 정신세계는 바꾸는 걸 두려워합니다. 그렇다면 실제로 어떻게 바꿀 수 있을까요. 무엇이든 나서서 행동하는 겁니다. 책 제목에서 '행동'이 '생각'보다 먼저 나오는 건 이 때문이죠."[8]

다 좋은 말이긴 하지만, 지행격차를 없애기 위한 시도에 위험이 없는 건 아니다. 똑같은 결과, 아니 더 나쁜 결과가 나오더라도 가만있는 것보다는 행동하는 게 더 낫다는 믿음, 즉 '행동 편향action bias'의 문제다. 행동을 예찬하는 사회에서 행동하지 않는 건 죄악이 된다. 정치인이나 관료들은 사회적 문제를 해결하기 위해 무언가 행동을 보여달라는 요구가 빗발치기 때문에 "일단 저지르고 보자"는 유혹을 받기 쉽다.

한국의 대학 입시 정책이 대표적인 예다. 입시 제도는 정권과 교육부 장관이 바뀔 때마다 바뀐다. 그래서 평균 3년 만에 한 번꼴로 바뀌어왔지만, 나아진 건 전혀 없다. 오히려 그 바람에 학생과 학부모들이 고통을 받지만, 뭔가 행동을 보여달라는 수요와 이에 부응하는 공급의 사이클은 그칠 줄 모르고 계속되고 있다. 이 정도면, 행동하는 게 오히려 죄악이 아닐까?[9]

생각해보라. 반세기 넘는 긴 세월 동안 역사적으로 누적된 구조적 모순을 단칼에 바꿀 수 있는 정책이 있을 수 있겠는가? 살인적인 입시 전쟁은 학력·학벌 간 임금 격차가 근본 원인인데, 이건 교육 정책으로 해소할 수 있는 문제가 아니다. 한 정권의 임기 내에 해결할 수 있는 문제도 아니다. 그래서 "답이 없으니 가만있어야 한다"는 뜻이 아니다. 그런 사정을 국민들에게 솔직하게 밝히면서 점진적인 변화의 청사진을 보여주고 국민의 이해와 협조를 구해야 한다는 것이다.

그러나 그렇게 하는 정권은 단 한 번도 없었다. 더욱 기가 막힌 건 계속 악화만 되는 그런 사태에 대해 그 누구도 책임을 지지 않는다는 점이다. 기업에선 책임 추궁이 비교적 엄격하게 이루어지기 때문에 기업의 총수가 아닌 이상 "일단 저지르고 보자"는 식의 행동 편향이 나타나지 않는 건 물론, 오히려 정반대로 "괜히 긁어 부스럼 만들지 말자"는 식의 무사안일주의無事安逸主義, 즉 '부작위 편향不作爲偏向, omission bias'이 일어난다.[10]

반면 책임 윤리가 부재한 공공 영역에선 행동 편향이 정치와 행정의 전부인 양 간주되고 있는 게 현실이다. 단지 "문제를 해결하기 위해 애는 썼다"는 면피용 변명 하나를 위해서 말이다. 유권자들도 세상이 다 그런 거라며 책임을 묻겠다는 적극적 의지도 없다. 이럴 바엔 차라리 공공 영역에선 아예 지행격차를 없애지 않으려고 애쓰는 게 훨씬 더 나은 일이 아닐까?

27

왜 지갑에
아기 사진을 넣어두는 게 좋을까?

클루지

1970년 4월 아폴로 우주선 13호의 달착륙선에서 이산화탄소 여과기가 고장 나는 비상사태가 발생했다. 이걸 고치지 못하면 승무원들이 지구로 돌아오지 못하고 죽을 수도 있는 심각한 상황이었다. 우주비행 관제소의 공학자 에드 스마일리Ed Smylie는 교신을 통해 승무원들에게 "우주 캡슐 안에 무언가 쓸모 있는 것이 있을 것이다. 궁리를 해봐라"고 조언했다. 승무원들은 비닐봉지와 마분지 상자, 절연테이프, 양말 한 짝 등을 가지고 비록 투박하긴 하지만 훌륭한 공기 여과기 대용품을 만들어 이 문제를 해결했다.[11]

이게 도대체 말이 되는 이야기일까? 최첨단 기술이 동원되는 우주비행에서 나타난 기술적 문제를 비닐봉지, 마분지 상자, 절연테이프, 양말 한 짝 등으로 해결한다는 게 말이 되느냐 이 말이다. 하지만 그건 실제로 일어난 일인데다 그런 일이 적잖이 발생하고 있으니 잠자코 수긍할 수밖에 없다. 이런 현상을 설명하기 위해 등장한 용어가 바로 '클루지kluge'다.

kludge라고도 쓰는 클루지는 어떤 문제에 대한 서툴기나 세련되지 않지만, 놀라울 만큼 효과적인 해결책을 뜻한다. '영리한'을 뜻하는 독일어 클루그klug에서 유래한 말로, 공학자들이 결코 완벽하지 않은 엉성한 해결책을 가리킬 때 쓰는 통속적인 표현이다. 'jury rig(임시로 급히 짜맞추기, 임시방편으로 사용하기)'의 동의어라고 할 수 있겠다.[12]

미국 뉴욕대학 심리학자 개리 마커스Gary Marcus는 『클루지: 생각의 역사를 뒤집는 기막힌 발견Kluge: The Haphazard Construction of the Human Mind』(2008)에서 인간의 다양한 심리적 특성에 대해 진화심리학적 설명을 시도했다. 이 책을 번역한 최호영은 "저자는 인간이 얼마나 불완전하고 비합리적인 존재인지를 보여주는 사례들을 제시한다. 그리고 인간의 마음이 이렇게 불완전한 이유를 '진화의 관성evolutionary inertia'에서 찾는다"며 다음과 같이 설명한다.

"'진화의 관성'이란 특정 시점에서 진화의 가능성이 그 이전까지 진화해온 종의 상태에 제약을 받는 사정을 가리킨다. 다시 말해 진화란, 마치 뛰어난 공학자가 어떤 문제를 풀기 위해 가장 합리적인 해결책을 찾는 것처럼 진행되는 것이 아니라, 지금까지 진화해온 것들을 바탕으로 당장 그런대로 쓸 만한 해결책이 발견되면, 그것이 선택되는 방식으로 이루어진다는 것이다. 그리고 그 결과, 인간의 마음은 불완전하고 때때로 엉뚱한 문제를 야기하는, 곧 클루지 상태가 되는 것이다."[13]

마커스에 따르면, 인간이 진화 과정에서 얻게 된 메모리 시스템은 '맥락 기억contextual memory'으로 정보를 체계적으로 찾아오는 것이 불가능할 정도로 매우 엉성한 것이다. 따라서 무엇이 머릿속에 가장 자연스럽게 떠오르는지는 맥락에 따라 좌우된다. "우리는 정원에 있을 때 정원 가꾸기에 대해 알고 있는 것을 더 잘 기억해내며, 부엌에 있을 때 요리에 대해 알고 있는 것을 더 잘 기억해내는 경향이 있다. 이처럼 맥락은 우리의 기억에 (때로는 좋고 때로는 나쁜) 영향을 미치는 가장 강력한 단서들 가운데 하나다."[14]

클루지는 도대체 무엇을 말하는 것인가? 댄 가드너Dan Gardner의 명쾌한 표현에 따르자면, "몸은 정보시대에 살고 있는데 우리의 뇌는 여전히 석기시대에 살고 있다"는 것이다.[15] 미국에서 이루어진 한 조사에 따르면, 미국인들은 자기가 어떤 물건을 어디엔가 놓아두었다는 것을 알면서도, 그걸 찾는 데에 매일 평균 55분을 허비한다고 한다. 우리 인간이 이토록 허술하다. 우리 가운데 가장 뛰어난 사람조차 때때로 어이없는 실수를 저지르는 이유도 바로 여기에 있다.[16]

마커스에 따르면, 인간의 마음은 자동적으로 작용하는 '반사 체계reflexive system'와 합리적으로 정보를 처리하는 '숙고 체계deliberative system'로 구성되어 있다. 이 두 체계는 서로 갈등 관계에 있지만, 스트레스를 받거나 다급한 상황에선 반사 체계가 더 큰 힘을 발휘한다. 마커스는 우리의 통제력을 잃게 만드는 '인지적 클루지cognitive kluge의 얄궂은 장난'에 대해 다음과 같이 말한다.

"흥분의 순간에 너무 자주 반사 체계에 우선권을 넘겨주는 어설 픈 자기통제 장치, 언제나 또는 거의 언제나 자기가 옳다고 착각하 게 만드는 어리석은 확증편향, 근거가 있든 없든 자신의 신념을 옹 호하게 만드는 확증편향의 사악한 쌍둥이라 할 동기에 의한 추론, 어떤 사람에게 화가 날 때면 그에 대한 불쾌한 과거 기억들을 떠올 리게 만드는 맥락 의존적인 기억이 바로 그것이다. 이런 것들이 합 쳐져 차가운 이성을 압도하는 '뜨거운' 체계를 만들어낸다. 그리고 그 결과는 종종 분열과 전쟁으로 나타난다."[17]

클루지가 비극만 가져오는 건 아니다. 우리 인간이 어린 아기에 대해 보이는 온정적 반응도 클루지인데, 이는 긍정적 클루지라고 볼 수 있겠다. 영국 심리학자 리처드 와이즈먼Richard Wiseman은 거리 곳 곳에 지갑 240개를 떨어뜨려 두고 사람들의 반응을 살피는 실험을 했다. 지갑엔 현금은 없이 개인적인 사진, 신분증, 기한 지난 복권, 회원증 한두 장, 그 밖의 자잘한 물건들이 들어 있었는데, 지갑마다 다른 것은 사진이었다. 각 지갑마다 노부부의 사진, 가족사진, 강아 지, 아기 사진을 넣어두었으며, 사진이 없는 지갑도 있었다. 실험 결 과 지갑의 회수율에 엄청난 차이가 난 것이 밝혀졌다. 사진이 들어 있지 않은 지갑의 회수율은 15퍼센트, 노부부의 사진이 들어 있는 지갑의 회수율은 25퍼센트, 가족사진이 들어 있는 지갑의 회수율은 48퍼센트, 강아지 사진이 들어 있는 지갑의 회수율은 53퍼센트, 아 기 사진이 들어 있는 지갑의 회수율은 88퍼센트였다.

왜 그런 일이 벌어진 걸까? 길에서 지갑을 발견했을 때 우리의 의 식은 "지갑을 주인에게 찾아주는 건 좋은 일이다. 그러나 그렇게 하는 동안 내가 포기해야 하는 시간과 노력을 따져볼 때……"라며 망설이게 되지만, 아기에 대해선 온정적 반응을 보이는 무의식이 작동한다. 강아지도 비슷하다. 강아지와 아기는 눈이 크고 입이 작으며 연약하다는 공통점을 갖고 있다. 이렇게 작용하는 무의식이 바로 클루지다.[18]

2018년 10월 세계 3대 이종 종합격투기 대회 중 하나인 UFCUltimate Fighting Championship의 인기 스타인 아일랜드의 코너 맥그리거Conor Mcgregor가 자신의 SNS에 한 장의 사진을 올려 화제가 되었다. 공개된 사진 속 맥그리거는 아기 식탁에 첫 돌을 맞은 아들과 앉아 서로 마주보면서 아기 미소를 짓고 있다.

매우 자연스럽고 당연한 일이긴 하지만, 맥그리거가 누군가? 그는 경기 전 상대를 모욕하는 야비한 독설을 퍼붓고 시합 중에도 온갖 치사한 방법을 남발해 악명을 얻고 있는 인물이다. 그런 '악한'이 천진난만한 아기 미소를 지었기에 화제가 된 것이다. 이를 보도한 기사 제목이 재미있다. 「맥그리거, 아기 앞에서는 순한 양 '믿을 수 없는 광경'」.[19]

아기의 힘이 그렇게 크다. 여러 사람이 엘리베이터에 탔을 때 모두 다 차가운 표정을 짓고 있다가도 아기의 등장 하나로 분위기가 화기애애하게 변하기도 한다. 그러니 아기 사진 하나가 그 누구건 점유물이탈횡령이나 그냥 모른 척하는 방관의 유혹을 뿌리치게 만드는 힘을 갖고 있다는 건 당연한 일인지도 모른다. 고로, 지갑에 웃는 아기 사진을 넣고 다니시라. 스마트폰이 지갑을 대체했다면 초기 화면을 아기 사진으로 바꾸는 게 좋겠다.

국민의 눈살을 찌푸리게 만드는 싸움질이 잦은 국회의 본회의장과 상임위 회의장의 벽면을 아기 사진으로 도배하는 건 어떨지 모르겠다. 이성적으로 해결이 안 될 땐 말도 안 되는 것처럼 보이는 클루지를 쓴다고 해서 큰일 날 것 없지 않은가. 최첨단 전자제품이 제대로 작동을 안 할 때 그냥 손으로 몇 번 두들기는 것만으로도 효과를 볼 때가 있는 것처럼 말이다.

28

왜 복잡한 이유를 단순화해
일을 망치는가?

▼
▲

안나 카레니나의 법칙

아프리카 동물 프로그램을 보면서 누구나 한 번쯤은 생각해보지 않았을까? 왜 저 동물은 가축화하지 않았을까? 아니면 왜 못했을까? 100여 년 전 영국 유전학자 프랜시스 골턴Francis Galton, 1822~1911은 "모든 야생동물은 한 번쯤 가축이 될 기회가 있었다"고 했는데,[20] 이는 인류 역사 이래로 야생동물을 가축화하려는 시도가 많이 있었음을 말해주는 것이다.

얼룩말은 어떤가? 영국의 로스차일드 남작은 얼룩말을 길들여 마차를 끄는 상태까지는 성공했지만, 가축화하지는 못했다. 왜? 이동환은 얼룩말의 '골치 아픈 성격' 때문이었다고 말한다. "얼룩말은 나이가 들면서 점점 위험한 동물로 변한다. 특히나 얼룩말은 사람을 한 번 물면 악착같이 놓지 않는 성격을 가지고 있다. 그런 이유로 미국의 동물원에서는 해마다 호랑이나 사자와 같은 동물에게서 부상을 당하는 경우보다는 얼룩말 때문에 부상을 당하는 경우가 더 많다고 한다. 게다가 얼룩말은 밧줄을 던져서 잡을 수도 없다. 밧줄 올가미가 날아오는 것을 빤히 보다가 가까이로 오면 살짝 머리를 피해 벗어나기 때문이다."[21]

재러드 다이아몬드Jared Diamond는 『총, 균, 쇠: 무기·병균·금속은 인류의 운명을 어떻게 바꿨는가』(1997)에서 19개 장 가운데 제9장에서 이 문제를 집중적으로 다룬다. 그는 야생동물의 가축화가 실패하는 이유로 6가지를 들었다. 첫째, 식성이다. 식성이 너무 좋아서는 안 되고, 특정 먹이를 너무 선호해서도 안 된다. 동물이 먹을 것을 사람이 구하기가 어렵기 때문이다. 둘째, 성장 속도다. 가축은 빨리 성장해야 사육할 가치가 있다. 셋째, 감금 상태에서 번식시키는 문제다. 야생 상태에서 수컷이 암컷을 며칠 동안 쫓아다녀야 암컷이 발정을 하는 치타와 같은 동물은 감금 상태에서는 번식이 어렵다. 넷째, 얼룩말처럼 골치 아픈 성격이다. 다섯째, 겁먹는 버릇이다. 가젤처럼 인간에게 너무 겁을 먹어 민감해하는 동물은 사람과 어울릴 수 없다. 여섯째, 사회적 구조다. 같은 동물끼리 위계적 질서를 지키고, 서로 무리지어 다니는 등 사회성이 있어야 가축이 될 수 있다.[22]

다이아몬드는 야생동물이 가축화되기 위해서는 많은 특성을 갖춰야 하는데, 이 필수적인 특성들 중에서 단 한 가지만 결여되어도 실패할 수밖에 없다고 말한다. 즉, "가축화할 수 있는 동물은 모두 엇비슷하고 가축화할 수 없는 동물은 가축화할 수 없는 이유가 제각기 다르다"는 것이다. 다이아몬드의 문학적 소양, 아니 글쓰기 능력이 탁월하다. 그는 러시아 작가 레프 톨스토이Lev Tolstoy, 1828~1910의 소설 『안나 카레니나』에 나오는 유명한 첫 문장을 끌어들여, 가축화의 그런 이치에 '안나 카레니나의 법칙Anna Karenina's law'이라는 이름을 붙인다. "행복한 가정은 모두 엇비슷하고 불행한 가정은 불행한 이유가 제각기 다르다." 이 작명이 널리 쓰이길 바란 건지 친절한 해설까지 덧붙인다. 그는 "이 문장에서 톨스토이가 말하려고 했던 것은, 결혼 생활이 행복해지려면 수많은 요소들이 성공적이어야 한다는 것이었다"며 다음과 같이 말한다.

"즉 서로 성적 매력을 느껴야 하고 돈, 자녀 교육, 종교, 인척 등등의 중요한 문제들에 대해 합의할 수 있어야 한다. 행복에 필요한 이 중요한 요소들 중에서 어느 한 가지라도 어긋난다면 그 나머지 요소들이 모두 성립하더라도 그 결혼은 실패할 수밖에 없다. 이 법칙을 확대하면 결혼 생활뿐 아니라 인생의 많은 부분을 이해하는 데에도 도움이 된다. 우리는 흔히 성공에 대해 한 가지 요소만으로 할 수 있는 간단한 설명을 찾으려 한다. 그러나 실제로 어떤 중요한 일에서 성공을 거두려면 수많은 실패 원인들을 피할 수 있어야 한다."23

가축화되는 것이 야생동물에게 행복일 것 같진 않지만, 다이아몬드의 작명은 큰 성공을 거둬 '안나 카레니나의 법칙'은 다양한 분야에 자주 적용되는 유명 법칙이 되었다. 남들이 다 부러워할 만한 행복의 조건을 갖춘 유부녀였던 안나 카레니나는 위험한 사랑에 빠져 가족을 버리고 사랑을 택했지만, 그 사랑이 실패하면서 자살로 생을 마감하는 비운의 여인이다. 이 여인의 이름이 온갖 종류의 성공과 실패 이유를 분석하는 데에 자주 거론되는 건 영 어울리지 않는 것 같지만, 속된 말로 좀 있어 뵈는 느낌을 주는 효과가 만만치 않은 모양이다.

이 법칙은 경영 전문가 짐 콜린스Jim Collins의 베스트셀러 『위대한 기업은 다 어디로 갔을까』(2009)에도 등장한다. 콜린스는 "기업들이 위대해지는 과정과 몰락하는 과정을 연구하고 난 뒤, 기업이 위대해지는 것보다 몰락하는 길이 더 다양하다"며 "각종 데이터를 기반으로 몰락의 틀을 조립하는 것은 기업 성장에 대한 틀을 만드는 것보다 훨씬 힘들었다"고 말한다.[24]

반면 실리콘밸리 기업가 피터 틸Peter Thiel은 『제로 투 원』(2014)에서 비즈니스는 '안나 카레니나의 법칙'과는 정반대라고 주장한다. "행복한 기업들은 다들 서로 다르다. 다들 독특한 문제를 해결해 독점을 구축했기 때문이다. 반면에 실패한 기업들은 한결같다. 경쟁을 벗어나지 못한 것이다."[25] 이 책의 핵심 메지지는 "경쟁은 피하면 피할수록 좋다. 경쟁을 피하고 시장을 독점하기 위해서는 남들과 다른 것을 하라"는 것인데, 실리콘밸리에서나 통용될 수 있는 것임을 유념할 필요가 있겠다.

김상조는 이 법칙을 "실패를 성공으로 바꾸기 위한 전략을 구상할 때 명심해야 할 교훈으로 삼고자 한다"며 한국 금융 산업에 적용한다. "즉 하나의 근본적 원인을 지적하면서 하나의 만병통치약을 제시하는 방식으로 접근해서는 안 된다는 것이다. 하나의 원인을 제거하기 위한 노력이 다른 원인(들)을 악화시킬 수 있고, 그러면 더 깊은 실패의 수렁에 빠져들 뿐이다. 한국 금융 산업은 곳곳에서 실패하고 있다.……한국 금융 산업의 실패 원인은 다양하고, 하나의 처방으로 치유할 수 있는 상황이 아니다.……끈질기게 묻고 투명하게 답하는 과정에서 해법이 발견되기를 기대할 뿐이다. 더디더라도 이게 바른 길이라고 생각한다."[26]

오태규는 이 법칙을 대북 정책에 적용한다. "대북 정책은 크게 3가지 요소, 즉 우리나라 내부, 북한, 국제사회의 요구를 동시에 충족해야 성공할 수 있다. 또한 세 요소는 각 분야에서 여러 갈래로 나뉜다. 우리 내부만 봐도 여와 야, 노와 소, 진보와 보수가 서로 생각과 접근법이 다르다. 국제사회도 미국과 중국의 차이가 있고, 일본과 러시아가 같지 않다. 북한도 군부와 당의 생각, 집권층과 주민의 요구가 일치하지 않을 것이다. 한마디로, 대북 정책의 안나 카레니나 법칙은 그 어느 것보다 복잡하고 까다로울 수밖에 없다."[27]

그 밖에도 이 법칙은 창업,[28] 성공적인 취업,[29] 산업 안전,[30] 자살 예방,[31] 좋은 부모의 조건,[32] 행복한 가정[33] 등 참으로 다양한 분야에 걸쳐 적용되고 있다. 이 모든 적용을 꿰뚫는 한 가지 이치는 사실상 환원주의를 경계하라는 것과 매우 비슷하다. 원래 다이아몬드가 썼던 용법과는 좀 달라지긴 했지만, 그거야 뭐 해석의 자유로 이해할 수 있는 일이다.

환원주의還元主義, reductionism란 다양한 분야에서 다양한 방식의 개념으로 쓰이기 때문에 한마디로 정의를 내리긴 어렵지만, 간단한 사전적 정의에 따르자면, "다양한 현상을 하나의 기초 원리나 개념으로 설명하는 방식"이다. 많은 문제가 있지만 여전히 환원주의 시도가 많이 이루어지고 있는 건 그럴 만한 장점이 있기 때문이다. 무엇보

다도 복잡한 대상을 이해하고 설명하는 데 실용주의적인 이점이 있다.[34]

안나 카레니나의 법칙도 마찬가지다. 어떤 사람의 실패 요인은 복합적이겠지만, 우리가 일상적 삶에서 그걸 다 거론하는 논문을 쓸 수는 없는 일이다. 핵심적인 것이라고 간주되는 것 하나를 부각시키면 이해기 쉬워진다. 그런데 문제는 그런 신의의 용법을 넘어서 특정한 목적을 갖고 의도적으로 복잡한 이유를 단순화해서 제시하는 일이 자주 저질러진다는 데에 있다. 대표적인 분야가 바로 정치다.

오늘날의 민주주의는 사실상 '선거 민주주의'인데, 선거라는 게 이성보다는 감성이 훨씬 더 큰 힘을 발휘하는 영역이 아닌가. 선거 슬로건이건 그 어떤 주장이건 단순해야 먹힌다. 잘못된 현실을 바꾸겠다는 걸로 유권자들에게 어필해야 하니, 그 현실에 책임이 있는 사람이나 세력을 지목해 타파해야 할 '적敵'으로 만들어야 한다. 이런 '적 만들기enemy-making'의 메시지는 단순할수록 좋다.[35] 어떤 문제들은 적에게도 피차 못할 사정이 있었으며, 그건 우리의 문제일 수 있다는 '합리적이고 과학적인 주장'을 선거판에서 본 적이 있는가?

복잡한 이유를 단순화해서 승리를 한 사람이나 세력이 승리 후에 문제가 그리 간단치 않다는 이성을 되찾고 환원주의의 유혹을 뿌리치면 좋겠건만 그런 일은 거의 일어나지 않는다. 이미 단순화된 메시지는 공약의 형식으로 제시되었기에 약속을 이행해야 한다는 부담이 있는데다, 너무 열정적으로 떠들어댄 탓인지 스스로 그런 단순화된 해법을 믿게 되기 때문이다. 그래서 일을 망치는 비극이 일어난다. 아니 어쩌면 이 비극은 단순성의 한계를 잘 알면서도 단순해야만 마음과 몸이 움직이는 우리 인간의 한계인지도 모르겠다.

29

왜 보수주의자들은
'미끄럼틀'을 두려워하는가?

▼
▲

미끄러운 경사면의 오류

slippery slope는 "미끄러운 경사면"이다. 얼핏 보기는 괜찮으나 브레이크가 안 들어 위험한 코스나 비탈길을 가리키는 말로도 쓰이며, 20세기 중반부터 사용된 말이다. 비유적으로 "일단 시작하면 중단하기 어렵고 파국으로 치달을 수 있는 행동 방향"을 가리키는 말로도 쓰인다.[36]

fallacy of slippery slope는 논리학에서 쓰는 개념으로 '미끄러운 경사면의 오류', '미끄러운 비탈길의 오류', '도미노의 오류'라고 한다. 미끄럼틀을 한 번 타기 시작하면 끝까지 미끄러져 내려간다는 점에서 '연쇄반응 효과의 오류'라고도 할 수 있겠다. 이는 특정한 방향으로 움직이면 무언가를 내리막길로 밀어뜨리는 것처럼 계속해서

같은 방향으로 내려갈 수밖에 없다는 의미를 담고 있다.[37]

강재륜은 검열 제도에 대한 반대 이론이 '미끄러운 경사면'을 타고 일사천리로 밑바닥에 떨어지는 주장의 사례를 다음과 같이 들었다. "포르노 출판물을 불법화하는 것은 기본권의 침해가 되기 때문에 마땅히 중지되어야 한다. 만약 포르노 출판물이 금지되면 머지않아 신문과 잡지가 검열을 받아야 하며, 그렇게 되면 머지않아 교과서와 정치 연설과 그리고 강의 내용이 검열 대상이 되고 말 것이다. 그래서 중앙정부에 의한 정신의 통제가 불가피해진다."[38]

일반적으로 미끄러운 경사면의 오류는 보수주의자들이 개혁에 반대하는 논리에서 자주 나타난다. 이와 관련, 앨버트 허시먼Albert O. Hirschman, 1915~2012은 "그 자체로는 반박할 수 없지만 불행한 결과를 낳을 것이라는 이유로 행동에 대해 반대하는 주장이 만연해 있음을 입증하고 있다"고 말한다. 영국 고전학자 프랜시스 콘퍼드Francis M. Cornford, 1874~1943는 개혁은 본질적으로 올바르거나 정당하다고 할지라도 '때가 되지 않았기 때문에' 채택되어서는 안 된다는 주장을 '시기상조의 원칙Principle of Unripe Time'이라고 불렀다.[39]

1792년 영국의 여성해방론자인 메리 울스턴크래프트Mary Wollstonecraft, 1759~1797는 『여성의 권리 옹호A Vindication of the Rights of Woman』라는 책을 발표했다. 이에 대해 영국 케임브리지대학 철학자 토머스 테일러Thomas Taylor, 1758~1835가 익명으로 출간한 『짐승의 권리 옹호A Vindication of the Rights of Brutes: If Men and Women Have Rights, Why Not Animals Too?』(1792)라는 책에서 한 다음과 같은 주장은 '미끄러운 경사면의 오류'의 전형적 사례를 잘 보여주고 있다.

"여성 평등에 대한 논증이 건전하다면 개나 고양이 또는 말이 평등해서는 안 될 이유가 무엇인가? 논증은 이와 같은 '짐승들'에게도 적용되어야 할 것처럼 보인다. 하지만 짐승들이 권리를 가지고 있다는 것은 말이 안 된다. 따라서 그와 같은 결론이 도출되는 추론은 건전하지 못하다. 그리고 짐승에의 적용이 건전치 못하다면, 그와 같은 추론이 여성에게 적용되는 것도 건전치 못하다 할 수 있다. 왜냐하면 각각의 경우에 동일한 방식의 논증이 사용되고 있기 때문이다."[40]

경제학자 프리드리히 하이에크Friedrich August von Hayek, 1899~1992가 국민경제에 대한 국가의 적극적 개입을 옹호한 경제학자 존 메이너드 케인스John Maynard Keynes, 1883~1946의 이론을 공격한 논리도 바로 '미끄러운 경사면'이었다. 이에 대해 유시민은 다음과 같이 말한다.

"하이에크의 이론은 문명세계의 절반이 전체주의 깃발 아래 놓였던 20세기 중반, 공포감에 사로잡혔던 유럽과 미국 자유주의자들의 정서를 보여준다. 그들은 국가가 특정한 가치 또는 공동선을 내세워 자의적 개입을 하는 그 순간, 사회는 미끄러운 비탈에 발을 들여놓게 된다고 우려했다. 일단 그 비탈에 들어서면 바닥까지 미끄러지는 것을 피할 수 없다. 비탈 아래에는 전체주의가 있다. 그 어떤 아름다운 가치를 내세울지라도 결과는 같다. 하이에크는 인간보다 시장을 신뢰했다."[41]

로버트 프랭크Robert H. Frank는 "(미끄러운 경사면)이라는 논변은, 비록 행동을 규제하는 조치의 혜택이 비용을 능가할 수는 있으나 좋지 않은 선례가 확립되기 때문에 규제는 여전히 나쁘다고 한다. 일단

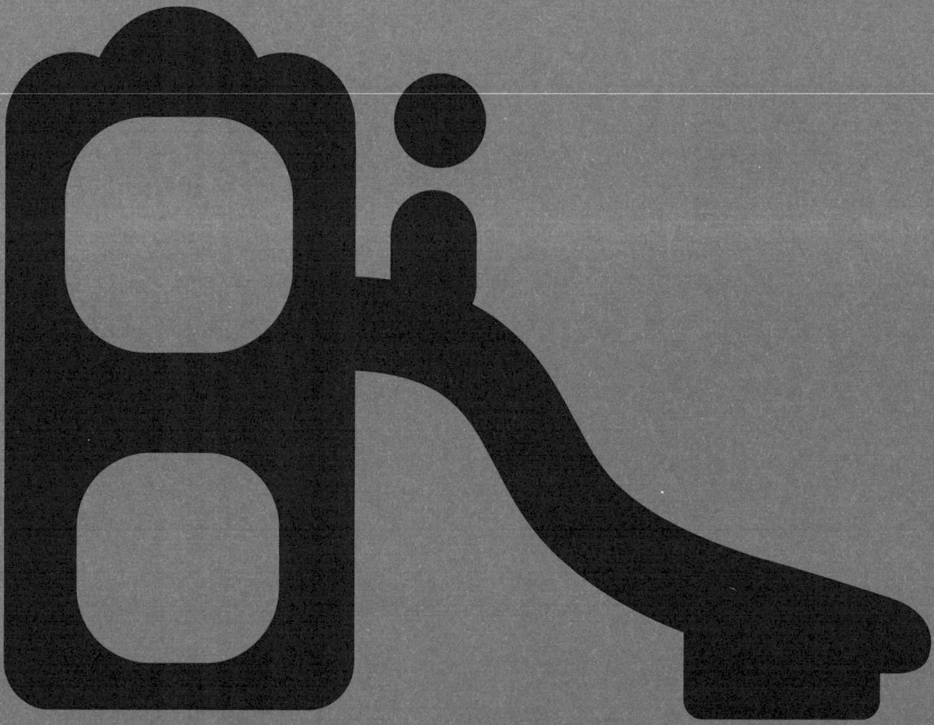

우리가 사람들의 행동을 사소한 경우에 제한하게 되면, 사람들은 그런 제한에 익숙해지게 될 것이고, 그것은 개인의 자유를 더욱더 침해하는 다음 단계의 준비가 되는 토대를 쌓는 것이 된다고 한다"며 다음과 같이 말한다.

"규제는 실제로 미끄러운 경사길일 수도 있지만, 거듭해서 일부 구간은 꼭 내려가야만 하는 경사길인 경우가 많다. 그리고 많은 사례에서, 경사길의 일부 구간을 내려가는 것이 꼭 경사길 바닥까지 죽 내려가는 결과를 낳지는 않는 것 같다. 예를 들어 비록 우리 대부분이 혼잡한 극장에서 불이 나지도 않았는데 '불이야!'라고 외치는 것을 금지하는 법의 필요성은 인정하겠지만, 여전히 계속해서 표현의 자유를 억제하는 그 이상의 시도에 대해서는 저항한다."[42]

뇌과학자이자 신경과학자인 마이클 가자니가Michael S. Gazzaniga는 자신이 가장 하고 싶은 일은 신경윤리학 논의에서 과학에 대한 두려움에서 비롯된 '미끄러운 경사면의 오류'를 제거하는 것이라고 말한다. 그는 "인간침팬지Humanzee 같은 것, 즉 과학자가 현대의 유전자 조작술을 사용해서 인간과 침팬지를 조합할 것이라는 공포"를 거론하면서 다음과 같이 말한다.

"생물학과 신경학의 어떤 점이 그렇게 두려운가? 변화가 두려운가? 화장실이 만들어지는 것은 고작 300년 전이다. 변화는 좋은 것일 수 있다. 그렇다면, 알려지지 않은 그 무언가가 두려운가? 우리는 화성인을 상상할 수 있지만 그렇다고 해서 화성에 착륙하면 안 된다고 윤리학자들이 주장하지는 않는다. 새로운 과학기술이 나쁘게 사용될 것이 두려운가? 우리는 핵폭탄이 어떤 일을 하는지 알면서도 계속해서 만든다. 실험실에서 사용되는 긍정적인 측면들은 아주 적은 수의 부정적인 사용 가능성들보다 더 중요하다."[43]

미국에서 버락 오바마 대통령이 보험제도 개혁을 추진하면서 조력 안락사의 가능성을 고려할 수 있게 하는 문제에 대한 논쟁이 벌어지자, 공화당 측에서는 의료보험 제도를 개혁하면 사망선고위원회가 설치될 것이고, 그렇게 되면 할머니가 기침만 해도 안락사 판정을 받을 수 있다는 식의 주장을 폈다. 그러나 이미 안락사를 합법으로 인정하는 워싱턴주와 오리건주에서 그런 일은 일어나지 않았다. 오리건주에서 1998년부터 2002년까지 의사 조력 자살을 선택한 사람은 129명에 그쳤다.[44]

무언가 새로운 시도를 하려는 사람들은 늘 '미끄러운 경사면의 오류'에 부딪히기 마련이다. 물론 새로운 시도에 대한 두려움은 오류가 아니라 정당한 경계심일 수도 있지만 말이다. 공동체주의를 옹호하는 미국 철학자 마이클 샌델Michael Sandel은 "(공동체의) 결속이 국가 통제주의로 흐르는 '미끄러운 비탈길'이라는 주장은 지나친 과장이다"고 반박하지만,[45] 반대쪽 사람들은 그렇게 생각하지 않는 걸 어이하랴.

리처드 탈러Richard H. Thaler와 캐스 선스타인Cass R. Sunstein이 『넛지: 똑똑한 선택을 이끄는 힘』(2008)에서 제시한 '넛지nudge' 또는 '자유주의적 개입주의libertarian paternalism' 역시 적잖은 반대자들을 갖고 있다. 넛지는 '타인의 선택을 유도하는 부드러운 개입'인데, 이런 개입이 미끄러운 경사면을 타고 종국엔 극단적 개입과 간섭으로 이어질 수 있다고 비판하는 사람이 많다.[46] 이와 관련, 탈러와 선스타인은 다음과 같이 말한다.

"일부 사람들은 자유주의적 개입주의를 포용하는 이들이 놀랍도록 미끄러운 비탈길을 미끄러져 내려가기 시작했다고 우려한다. 다소 매력적인 주장이다. 회의론자들은 저축이나 구내식당 음식 배열 혹은 환경보호와 관련하여 온건한 개입주의를 받아들일 경우, 분명히 극도로 개입주의적인 간섭이 뒤따를 거라고 우려할지도 모른다. 또, 에너지 보존을 장려하는 정보 캠페인을 허용할 경우, 정부의 선전 장치가 교육에서 노골적인 조작으로, 그리고 다시 강제와 금지로 신속하게 바뀔 거라고 반대하는 사람들도 있을 것이다."

탈러와 선스타인은 이런 우려와 반대에 대해 다음과 같은 3가지 답을 제시한다.

첫째, 미끄러운 비탈길 주장은 우리의 제안이 그 자체로 이로운 것인지의 문제를 논외로 친다. 이러한 문제는 분명히 논의할 가치가 충분한데도 말이다. 우리의 제안이 사람들의 저축을 늘리는 데, 식생활을 개선하는 데, 더 현명한 투자를 꾀하는 데, 더 나은 보험 플랜과 신용카드를 선택하는 데 도움을 준다면(사람들이 원할 경우에 한해서 말이다) 당연히 좋은 일이 아니겠는가?

둘째, 미끄러운 비탈길 주장은 제안된 행동 방침과 혐오스럽거나 용인될 수 없는 행동 방식 혹은 끔찍한 행동 방식을 구분할 수 없을 때 가장 큰 설득력을 갖는다. 자유주의적 개입주의자들은 선택의 자유를 보호하기 때문에 우리는 우리만의 접근법이 가장 이론의 여지가 많은 유형의 정부 개입과는 대조된다고 자신 있게 말할 수 있다.

셋째, 특정 유형의 넛지는 단순히 정부의 개입을 막는 것 자체가 무의미할 정도로 불가피하다. 건축 설계 없이는 어떤 건물도 건축될 수 없듯이 정황 혹은 맥락이 없이는 어떠한 선택도 이뤄질 수 없다. 민간 부문에서든 공공 부문에서든 선택 설계자들은 반드시 '무언가'를 해야 한다.[47]

보수주의자들만 '미끄럼틀'을 두려워하는 건 아니다. 진보주의자들도 마찬가지다. 그런데 보수주의자건 진보주의자건 이들이 늘 정말 두렵기 때문에 '미끄러운 경사면'을 외쳐대는 것 같진 않다. 오히려 많은 사람이 그런 사고 경향을 갖고 있기 때문에 그걸 이용하려는 선전선동의 목적으로 그러는 경우도 많다.

미끄러운 경사면의 오류

30

왜 "IT기업이
'신'이 된 세상"이라고 하는가?

▾
▴

알고리즘 독재

"우리는 '인간'의 정의 자체가 바뀌고 있는 격변기를 살고 있습니다. 모두가 데이터베이스화한 인간입니다.……걸어다니는 ATM 기계나 마찬가지입니다. 매번 어떤 선택을 할지 뻔하기 때문입니다."[48] 미디어 학자 임태훈은 『검색되지 않을 자유: 빅데이터에 포박된 인간과 사회를 넘어서』(2014)에서 그렇게 선언한다. 2018년 초 『경향신문』은 빅데이터, 알고리즘, 민주주의의 관계를 다룬 특집 기사에서 "인간은 데이터, IT기업이 '신'이 된 세상"이라고 했다.[49]

IT기업이 '신'이 된 세상이라고? 물론 IT기업은 그렇지 않다고 펄쩍 뛴다. 한국 IT기업의 거물인 네이버와 카카오는 사용자들이 두 회사의 서비스에 문제 제기를 하면 녹음기 틀듯 "검색 알고리즘이 그런 걸 어쩌라고"라는 식의 대답을 내놓는다.[50] 물론 미국 IT기업 선배들이 내놓는 답의 판박이다. 도대체 알고리즘이 뭐길래? 누가 IT기업들에 특정 알고리즘을 쓰라고 강요라도 했단 말인가? 그걸 누가 만들었는데, 알고리즘에 모든 책임을 미루는 걸까?

도대체 알고리즘이란 무엇인가? 알고리즘algorithm은 문제 해결을 위한 공식, 단계적 절차, 또는 컴퓨터 프로그램을 가리키는 말이다. 바그다드에서 살면서 학생들을 가르쳤던 무함마드 이븐 무사 알콰리즈미Muh.ammad ibn Mūsā al-Khwārizmī, 780~850라는 아랍 수학자의 이름에서 유래한 말이다. 중세 유럽인들은 모두 아랍에서 들여온 알콰리즈미의 책을 교과서로 삼아 실용 수학을 공부했기 때문에 아예 이 지식 자체를 저자의 이름을 따 알고리즘이라고 불렀는데, 여기엔 수number를 의미하는 그리스어 arithmos도 영향을 미쳤다.

알콰리즈미는 수학을 실용적 상황에 적용해 문제를 풀어내는 방법을 책으로 쓰고 가르쳤다. 당시 사업을 하려면 저울 양쪽을 똑같이 맞춰 무게를 잴 필요가 있었는데, '방정식'이라는 것을 이용해 쉽게 거래 가격을 알아낼 수 있다는 내용도 그의 책에 들어 있었다. 이 책을 당시에는 '저울Al-Jabr'이라고 불렀는데, 오늘날 영어에선 방정식을 푸는 학문이라는 의미로 algebra, 즉 수학이라고 한다. 컴퓨터 프로그래밍 언어의 일종인 ALGOL은 algorithmic language를 줄인 말이다.[51]

네이버나 카카오 등 검색엔진이 제공하는 '연관 검색어 기능'은 이용자들이 입력한 검색어를 바탕으로 확률이 높은 다른 검색어를 추천하는 알고리즘 서비스의 하나이며, 구글의 검색 결과, 페이스북의 게시글과 친구 추천 기능, 트위터의 트렌드 서비스 등은 모두 각각 고유한 알고리즘의 결과물이다. 이와 관련, 황용석은 "이미 우리는 거대한 알고리즘의 체계 속에 살고 있으며 현대사회는 알고리즘에 의해 조합되는 사회라 부를 수 있다"고 말한다.[52]

유발 하라리Yuval Noah Harari는 『호모데우스: 미래의 역사』(2015)에서 구글이나 페이스북 같은 IT 기업들의 알고리즘이 가공할 프라이버시 침해를 하고 있는 걸 우려하면서 영국 록밴드 폴리스Police의 노래 〈당신의 모든 숨결마다〉를 걸고넘어진다. "당신이 쉬는 모든 숨결, 당신이 하는 모든 움직임, 당신이 깨뜨리는 모든 관계를 주시하는 시스템을 상상해보라. 당신의 은행 계좌, 심장박동, 혈당 수치, 섹스 행각을 감시하는 시스템을. 그런 시스템은 당신 자신보다 당신을 훨씬 더 잘 알 것이다."[53]

이어 하라리는 그런 가공할 프라이버시 침해는 그간 인간이 소중하게 여겨온 개별성을 위협한다고 경고한다. "인간의 개별성을 지키고자 하는 사람들은 항상 집단의 횡포를 경계하지만, 정반대 방향에서 인간 개별성에 대한 위험이 오고 있음을 미처 깨닫지 못하고 있다. 개인은 빅브라더에 의해 무너지는 것이 아니라 내부에서 조용히 붕괴할 것이다."[54]

그런 '붕괴'의 가능성을 경고하는 내부 고발도 나오고 있다. 2016년 5월, 구글 제품 매니저로 일하다가 뜻한 바 있어 알고리즘의 위험을 알리는 사회운동을 시작한 트리스탄 해리스Tristan Harris는 사용자의 중독성을 높이기 위한 IT 기업들의 상술을 낱낱이 폭로했다. 그는 "인간이 본능을 통제하는 능력보다는, 기술이 인간의 본능을 착취하는 힘이 더 강하다"며 "구글은 검색 기능을 통해 이용자의 아이디어를 훔칠 것이고, 페이스북과 스냅챗·유튜브·넷플릭스 등은 인간의 시선을 탈취하고 자신들의 서비스에 묶어두기 위해 더욱 중독적인 알고리즘을 개발해낼 것"이라고 경고했다.

물론 반론도 있다. 페이스북과 구글의 투자자인 로저 맥너미Roger McNamee는 "페이스북과 구글을 운영하는 사람은 결코 악인이 아니며, 오히려 선의를 갖고 기업을 운영하는 사람들"이라고 말했다. 그러나 해리스는 "그들의 선의가 의도하지 않은 결과를 초래하고 있다. 지금과 같은 수익 모델을 포기하지 않으면 피해는 더욱 커질 것"이라고 반박했다.[55]

버나드대학의 수학 교수로 있다가 금융업계의 알고리즘 개발자로 일했던 미국 수학자이자 데이터 과학자인 캐시 오닐Cathy O'Neil은 2016년에 출간한 『대량살상 수학무기: 어떻게 빅데이터는 불평등을 확산하고 민주주의를 위협하는가』(2016)에서 알고리즘이 '대량살상무기WMD: Weapons of Mass Destruction'만큼 위험하다며, '대량살상 수학무기WMD: Weapons of Math Destruction'라는 이름을 붙였다. 오닐은 '대량살상 수학무기'는 폭탄을 장착한 진짜 무기는 아니지만, "오히려 물질적인 실체가 보이지 않기에 그 위험을 체감하기 어렵다"며 다음과 같이 경고한다.

"확장성과 효율성이란 특성 때문에 WMD의 영향력은 날이 갈수록 확대되고 있으며 그만큼 피해는 확산될 것입니다. 만약 WMD가 관료주의 메커니즘과 결합한다면 이의를 제기하거나 이를 무력화시키기란 사실상 불가능합니다. 전 세계 모든 국가들, 특히 민주주의 국가의 시민들은 역사상 처음으로 마주하는 수학적 알고리즘의 위험한 힘을 이해하고 그 힘을 제어하기 위해 나서야 합니다."[56]

2017년 11월엔 페이스북의 초대 사장 숀 파커Sean Parker가 페이스북을 비롯한 SNS의 인간 파괴적 경향을 강하게 비판하고 나섰다. 그는 "이용자는 SNS에 사진이나 포스트를 올리고 '좋아요'가 찍히는 것, 댓글이 달리는 것을 확인한다. 이런 행위는 일종의 뇌 신경물질인 '도파민'이 분출되게 만든다"고 말했다. 이용자들은 여기에 중독되어 자신의 시간과 정력을 털어 SNS에 더욱 많은 콘텐츠를 올리고, SNS 사업자는 거기서 수익을 올리게 된다는 것이다. 파커는 "SNS는 인간 심리의 취약성을 착취하는 것"이라고 단언했는데, 이에 대해 『비즈니스인사이더』는 "파커가 자신이 (SNS라는) 괴물을 만들어내는 데 일조했다고 인정한 것"이라고 해석했다.[57]

알고리즘의 상업적 이용이 괴물일지라도, 그건 퇴치하기가 매우 어려운 괴물이다. 오닐은 무엇보다도 알고리즘 수학 모형은 "여러 가지 면에서 신을 닮았다"는 점을 우려한다. "신처럼 불투명해서 이해하기 힘들다. 각 영역의 최고 사제들, 즉 수학자와 컴퓨터 과학자들을 제외하고는 그 누구에게도 내부의 작동 방식을 보여주지 않는다. 그리고 신의 평결처럼, 잘못되거나 유해한 결정을 내릴지라도 반박하거나 수정해달라고 요구할 수 없다."[58]

그래서 알고리즘을 문제 삼을 대중적 운동이 필요하다. 그런 운동의 일환으로 2018년 11월 한국을 방문한 오닐은 "알고리즘이 공정할 것이라는 생각을 버리고, 알고리즘을 민주적으로 통제해야 한다"고 목소리를 높였다. 그는 "우리 사회에 차별이 이미 내재해 있기 때문에 알고리즘에도 차별이 발생할 수밖에 없다. 알고리즘이 언제 제대로 작동하고, 누구에게 손해를 입히는지, 실패하는지를 기준점으로 삼아 알고리즘 사용에 대한 프레임워크를 짜야 한다"고 말했다.[59]

하라리는 더 나아가 알고리즘이 독립적으로 진화하는 걸 우려한다. 그는 "구글의 검색엔진처럼 진정으로 중요한 알고리즘은 거대한 팀이 개발한다. 각 구성원들은 퍼즐의 한 부분만 이해할 뿐이고, 알고리즘 전체를 진정으로 이해하는 사람은 아무도 없다"며 다음과 같이 말한다.

"게다가 기계학습과 인공신경망이 부상하면서 점점 더 많은 알고리즘들이 독립적으로 진화해 스스로 성능을 높이고 실수하면서 배운다. 이런 알고리즘들은 어떤 인간도 망라하지 못하는 천문학적 양의 데이터를 분석하고, 패턴 인식 방법을 배우고, 인간의 마음은 생각해낼 수 없는 전략들을 채용한다. '종자' 알고리즘을 개발하는 것은 인간이지만, 이 알고리즘은 성장하면서 자기만의 길을 따라 인간이 한 번도 가본 적 없는 곳으로, 그리고 어떤 인간도 갈 수 없는 곳으로 간다."[60]

그러고 보니 요즘 유행하는 '알고리즘 독재the tyranny of algorithm'라는 말에도 인간 주체는 없다.[61] 기업도 인격을 부여받는 세상에서 독립적으로 진화하는 알고리즘이 인격을 누리지 못할 이유가 무엇이겠는가. 주체의 책임 문제가 어떠하건, '알고리즘 독재'는 종자 알고리즘 생산자가 IT기업에만 국한된 게 아닌데다 알고리즘이 전 분야에 걸쳐 우리 모두의 일상적 삶에 깊숙이 침투하고 있는지라, 알고리즘에 대한 경각심을 널리 알리기 위한 목적으로 쓰는 말로 이해하면 되겠다.

IT기업이 '신'이 된 세상이라고 하지만, 그 신은 믿을 만한 신이 못 된다. 돈을 탐내는 신인데다 자신의 창조물에 대한 통제력을 완벽하게 행사하지 못하는 무책임하고 어리석은 신이다. 이런 날이 올 걸 예상했던지 10년 전인 2008년 금융시장이 붕괴한 이후에 금융공학자인 이매뉴얼 더만Emanuel Derman과 폴 윌모트Paul Wilmott는 알고리즘 모형 개발자를 위한 히포크라테스 선서를 작성했다. 5개 조항 가운데 가장 눈에 띄는 건 마지막 제5조다. "나는 내 일이 사회와 경제에 지대한 영향을 끼칠 수 있음을, 그런 영향을 상당 부분이 나의 이해 수준을 능가하는 것임을 명심하겠습니다."[62]

물론 우리는 이미 알고 있다. 모든 의학도가 의사가 될 때에 "나의 생애를 인류 봉사에 바칠 것을 엄숙히 서약하노라"고 다짐하지만, 그들이 인류 봉사를 위해 그 치열한 경쟁과 험난한 수련 과정을 거치진 않았을 것이라는 점을 그들도 알고 우리도 안다. 알고리즘 개발자들 역시 그 어떤 선서를 한다 한들 돈의 유혹과 압박을 헤쳐 나가긴 어려울 것이다. 인류 역사상 모든 독재가 어떤 식으로 타파되었는지를 보면 답은 이미 나와 있는 셈이다. 알고리즘 독재에 저항하는 민주 투사들에게 전폭적인 지지를 보내는 수밖엔 없는데, 오늘의 말마따나 독재의 물질적인 실체가 보이지 않기에 그 위험을 체감하기 어렵다는 게 가장 큰 문제라 하겠다.

제7장

사회적 소통

31

왜 명절은 '끔찍한 고문'의
잔치판이 되는가?

▼
▲

마이크로어그레션

"돌아보면 어릴 때의 추석이 제일 좋았다. 항상 용돈에 인색했던 부모님들과 달리 주머니에 고액권을 찔러주시는 집안 어른들이 오시길 얼마나 손꼽아 기다렸던가. 또한 군침만 흘리던 장난감을 선뜻 손에 넣는 재미는 그 얼마나 쏠쏠했던지. 그런 명절이 머리가 굵어지면서 슬슬 싫어지기 시작했다. 특히 수능을 앞둔 때와 청년 백수 시절은 끔찍한 고문이었다. 집안 어르신들은 '누구는 반에서 1등 했다더라'거나 '친구네 자식은 공기업에 취업했대'라는 말씀으로 가슴을 후벼 팠다. 그나마 지금은 그런 잔소리를 속으로 되묻는 요령이 생겼다. '제 친구네 부모님은 벌써 집을 마련해 줬다던데, 노후 준비는 잘 하셨나요? 물론 혼잣말로 삭일뿐이다."[1]

『중앙일보』 기자 손광균이 「그리운 추석 고문의 추억」이라는 칼럼에서 털어놓은 이야기다. 이젠 누구나 다 아는 상식이 되었지만, 명절은 젊은이들에겐 그런 '끔찍한 고문'의 잔치판이 되기도 한다. 2015년 한 취업 포털사이트가 1,546명을 대상으로 조사한 결과에선 '설 연휴를 앞두고 가장 걱정되는 것'으로 '잔소리 등 정신적 스트레스'(26.7퍼센트)를 꼽은 사람이 가장 많았다. "너 뭐 먹고살래?" "올해 네가 몇 살이지?" "결혼은 할 수 있겠니?" 등이 가장 듣기 싫은 잔소리로 꼽혔다. 응답자의 37.8퍼센트는 이런 스트레스 때문에 아예 고향에 가지 않을 계획이라고 했다.[2]

이런 고문은 취업 후에도 계속된다. 직장인들이 '명절에 하는 거짓말 1위'는 '연봉'이다.[3] 은퇴를 하고 나면 또 다른 고문이 기다리고 있다. 심모 씨는 "요즘 뭐 하고 지내느냐"는 친척들의 말이 듣기 싫어 명절이 반갑지만은 않으며, 특히 처남이 "매형은 요새 뭐 하시느냐"고 묻는 것이 큰 스트레스라고 했다.[4]

이렇듯 생각한답시고 묻는 말이 듣는 이들에겐 스트레스와 상처를 준다. 이는 한국형 '마이크로어그레션microaggression'이라고 할 수 있겠다. microaggression은 미국 하버드대학 교수이자 정신과 의사인 체스터 피어스Chester M. Pierce, 1927~2016가 만든 말로, 원래 흑인에 대한 언어적 차별과 모욕을 묘사하기 위해 만든 것이다. 1973년 MIT 경제학 교수 메리 로Mary P. Rowe는 이 개념의 적용 대상으로 여성을 포함시켰으며, 이후 장애인이나 빈곤층 등 사회적 약자 전반으로 그 적용 범위가 넓어졌다. microaggression은 2017년 미국을 대표하는 영어 사전 『메리엄웹스터』에 신조어로 등재되었다.[5]

『일상생활의 마이크로어그레션Microaggressions in Everyday Life: Race, Gender, and Sexual Orientation』(2010)의 저자인 데럴드 윙 수Derald Wing Sue는 의도했든 의도하지 않았든 언어적 혹은 비언어적으로 무시 혹은 모멸감을 주어 상대방이 소외감을 느낄 때 마이크로어그레션이라는 용어를 쓸 수 있다고 정의했다.[6]

케빈 나달Kevin L. Nadal은 마이크로어그레션을 microassault(미묘한 공격: 명백하고 가시적인 구식의 차별적 말이나 행동), microinsult(미묘한 모욕: 소수자에 대한 무례함이나 비하 등이 내포된 말이나 행동), microinvalidation(미묘한 무효화: 소수자의 감정, 생각 혹은 경험을 인정하지 않거나 소수자를 배제시키는 말이나 행동)이라는 3가지 유형으로 구분했다. 이와 관련, 김은하 등은 다음과 같이 말한다.

"세 유형 중, 미묘한 모욕은 차별을 행하는 행위자나 당하는 피해자 모두 명확하게 의식하지 못한 채 발생하는 간접적이고 교묘한 차별로, 많은 사람들이 관습적이거나 정상적인 것으로 지각하기 때문에 눈에 띄지 않거나 문제점으로 인식되지 않는 경우가 많다. 하지만 관련 연구에 따르면, 미묘한 모욕을 경험한 여성은 자존감, 불안, 우울 등에 취약한 것으로 나타났고, 미묘한 모욕이 명백하고 노골적인 차별보다 오히려 더 부정적인 결과를 초래하는 것으로 확인되었다."[7]

미국에선 최근엔 이 개념이 인종차별 중에서도 아시안 차별에 많이 적용되고 있다. 아시안 차별은 흑인이나 히스패닉 차별에 비해 훨씬 미묘하게 이루어지고 있기 때문이다. '아시안은 영원한 이방인'이라는 인식이나 '아시안은 성공했다'라는 고정관념이 바로 그런 차별의 온상이 된다.

미국 조지타운대학 한인 학생 강하나는 "노골적인 인종차별보다는 겉으로 명확히 드러나지 않는 미묘한 차별을 겪었다"며 "예를 들어 (미국 내 출신 지역이 아닌 아시안 국가 중 출생지를 묻는) '어디 출신이야?'라는 질문이나 남한 또는 북한 출신인지를 묻는데 이처럼 백인 학생들은 아시안 학생을 대할 때 '아시안'이란 이름표를 떼지 않고 행동한다"고 밝혔다. 이러한 미묘한 차별로 인해 아시안 학생들은 인종차별 시위 동참에도 어려움을 겪는 것으로 나타났다. 강하나는 "시위에 참여한 흑인 학생들이 '아시안은 성공한 소수계 모델로 사회적 약자가 아니기 때문에 이번 인종차별 시위에 동참할 권리가 없지 않느냐'라고 되물었다"고 소개하고 시위에 동참할지에 대해서조차 갈등을 겪었다고 밝혔다.[8]

동성애자도 마이크로어그레션의 주요 대상자가 되기도 한다. 데럴드 윙 수는 동성애에 대한 마이크로어그레션을 ① 동성애 성향의 사람과 성 또는 성적인 행위를 지나치게 관련시키는 일, ② 동성애나 동성애자에 대한 혐오나 두려움, ③ 동성애 차별적인 언어나 용어 사용, ④ 동성애를 죄악시 하는 것, ⑤ 동성애를 비정상으로 보는 것, ⑥ 동성애 차별적일 가능성에 대한 부인, ⑦ 이성애 중심적 문화나 행동을 일삼는 것 등 7개의 범주로 분류했다.[9]

영국의 많은 학교는 마이크로어그레션을 교칙으로 금지해 학생들이 가볍게라도 "그거 진짜 게이스럽다!"와 같은 말을 하지 않도록 지도하고 있지만, 여전히 학생들, 특히 남학생들 사이에서 트랜스젠더 학생은 혐오와 조롱의 대상이 되고 있다. 알리 조지Allie George는

2017년 『가디언』에 기고한 「트랜스젠더 학생을 대하는 교사를 위한 가이드」라는 글에서 다음과 같은 해법을 제시했다.

"교사의 감시가 없는 화장실은 집단 괴롭힘이 일어나기 쉬운 장소입니다. 트랜스젠더 학생이 쉬는 시간 시작과 함께 조금 먼저 교실을 나갈 수 있도록 해주면, 안전하게 화장실을 사용하는 데 도움이 됩니다. 수업 시간에도 트랜스젠더 학생은 물론 모든 학생들에게 롤 모델이 될 만한 IT, 문화예술계의 트랜스젠더 유명 인사들을 소개해주는 것도 좋은 방법입니다. 도서관에도 성소수자 인권 관련 도서를 배치하면 좋겠죠. 우리 교실은 성적 소수자에게 열려 있는 공간임을 보여주는 포스터를 관련 단체에서 지원받아 붙이거나, 학생들 스스로 만들어보도록 하는 것도 좋은 방법입니다."[10]

마이크로어그레션은 우리말로 '미세 공격'으로 번역해 쓰기도 하지만, 워낙 널리 쓰이다 보니 그냥 외래어로 쓰는 것도 익숙해졌다. 마이크로어그레션이라는 용어의 취지를 생각하자면, 명절 때 스트레스나 상처를 주는 말을 마이크로어그레션에 포함시켜도 무방할 것 같다. 아니 꼭 포함시켜야 한다. 그런 말을 하는 사람에게 '마이크로'하긴 하지만 '어그레션'을 하고 있다는 자각을 갖게 해야 조심하는 자세를 가질 수 있다고 보기 때문이다.

김환영은 "'미세 공격'의 특징은 미묘함 · 모호함 · 비의도성非意圖性이다. 차별적 발언인 것 같기도 하고 아닌 것 같기도 하다. '미세 공격'에는 무심코 내뱉은 말이나 혼잣말도 포함될 수 있다. 말을 한 사람이나 들은 사람이나 예민하지 않은 사람들은 포착하지도 못할 말들이다.……우리 사회 상황에서도 적용될 수 있을까. 예컨대 영문과를 졸업한 사원에게 '영어로 e메일 쓸 줄 몰라?'라고 한다면, 전라도 요리사에게 '음식 맛이 그저 그러네'라고 한다면 '미세 공격' 사례에 포함될까"라면서 다음과 같이 말한다.

"'반말'도 한국식 '미세 공격 이론'의 쟁점으로 떠오를 수 있다. 이런 상상을 해본다. 24세기 우리 후손들은 '반말'이 뭔지 몹시 궁금해할지 모른다. 나이 든 분들 중에는 자신보다 어려 보이면 말부터 놓는 분들이 있다. 우리는 사실 전혀 모르는 사람도 할머니·이모·아저씨라고 부른다. 당연히 나이가 어린 사람들에게 하대下待하는 언어생활을 수백, 수천 년 넘게 했다. 그러다 어느 날 갑자기 '왜 처음 보는 사람에게 반말하시는 거죠'라는 말을 듣게 된다. 초등학생에게도 반말하면 절대 안 되는 시대가 곧 개막할 수 있다."[11]

여성인권단체 '한국여성의전화'는 페미니즘의 관점에서 마이크로어그레션을 '먼지 차별'로 번역해 사용한다. 하나하나는 너무 작아 티가 나지 않아 쌓이고 나서야 보이는 미세먼지 같은 차별이라는 의미에서다. 일상에서 여성에 대해 흔히 저질러지는 '먼지 차별'은 다음과 같은 발언들이다. "여자는 능력 없으면 그냥 취집(취업+시집)가." "넌 살만 빼면 남자들한테 인기 많을 거야." "직업이 교사면 나중에 시집 잘 가겠네." "안 그렇게 생겼는데 담배를 피워?" "얼굴 예쁘면 3개월, 요리 잘하면 평생 사랑받아."[12]

한국여성의전화는 누리집에 먼지 차별로 볼 수 있는 언행 등을 점검하는 꼭지를 개설해두고 있다. 이 단체 인권팀장 조재연은 "먼지 차별이 전제하는 편견들이 차별과 폭력으로 이어지는 출발점이라는 측면에서 어떤 언행이 먼지 차별인지 인식하는 일이 중요하다"고 말했다. 서울대학교 여성연구소 객원연구원 이진희는 "무심코 하는 작은 차별적 발언들을 당연시하게 되면 젠더 폭력 등은 사라질 수 없다"며 "다양성 교육을 통해 성인지·인권 감수성을 높여야 한다"고 말했다.[13]

그렇다. 핵심은 바로 감수성의 문제다. 앞서 지적되었듯이, 마이크로어그레션 가운데 가장 흔한 유형인 '미묘한 모욕'은 많은 사람이 관습적이거나 정상적인 것으로 지각하며, 그래서 눈에 띄지 않거나 문제점으로 인식되지 않는 경우가 많기 때문이다. 명절이 어떤 사람들에게 '끔찍한 고문'의 잔치판이 되기도 하는 것은 바로 그런 이유 때문이다.

마이크로어그레션에 대한 경각심을 높이기 위해 '명절 고문'을 비교 설명의 사례로 활용하는 건 어떨까? 마이크로어그레션이 싫어서 명절에 고향을 가지 않는 남자들 중엔 페미니즘을 혐오하는 사람이 적잖을 게다. 왜 이들은 동병상련同病相憐이나 역지사지易地思之에 등을 돌리는 걸까? 따지고 보면, 비슷하거나 거의 같은 문제로 스트레스를 받거나 상처를 받는데도 말이다. 아무런 생각 없이 같은 문제로 피해자이면서 가해자가 되는 모순을 해결하기 위해서라도 '명절 고문'을 마이크로어그레션에 포함시켜야 할 이유는 충분하다고 볼 수 있겠다.

32

왜 전문가들의 예측은
원숭이의 '다트 던지기'와 다를 게 없는가?

고슴도치와 여우

"여우는 아는 게 많지만, 고슴도치는 딱 한 가지 큰일에만 집중한다." 기원전 7세기 그리스 시인 아르킬로코스Archilochos, B.C.680~B.C.645의 말이다. 여우가 고슴도치를 공격하기 위해 온갖 꾀를 내지만, 고슴도치는 오직 하나, 즉 몸을 말아 가시가 사방으로 돋아나 있는 작은 공으로 변신하는 것만으로 여우의 공격을 물리친다는 이야기다.

1953년 영국 철학자 이사야 벌린Isaiah Berlin, 1909~1997은 이 표현을 용케 찾아내 아르킬로코스의 뜻을 학문 세계에 적용한 「고슴도치와 여우」라는 글을 썼다. 벌린에 따르면, 고슴도치는 세상을 단 하나의 빛, 최상위에 있는 개념으로 해석하려 하는 반면, 여우는 이론 따위에 집착하기보다 될 수 있는 한 많은 경험을 하고 이것저것 자료를 찾아보는 것을 더 좋아한다. 벌린은 플라톤·단테·도스토옙스키·니체를 고슴도치, 아리스토텔레스·셰익스피어·괴테·조이스를 여우에 속하는 인물로 분류했다.[14]

미국 프린스턴대학 사회학자 마빈 브레슬러Marvin Bressler는 고슴도치의 능력에 대해 이렇게 말한다. "매우 큰 영향을 끼친 사람들을 그저 똑똑하기만 한 다른 모든 사람들과 구별 지어 주는 게 뭔지 알고 싶지요? 그들은 고슴도치들입니다. 매우 커다란 발자취를 남기는 사람들은 수천의 사람들이 그들을 향해 '훌륭한 생각이지만 시대를 너무 앞서갔다!'고 말하는 소리를 듣습니다."

미국 경영 전문가 짐 콜린스Jim Collins는 미국에서만 400만 부가 팔린 베스트셀러 『좋은 기업을 넘어 위대한 기업으로Good to Great』(2001)에서 벌린과 브레슬러의 말을 소개한 뒤 '고슴도치 콘셉트Hedgehog Concept'라는 경영 전략을 제시한다. 단순하고 일관되게 열정을 갖고 묵묵히 한 길을 가는 전략이란다.[15]

뭐 그렇게 가슴에 팍 와닿는 이야기는 아니지만, 우리의 "한 우물 파기"의 미덕을 좀더 그럴듯하게 말한 게 아닌가 싶다. 하지만 콜린스의 고슴도치 콘셉트는 "전문화가 엄청난 성공을 낳을 수도 있지만 엄청난 실패로 이어질 수도 있는 위험한 전략"이며, 그럴듯한 스토리텔링으로 세상을 현혹하는 것이라는 등의 비판을 받기도 했다.[16]

벌린이 유명 인물들을 고슴도치와 여우로 분류한 것이 재미있다고 생각한 탓인지, 콜린스는 고슴도치의 목록에 프로이트·다윈·마르크스·아인슈타인·애덤 스미스를 추가했다. 그러나 이 또한 필 로젠츠바이크Phil Rosenzweig의 다음과 같은 반론에 부딪혔다.

"찰스 다윈은 전통적인 기독교인으로 양육되었지만, 수십 년 동안 관찰과 사색을 통해 자연선택에 관한 혁명적 아이디어를 찾아냈다. 그것은 전통적 교리에 도전하는 것으로서 고슴도치의 행동 방식이 아니다. 마르크스가 고슴도치라는 주장도 분명하지 않다. 그의 유명한 경구, 즉 '모든 것을 의심해야 한다'는 명백히 여우의 속성을 반영한다. 대다수의 마르크스주의자들은 고슴도치일지 모르지만, 그것은 완전히 다른 문제다."[17]

어떤 인물을 고슴도치나 여우로 분류하는 게 그리 쉽진 않은 것 같다. 그런 점에서 보자면 미국의 법학자이자 철학자인 로널드 드워킨Ronald M. Dworkin, 1931~2013이 '정의론'을 다룬 자신의 책 제목을 『고슴도치들을 위한 정의론Justice for Hedgehogs』이라고 붙인 게 적절한지도 시비의 소지를 안고 있다고 볼 수 있겠다. 그가 '고슴도치'를 끌어들인 건 벌린에 대한 존경심과 더불어 이런 이유에서였다.

"영국과 미국의 학계 및 출판계에서 여우가 철학의 보금자리를 지배하고 있는 상황에서 내가 전반적으로 다룰 이 테제는 별로 인기를 끌지 못할 수도 있다.(여우의 무기는 대부분 실체적 도덕적 다원주의, 즉 건전한 도덕적 원리들과 이상들은 불가피하게 서로 충돌한다는 테제에 의지하고 있다.) 고슴도치는 지나치게 순진하거나 허풍선이, 때로는 위험스러운 존재로 비치고 있다. 나는 널리 퍼진 이와 같은 인식의 뿌리와 그 의혹을 해명해주는 전제들을 파악하려고 노력할 것이다."[18]

드워킨은 여우들의 주장과는 반대로 건전한 도덕적 원리들과 이상들은 불가피하게 서로 충돌하는 게 아니라 상호 의존적이라는 걸 주장하기 위해 고슴도치를 끌어들인 셈인데, 그게 이유의 전부인 것 같지는 않다. "인생의 결과는 우리가 처한 환경이 아니라 우리의 선택에 좌우되어야 한다"고 부르짖으며 평생 이 문제를 놓고 씨름한 평등주의자였던 드워킨은 자신을 포함하여 평등을 위해 우직하고 집요하게 노력하는 사람들을 위해 고슴도치를 긍정한 게 아닌가 싶다.[19]

이렇듯 고슴도치의 인기는 높다. 그러다 보니 다양한 '고슴도치론'이 제기되면서 고슴도치는 긍정되기도 하고 부정되기도 한다. 전망과 예측에 관한 한 여우가 고슴도치를 이긴다고 주장하는 미국 사회학자 필립 테틀록Philip E. Tetlock은 고슴도치를 부정적으로 본다. 그는 2005년 경제 위기나 국내외 정치 위기 상황이 닥칠 때마다 내로라하는 전문가들이 자신 있게 내놓은 예측의 적중률이, 사실은 다트를 던지는 원숭이와 별반 다를 게 없다는 분석 결과를 내놓았다.

테틀록은 정보기관에서 기금을 지원받아 미국 전역에서 2,800명의 자원자를 모집해 대규모 예측 토너먼트인 '좋은 판단 프로젝트Good Judgment Project'를 실시했다. 자원자들은 4년여 기간에 세계에서 일어나는 약 500개 이상의 지정학적 사건에 대해 예측했다. 은퇴한 컴퓨터 프로그래머, 사회복지사, 주부 등 그저 보통 사람들로 구성된 이들은 표준 집단 경쟁자들은 물론 예측 시장의 전문가들을 제압했으며, 심지어 기밀 정보를 다루는 국가 정보 분석가들의 집합적 판단 적중률까지 능가했다. 이들이 바로 '슈퍼 예측가들Superforecasters'이라는 것이다.[20]

테틀록은 이런 결론을 내렸다. "많은 전문가가 지나치게 자신감을 갖고 있다는 데 심각한 문제가 있다. 그러나 적절하게 개입하고 적절하게 격려하면, 사람들은 더욱 자기 비판적으로 바뀔 수 있다. 사려 깊고 용의주도한 여우의 모습을 갖출 수 있다."[21] 그는 "좋은 아이디어라도 조직의 확고한 이익과 배치되면 사장되기 마련"이지만, "앞으로는 그런 아이디어를 억누르기가 쉽지 않을 것"이라고 전망했다. "공평한 조건에서 예측력을 경쟁하는 현상이 확산되고 급증할 것입니다. 재미도 있고 유익하니까요."[22]

테틀록과 같이 『슈퍼 예측, 그들은 어떻게 미래를 보았는가』 (2016)라는 책을 쓴 댄 가드너Dan Gardner는 고슴도치의 문제점을 이렇게 지적한다. "고슴도치는 복잡성과 불확실성을 용인하지 못한다. 단순하고 확실한 대답을 원한다. 그리고 자신의 사고 과정을 추동하는 '하나의 큰 생각'을 이용해서 확실한 대답을 이끌어낼 수 있다고 확신한다. 이런 마음가짐을 하고 있기 때문에 고슴도치는 '자기들이 가지고 있는 엄청난 양의 지식은 사람이면 누구나 빠지기 쉬운 심리적인 여러 편견·편향과 아무런 상관이 없다'라고 생각한다."[23]

그런 착각이 전부는 아니다. 일반적인 대중문화와 다를 게 없는 이른바 '지식 시장의 논리'도 적잖이 작용한다. 같은 예측이더라도 크고 대담한 예측을 하는 사람에게 텔레비전 출연 기회를 비롯해 미디어의 관심이 쏠리기 마련이다. 언론은 뉴스거리를 만들어주는, 일단 세계 내지르고 보는 유형의 지식인을 사랑하지 않을 수 없으며, 일부 지식인들은 언론의 이런 속성을 이용한다. 테틀록과 가드너는 빅 아이디어 전문가를 '고슴도치'로, 좀더 절충적인 전문가들을 '여우'로 부르면서, 미디어가 고슴도치를 선호한다는 점에 주목한다.

"빅 아이디어에 고무된 고슴도치는 청중을 사로잡고 매료시킬 만큼 깔끔하고 단순하고 명확한 이야기를 내놓는다.……더구나 고슴도치는 자신감까지 있다. 고슴도치는 한 가지 관점에서 분석하기 때문에 다른 관점이나 다른 사람들이 제기한 의심과 단서를 고려 사항에 넣지 않고 그들이 옳은 이유를 '더욱이', '게다가' 등의 연결사를 써가며 쌓아올린다.……여우는 언론에서 그닥 좋은 대우를 받지 못한다. 여우는 자신감도 없고 무엇이 '확실하다'거나 '불가능하다'라고 말하지 않는다. 그리고 '아마'라는 표현을 즐겨 사용한다. 그들의 말은 복잡할 뿐만 아니라 거기엔 '그러나'와 '한편' 같은 어정쩡한 단어가 많이 섞인다.……그러나 예측에는 좋다. 아니 그것이 필수다."[24]

테틀록은 고슴도치의 단순성과 자신감에 짜증이 난 모양이다. 고슴도치가 인정 욕구의 유혹에 굴복했다고 생각하는 것 같다. 그래서 "사회참여 지식인의 동기가 뭘까요?"라는 질문까지 던진다. "세상에 이름이 나기를 꺼려하는 교수들이 많습니다. 그런데 사회에 참여해서 세상에 이름 내기를 갈망하는 이들도 있지요. 대담하게 사람들 앞에 나서서, 어떤 극적인 변화에 감히 반대 의견을 표명할 수 없을 만큼 확실한 확률을 부여하려는 축 말입니다. 세상은 이런 부류에 관심을 더 많이 보이죠."[25]

게다가 그런 고슴도치 유형의 지식인이 강한 당파성을 갖게 되면 더욱 골치 아픈 일이 벌어진다. 자신의 당파적 신념과 일치하는 정보는 받아들이고 당파적 신념과 일치하지 않는 정보는 무시하는 이른바 '확증 편향confirmation bias'이 작동하면서 사실상 사실들을 조작하는 경지에까지 이르기 때문이다.[26]

'고슴도치와 여우' 비유는 워낙 많이 인용되고 응용되는 바람에 좀 혼란스럽다는 느낌마저 준다. 예컨대, 미국 신문 『뉴욕타임스』의 최고경영자인 마크 톰슨Mark Thomson이 2014년 『뉴욕타임스』를 고슴도치에 비유한 다음 주장은 '글쎄'라는 의문을 불러일으키기에 족하지 않은가?

　"『뉴욕타임스』는 하나만 안다. 진지한 저널리즘. 이것이 『뉴욕타임스』의 지향점이다. 이 고슴도치의 모든 창의성은 단 하나의 거대한 아이디어 중심과 그 부근에서 나온다. 그래서 『뉴욕타임스』의 선택지는 불가피하게 매우 제한적이다. 그래도 이 고슴도치는 단 한 순간도 본인이 누구인지, 무엇을 상징하는지 잊지 않는다. 고객에게도 마찬가지다. 그러나 놀라울 정도로 분화되고 번잡한 디지털 뉴스 세계에서 이런 요소는 중요한 장점이 되기도 한다. 우리는 이런 것들이 『뉴욕타임스』에 승리의 장점이 되길 바라고 있다."²⁷

　그렇게 되길 나도 바라지만, 『뉴욕타임스』를 '고슴도치'에 비유한 건 좀 무리가 아닌가 싶다. 『뉴욕타임스』는 지난 2016년 10월 상품 추천 사이트를 인수하고 '서비스 저널리즘'을 표방한 새로운 서비스를 제공하겠다는 계획을 밝혔다. "디지털 시대를 맞아 요리·건강 등의 온라인 콘텐트를 통해 '라이프 스타일 저널리즘'으로 전환한 데 이어, '서비스 저널리즘'으로 또 다른 승부를 걸게 됐다." 서비스 저널리즘은 독자가 추천을 클릭해 제품 구매를 할 경우 소매사에서 수수료를 받는 방식으로 수익을 올린다. 마크 톰슨이 자평했듯이, "무척 매력적인 사업 모델"인 건 분명하지만,²⁸ 이는 '고슴도치'라기보다는 '여우'에 가깝다고 보는 게 옳지 않을까?

인터넷과 소셜미디어는 고슴도치의 멸종을 부추기는가? 영국 『타임스』칼럼니스트 벤 매킨타이어Ben Macintyre는 '그렇다'며 이렇게 개탄한다. "오늘날 우리는 너나 할 것 없이 여우가 되어버렸다. 우리는 남들의 의견과 주장 사이를 서핑해가며 마음에 드는 것은 받아들이고 다른 나머지는 무시하며, 정보를 저장하고 링크를 걸며 추적하고 채집하면서, 오락거리를 찾는다. 이게 우리의 이른바 '소셜 라이프social life'다."[29]

강한 당파성으로 무장한 고슴도치도 문제고, 오락거리 중심의 '소셜 라이프'도 문제다. '고슴도치와 여우'는 양자택일을 해야 할 선택지라기보다는 상호 공존하면서 어느 한쪽의 과유불급過猶不及을 예방하거나 교정할 수 있는 '보완 관계'로 이해하면서 그렇게 되도록 애쓰는 게 어떨까?

33

왜 "차라리 시험으로 줄 세워주세요"라고 외쳐댈까?

▼
▲

시험주의

1958년 영국의 정치가이자 사회학자인 마이클 영Michael Young, 1915~2002 은 『능력주의 사회의 부상The Rise of Meritocracy』이라는 책을 출간해 '귀족주의 사회aristocracy'에 상응하는 말로 '능력주의 사회meritocracy'라는 말을 만들어냈다. 과연 무엇이 '능력merit'인가? 배경background보다는 지능과 노력intelligence and effort을 능력으로 본 영은 '기회균등equality of opportunity'의 원칙은 '불평등하기 위한 기회균등equality of opportunity to be unequal'으로 전락했다고 했다.[30]

이 책은 우경화하려는 영국 노동당 정부에 경고하기 위한 풍자로 쓰였지만, 영의 뜻과는 다르게 읽혔다. 이 책은 특히 미국에서 큰 주목을 받으면서 교육사회학에 영향을 미쳤으며, 미국인들은 '능력주

의 사회'를 대학 교육은 물론 아메리칸드림의 이론적 기반으로 간주했다.[31]

대학은 능력주의 사회를 지키는 보루로 간주되었던바, 이른바 '시험 산업test industry'이 급성장하기 시작했다. 시험을 능력 측정의 객관적 근거로 신봉한 탓이었다. 곧 시험의 많은 문제가 드러나지만, 당시 시험에 열정을 보였던 이들은 '귀족주의'를 넘어선 '능력주의'의 구현이라는 진보적 열망에 사로잡혀 있었다.

시험 산업의 선두 주자는 단연 ETSEducational Testing Service(미국교육평가원)였다. ETS는 TOEFLTest of English as a Foreign Language, TOEICTest of English for International Communication, GREGraduate Record Examination 등 수십 가지 시험을 주관한다. ETS 업무의 상당 부분은 칼리지 보드College Board 와의 계약으로 이루어지는데, SATScholastic Aptitude Test(대학수학능력평가시험)처럼 칼리지 보드가 주관하되 시행은 ETS가 하는 방식이다.[32]

뉴욕시 맨해튼에 본부를 둔 칼리지 보드는 오늘날 5,900여 개의 대학과 학교를 회원으로 두고 있다. 칼리지 보드가 주관하는 시험은 SAT 외에도 PSATPreliminary SAT, NMSQTNational Merit Scholarship Qualifying Test, Advanced Placement Program에 따른 AP Test, CLEPCollege Level Examination Program, Accuplacer, SpringBoard, CSS/Financial Aid PROFILE 등 무수히 많다.[33]

능력주의는 미국에선 신성한 원칙으로 통한다. 미국인들은 ETS 와 칼리지 보드의 각종 시험이야말로 그걸 실현하는 최상의 방법론일 것으로 믿었지만, 시험은 매우 심각한 부작용을 갖고 있는 약과 같다는 게 밝혀졌다. 그렇게 표준화된 시험들로 인해 배제되는 다른

가치들은 어찌할 것인가 하는 문제가 끊임없이 제기되었다.[34]

시험은 기회의 병목bottleneck으로 작용해 기존의 극심한 불평등을 정당화하는 도구로 이용되고 있다는 비판도 끊이질 않고 있다. 조지프 피시킨Joseph Fishkin은 『병목사회: 기회의 불평등을 넘어서기 위한 새로운 대안』(2014)에서 미국을 '시험 사회big test society'로 부르면서 기회의 평등이라는 허울뿐인 평등주의를 넘어 병목 현상을 해결해 기회의 범위를 확대해야 한다고 역설한다.[35]

『시험의 권력』(2001)의 저자인 엘레나 쇼하미Elana Shohamy는 "시험은 객관성이란 명목으로 새로운 주관적 권력을 만들고 영속시키는 도구"라고 단언한다. "시험은 시험 결과의 영향을 받는 대중의 두려움과 믿음을 바탕으로 사회적으로 필요하다는 지식을 정의하고 지시하는 도구가 되었다. 시험은 권력과 통제를 영속시키고, 사회적 주류 지식에 포함되지 않는 자들을 선별하고 제외하는 도구가 되었다. 그리하여 애초에 민주화 목적으로 개발되었던 시험은 '소수'가 조종하게 되는 권위적이고 중앙집권화된 도구가 되었다."[36]

한국도 미국 못지않게 능력주의와 시험을 신봉하는 사회다. 아니 『시험국민의 탄생』의 저자인 이경숙에 따르면, "한국은 다른 어떤 나라보다 시험의 과잉과 시험에 대한 과잉된 해석, 시험으로 인한 폐해가 심각하다". 그는 "서열과 지위를 분배해주는 시험이야말로 가장 정치적인 경험이자 대부분의 한국인이 국민으로서 경험하는 집단 경험"이라며, 시험을 '한국인의 사회적 DNA'라고 말한다.[37]

이경숙은 "서열주의를 정당화하는 논리의 바탕에는 능력주의가 있다"며 시험을 매개로 해서 드러나는 "능력주의의 탈을 쓴 서열의 폭력성"을 고발한다. "서열화 기준이 단순해질수록, 그리고 명료해질수록 서열화 밖으로 이탈할 수 없고, 모든 대상들은 명쾌하게 서열화된다.……한번 정해진 서열은 거의 고착되어 '역전 불가능'에 가깝다.……낮은 역전 가능성은 서열의 특권을 더욱 강화하는 역할도 한다."[38]

이경숙은 "우리는 지금까지 시험 점수를 잘 받기 위해 내부에서 내내 싸움을 해왔다. 부모와 자식 사이의 싸움, 학생들과 학생들 사이의 싸움, 유명 학교와 덜 유명한 학교의 싸움, 무수한 입사 지원자와 한 지원자의 싸움, 자신과의 싸움 등 무수한 싸움을 치러왔다"며 "이제 싸움의 방향을 돌려야 한다"고 역설한다. "불평등한 세상을 바꾸려는 싸움이 없으면 시험 제도는 독이 된다. 시험의 밖에 서서 세상을 구상해야 한다. 시험의 밖으로 길을 내야 한다."[39]

이 책의 출간 이후 『경향신문』이 「'시험사회' 문제를 풀다」는 특집 기사를 연재하는 등 '시험 만능주의'에 대한 논의가 활발하게 이루어졌다. 남지원은 「평가 방식 못 믿는 청년들 "차라리 시험으로 줄 세워주세요"」라는 기사에서 "시험에 대한 '무한 신뢰'는 평가의 공정성 자체를 믿지 못하는 현실에서 출발한다"며 다음과 같이 말했다.

"시험 점수로만 줄 세우면 한국 사회에서 여전히 위력을 발휘하는 연공서열이나 성차별 같은 부당한 편견이 개입하기 어려울 거라는 믿음도 있다.……시험을 거치면 얻는 보상은 지나치게 큰 반면, 이를 뒤집을 인생의 또 다른 기회는 없는 기형적인 구조가 본질적인 문제다. 한 번의 시험이 일생을 결정짓고 그것이 곧 퇴직할 때까지의 안정적인 일터와 돈을 보상해주기 때문에, 그리로 '몰빵'하는 것이 개개인에게는 가장 '합리적인 선택'이 되고 사회적 투자가 쏠리는 것이다."[40]

2018년 11월 이관후는 『한겨레』에 기고한 「시험은 공정하지도 정의롭지도 않다」는 칼럼에서 "한국은 아마도 전 세계에서 거의 유일하게 시험으로 모든 것을 평가하는 나라일 것이다. 많은 사람이 이 제도를 능력주의, 메리토크라시meritocracy라고 하는데, 아니다.……우리에게는 오로지 단 하나의 능력만이 필요하다. 요령을 터득하여 짧은 시간에 많은 문제를 푸는 능력이다. 이것은 메리토크라시가 아니라 시험주의, 곧 테스토크라시testocracy다"며 다음과 같이 말했다.

"시험이란 제도는 공정하지도 않지만, 설령 그것이 공정하다고 한들 최악의 제도임에는 틀림없다. 그것은 극도의 긴장과 경쟁 속에서 인간성을 파괴할 뿐 아니라, 그 결과를 통해 한 사람의 능력에 대해 알 수 있는 것도 거의 없으며, 잘해야 가장 운이 좋은 인간들에게 더 큰 운을 가져다줄 뿐이다. 심지어 이 과정을 통해 운을 자신의 능력이나 권력으로 착각하게 되면 재판 거래 같은 것이 생겨난다.……시험으로 판사와 공무원을 뽑아야 할 이유가 없다. 그럼 뭘로 뽑을 거냐고? 그 답을 회피해서 세상이 이 꼴이다. 그 대안을 찾기 전까지, 우리 사회는 결코 개혁되지 않을 것이라고 나는 확신한다."[41]

이에 대해 박권일은 「'SKY 캐슬'의 사회학: 문제는 시험이 아니다」는 칼럼에서 "문제는 시험이 아니다"고 반박한다. '시험주의(테스토크라시)'는 문제의 원인이라기보다 차라리 결과 또는 효과라는 것이다. 그는 "드라마 〈스카이 캐슬〉에서 가장 혐오스럽고 폭력적인 인물인 로스쿨 교수 차민혁이 자식들 귀에 피가 날 정도로 강조하는 말이 있다"며 다음과 같이 말했다.

"'피라미드 꼭대기에 서야 해!' 그는 잘 알고 있었던 것이다. 한국 사회는 피라미드이고, 꼭대기에 서기만 하면 상상 이상의 특권과 면책의 수혜자가 될 수 있다는 것을. 문제는 시험이 아니다. 승자독식의 피라미드다. 요컨대 극도로 불평등한 자원 배분 방식이야말로 '암흑의 핵심'이다. 이 불평등은 너무나 심각해서 '기여에 따른 분배', '재능에 따른 분배', '노력'에 따른 분배'라는 기준 중 어떤 것으로도 정당화될 수 없다. 또한 자원을 독점한 승자들은 '지대추구rent-seeking' 와 '사다리 걷어차기'에 몰두하며 공동체의 활력마저 떨어뜨린다. 해결책은 명료하되 지난하다. 더 강한 평등주의를 통해 피라미드에 균열을 내고 끝내 박살내는 것. 오직 그것만이 이 지옥을 끝장낼 수 있다."[42]

"시험주의는 문제의 원인이라기보다 결과"라는 박권일의 진단은 백번 옳지만, 시험주의에 대한 강한 문제의식이 피라미드에 균열을 내는 데에 기여할 수 있다는 점에서 이관후는 박권일과 사실상 같은 주장을 한 셈이라고 볼 수도 있을 것 같다. 문제의 핵심은, 박권일이 잘 지적한 것처럼, "많은 사람들이 승자와 패자를 가르는 기준과 과정에 강박적으로 집착하는 반면, 승자가 너무 많은 걸 가져가거나 패자가 너무 비참해지는 결과에는 놀라우리만치 무관심하다. 간혹 볼멘소리를 하면 '억울하면 출세하라'는 비아냥만 돌아올 뿐이다"는 점에 있는 게 아닐까?

왜 그럴까? 왜 그렇게 되었을까? 나는 그 이유를 '압축 성장의 복

수'에서 찾고 싶다. 압축 성장 전성기, 즉 고성장 시대의 슬로건은 "억울하면 출세하라"와 "개천에서 용 난다"였다. 자식을 용으로 만들기 위한 부모들의 무서울 정도로 헌신적인 교육열은 오늘의 한국을 만든 힘이었으며, 그 교육열을 검증할 수 있는 유일한 수단이 바로 시험이었다. 개천에서 탈출하는 것이 시급했거니와 기회는 지금에 비해 비교적 많았으므로 승자가 너무 많은 걸 가져가거나 패자가 너무 비참해지는 결과에 신경 쓸 겨를이 없었다. 중요한 건 오직 시험의 공정성이었고, 그게 곧 사회정의였다.

고성장 시대가 끝나면서 이 각자도생 원리는 용이 될 수 없는 사람들에게 고통과 모욕을 강요하면서 빈부 양극화와 '지방 소멸'을 가속화시키는 원인이 되었지만, 몸은 늘 더디게 반응하는 법이다. 압축 성장 시대를 산 사람들의 몸에 각인된 '시험주의 알고리즘'은 사회적 습속형 경로 의존 현상을 낳았고, 이 경로 의존의 수혜자들은 경로 변경에 완강히 저항한다. 문제는 수혜의 가능성이 매우 낮은 사람들마저 사회적 습속의 관성에 따라 들러리를 서줌으로써 기존 체제를 정당화시켜주는 현상인데, 이게 바로 '압축 성장의 복수'가 아니겠느냐는 것이다.

문제의 핵심은 승자독식주의와 그에 따른 임금 격차다. 한국의 학부모와 학생들이 의대를 가장 선망하고, 〈SKY 캐슬〉의 학부모들이 의대의 지존인 '서울 의대'에 그토록 환장하는 건 무슨 고상한 이유 때문이 아니다. 가장 큰 이유는 '돈'이다. 의사로서 사명감에 목숨을 건 윤한덕이나 이국종 같은 의사는 희귀한 예외다.

중국을 보자. 중국 의사들의 임금은 대도시 평균 임금보다 낮아

수련의는 월평균 4,850위안(약 80만 원)을 받는다. 이는 중국에서 가장 물가가 비싼 상하이에서 대학 졸업생의 월 평균 급여인 6,000위안보다도 낮은 것이다. 게다가 대부분의 중국 의사들은 주당 50시간 넘게 일하고 있으며 시간 외 수당은 받지 못한다. 진료에 불만을 품은 환자들의 의료진에 대한 폭력 사고는 연평균 10만 건 이상 보고되고 있다. 그래서 중국의 많은 부모는 자녀가 의사가 되는 것을 말린다. 중국의사협회가 펴낸 백서에 따르면 78퍼센트의 중국 의사들은 자녀가 의사가 되는 것을 반대하는 것으로 나타났다.[43]

그래서 중국을 배우자는 게 아니다. 굳이 양자택일을 하라면, 중국보다는 한국이 더 낫겠지만, 둘 다 지나치다. 직업 간, 직종 간, 기업 간, 고용형태 간 존재하는 큰 임금 격차를 줄여나가야만 'SKY 캐슬'의 광기를 잠재울 수 있다는 말을 하려는 것이다. 시장 논리랍시고 그냥 내버려둘 일이 아니다. 그 어떤 착취도 합법인 한 시장 논리의 결과일 뿐이라고 주장하려는 게 아니라면 말이다. 그러나 우리는 그런 변화에 관심이 없다. 보수와 진보를 막론하고 '미꾸라지도 잘 살 수 있는 사회'보다는 '용을 지향하는 사회'에 집착한다. 진보는 '자본 대 노동'이라는 단순 대결 구도를 앞세워 노동 내부의 임금 격차엔 별 관심을 보이지 않는다.

그런 '아비투스(습속)'가 강고하게 자리 잡은 사회에서 시험이 사회정의를 실현할 수 있는 최후의 보루로 간주되는 건 너무 당연한 일이 아닌가? 그 정의에 목마른 사람들은 "차라리 시험으로 줄 세워주세요"라고 외쳐댄다. 이들이 시험주의의 문제와 한계를 몰라서 그러는 게 아니다. 이들을 향해 시험주의가 정의롭지 않다고 지적하는 것은 번지수를 잘못 찾은 반박일 수 있다. 승자독식 피라미드 체제를 깨부수는 건 오랜 시간이 걸리는 거시적 공정 실현 프로젝트인 반면, 그들이 원하는 건 '지금, 여기에서의' 미시적 공정성이기 때문이다.

거시와 미시의 조정과 화해야말로 정치가 해야 할 본연의 임무다. "더 강한 평등주의를 통해 피라미드에 균열을 내고 끝내 박살내는 것"도 종국엔 정치를 통해서만 가능하다. 하지만 우리 정치가 그 일을 해낼 수 있는 역량은 둘째치고 문제의식이나마 있을 거라고 믿는 사람은 거의 없을 테니, 다시 답은 제자리걸음이다. "억울하면 출세하라!" 그럼에도 자꾸 이렇게 떠들어대는 게 정치를 바꿀 수 있는 초미세 자극이라도 될 수 있다는 것까지 포기할 필요는 없을 게다.

34

왜 '미움받을 용기'를 원하는 사람이 많을까?

▼
▲

상징적 상호작용론

"네가 그 사람의 입장에 처해 보지 않고서는 그 사람에 대해서 절대 알 수 없단다." 미국 남부의 인종 편견을 다룬 하퍼 리Harper Lee의 소설 『앵무새 죽이기』(1960)에 나오는 말이다. 아빠인 애티커스가 어린 딸 스카우트에게 해준 말이다. 이 말은 역할 수행을 통해 상징적 상호작용론Symbolic Interactionism이 무엇인지를 가장 명확하게 보여주는 문구라고 할 수 있다.[44]

상징적 상호작용론의 창시자인 조지 허버트 미드George Herbert Mead, 1863~1931는 미국의 철학자이자 사회학자이자 심리학자로 매우 탁월한 학자였지만, 지나칠 정도로 겸손했다. 그가 생전에 그 어떤 저서도 남기지 않은 것도 그런 이유 때문이었을 게다. 그가 죽은 지 3년이 지난 1934년에 출간된 『정신 · 자아 · 사회Mind, Self, and Society』가 유일한 저서인 셈인데, 이 책은 주로 미국 시카고대학에서 미드의 과목을 수강한 학생들의 우수한 노트 2권으로 구성되었으며, 미드가 남겨놓은 출판되지 않은 원고들에서 그런 노트와 발췌문들을 선별해 첨가한 것이다.[45]

미드는 정신, 사회, 자아라는 3가지 개념에 집중했는데, 문제는 세 개념의 관계였다. 정신과 자아가 사회적 행위를 창출하는가, 아니면 사회적 행위가 정신과 자아를 창출하는가? 지금도 전자前者라고 답할 사람이 많겠지만, 미드의 답은 후자後者였다. 정신과 자아는 상징에 의해 매개되는 사회적 상호작용, 그러니까 의사소통을 통해 형성되고 발전하는 것으로, 사회적 행위의 산물이라는 것이다. 따라서 미드의 이론에서 결정적인 역할을 하는 것은 의사소통을 위해 일정한 반응을 기대하고 이루어지는 유의미한 몸짓인 제스처와 언어다.[46]

상징적 상호작용론에서 인간은 다른 사람의 영향에 단순히 반응하는 수동적 존재가 아니라, 상호작용 속에서 다른 사람의 영향을 해석하고, 정의하고, 의미를 부여하는 능동적 존재다. 인간은 다른 사람의 행동을 해석할 뿐만 아니라 그 해석을 행위의 기초로 사용한다는 것이다. 이때 다른 사람과의 상호작용 속에서 다른 사람의 관점에서 자기 자신을 바라보고, 다른 사람의 입장에서 자기 자신을 해석하는 과정을 '역할 담당role-taking'이라고 한다. 이성식은 이런 역할 담당 과정은 행위자 자신의 자아 개념과 행위를 결정하는 중요한 과정이라며 다음과 같이 말한다.

"예를 들면 중요한 타자로서 부모는 자녀의 행위에 직접적으로 영향을 주는 것이 아니라, 자녀가 부모의 입장에서 자기 자신을 해석하고 정의하는(예컨대 부모는 나 자신을 어떻게 생각하고 있는가라는) 과정이 자신의 행위에 영향을 준다는 것이다. 이와 같은 과정을 통하여 개인의 준거집단(가정, 학교, 친구 집단) 혹은 중요한 타자들(부모, 선생, 친구), 더 나아가서는 일반화된 타자 혹은 사회 전체가 개인의 행위와 연결되며, 결국 사회, 집단, 개인과의 관계가 일련의 과정으로 연결될 수 있다고 본다."[47]

미드의 이론을 상징적 상호작용론이라고 부르는 이유도 바로 여기에 있다. 즉, 사회 전체가 개인에게 반영될 수 있는 것은 개인의 성찰적인 의식 과정을 통해서이며 이는 개인의 내재적인 대화의 과정, 즉 상징의 사용을 통해서 가능한 것이라는 의미에서다. 따라서 준거집단 이론이 미드의 이론과 밀접한 관련을 맺는 것은 당연한 일이라 하겠다.[48]

미드는 다른 사람의 역할을 취함으로써 생기는 자기 자신의 이미지를 '일반화된 타자'라고 했는데, 이것은 찰스 쿨리Charles H. Cooley, 1864~1929가 『인간성과 사회질서』(1902)에서 제시한 '거울 이미지 자아 Looking-Glass Self'와 일맥상통하는 상징적 상호작용론의 핵심 개념이다. '면경面鏡 자아'라고도 하는 거울 이미지 자아 개념에 따르면, 우리는 우리 자신의 얼굴 생김새를 거울에 반사된 영상을 통해서 볼 수 있는 것과 마찬가지로 우리 자신의 자아를 나를 둘러싸고 있는 다른 사람들의 나에 대한 반응을 통해서 파악할 수 있다. 이 개념을 더 발전시킨 미드의 주장에 따르면, 우리의 자아 형성은 내가 나 자신을 남의 입장에서 볼 수 있는 능력을 통해서 가능한 것인바, 내가 나 자신을 보기를 남이 나를 보는 것과 같이 볼 수 있어야만 나의 자아 형성은 가능하다는 것이다.[49]

미드는 정체성의 형성을 주격 나I와 목적격 me 사이의 관계, 즉 I(주체적 자아)와 me(개체적 자아) 사이의 구분을 도입해 설명한다. 다른 사람의 관점에서 본 자아가 'me'다. 미드는 "'me'는 스스로 가정하는 타인의 태도를 조직화한 세트"라며 "타인의 태도가 조직화된 'me'를 구성하고, 사람은 그 'me'에 'I'로 반응한다"고 말한다. 즉, 'me'는 '자아' 가운데 사회적 측면이며, 'I'는 개인적 측면이다. 'I'와 'me'의 관계는 곧 개인과 사회의 관계인데, 인간은 'I'가 있기 때문에 창조적인 동물인 동시에 'me'가 있기 때문에 사회적인 동물이다. 인간의 생각은 개인의 '주체적 자아'와 '객체적 자아' 사이에서 대화가 이루어지는 추론 과정으로 볼 수 있다.[50]

상징적 상호작용론은 좁게는 미드의 이론을 가리키지만, 넓게는 어빙 고프먼Erving Goffman, 1922~1982의 '연극학적 이론Dramaturgy' 등 여러 이론을 포괄한다. 상징적 상호작용론은 전반적으로 권력, 구조, 역사를 무시하고 지나치게 사회심리적인 것에 초점을 맞춘다는 비판을 받고 있지만,[51] 그런 문제에도 미드의 책은 오늘날에도 여전히 심리학과 사회학에서 불후의 명작으로 손꼽히고 있다. 롭 앤더슨Rob Anderson은 "우리는 자신에게 자기가 누구인지 말하지 않으며, 다른 사람들과의 교류를 자기가 다른 사람들에게 어떻게 보일지 알아내기 위한 유일하게 믿을 만한 수단으로 간주한다"며 "분명히 미드의 개념은 심리학과 사회학을 연결시켰다. 그 이후에는 학자들이 그것

상징적 상호작용론

들을 분리해서 생각하거나 혹은 그렇게 시도하는 것이 어려워졌다"고 평가한다.[52]

미드의 사상과 이론은 디지털 시대에 상징적 상호작용이 폭증하면서 새로운 주목을 받고 있다. 다른 사람의 입장에서 자기 자신을 해석하는 '역할 담당'을 해야 하는, 아니 할 수밖에 없는 삶에 스트레스가 쌓인 걸까? 일본 작가 기시미 이치로岸見一郎가 쓴 『미움받을 용기』라는 책이 국내에서도 베스트셀러가 된 것은 그런 이유와 무관치 않을 것이다. 내심 '미움받을 용기'를 갖기를 원하지만 막상 그게 쉽지 않아서 책이라도 보면서 인간관계에서 쌓인 스트레스를 풀고 싶어 하는 게 아니겠느냐는 것이다.

기시미 이치로는 "타인에게 인정받으려고 눈치를 살피며 남의 인생을 살 거냐, 미움받더라도 할 말을 하며 나만의 자유로운 인생을 살 것인가"라고 묻는데,[53] 미움받을 용기라는 것도 남들의 미움을 감당할 만한 능력이 있어야 가질 수 있는 게 아닐까? 미드의 지나칠 정도의 겸손이라는 개인적 특성이 상징적 상호작용론의 탄생을 가능케 한 심리적 동력이었는지도 모르겠다.

35

왜 공론장이 오히려
소통을 어렵게 만드는가?

의사소통행위 이론

「국민 위한다면 공론장에 서라」, 「'공론장' 거부한 부산비엔날레」, 「용산구, 용산공원 제1차 공론장 개최」, 「지역신문은 감시견이면서 공론장이어야」, 「여름방학, 캠퍼스를 열띤 공론장으로 만들자」, 「언론, 공공성 강화하고 시민의 공론장 참여 확대해야」, 「네이버, 뉴스 댓글 서비스 개편…"투명한 공론장 기능 다할 것"」, 「마을 공동체 미디어가 대두되는 이유? "일상의 공론장이 필요했다"」.

포털사이트에서 '공론장'으로 검색을 하면 뜨는 기사 제목들이다. 학술 용어로만 머무르던 '공론장'이 언제부턴가 부쩍 일상적 언어로 많이 사용되고 있다. 공론장公論場이란 말 그대로 공론의 장을 말한다. 서양에서 국가와 사회를 매개하는 자발적이고 제한 없는 토론의 장을 가리켜 'public sphere'라고 부르는 것을 우리말로 옮긴 것이다('공공 영역'이나 '공론 영역'으로 번역해 쓰기도 한다). 낸시 프레이저Nancy Fraser는 공론장을 '시민들이 그들의 공통 문제에 대해 생각하는 공간', '산만한 상호작용의 제도화된 공간', '개념상으로 국가와 분리된 공간', '이론적으로 국가에 비판적일 수 있는 담론의 생산과 순환의 장소'라고 비유했다.[54]

공론장 연구의 원조로는 독일 철학자 위르겐 하버마스Jürgen Habermas가 꼽힌다. 그는 『공론장의 구조 변동: 부르주아 사회의 한 범주에 관한 연구』(1962)에서 18~19세기에 걸쳐 형성된 부르주아 공론장을 "공중으로서 모인 개인들의 공간"으로 개념화했다. 신흥 자본가들은 교회와 국가에 대해 투쟁하면서 독립적인 공론장을 구축해나갔지만, 소기의 성과를 이룬 후엔 달라지기 시작했다. 하버마스는 이후 자본주의가 확대·심화되면서 부르주아 공론장의 사회적 기초가 20세기 들어 해체되기 시작하면서 붕괴되었다고 진단했다. 이른바 '공론장의 재再봉건화'가 일어났다는 것이다. 그는 그럼에도 "공론장은 여전히 우리의 정치 질서의 조직 원리로 남는다"고 했지만,[55] 사실상 매우 비판적인 견해를 드러낸 셈이다.

하버마스는 현대 서구 사회의 문제는 자본주의가 고도화되고 관료 조직의 힘이 커지면서 공론장이 몰락하고 경제·정치 체계system가 시민들의 생활세계life-world를 지배하는 '생활세계의 식민화' 또는 '내적 식민화'가 이루어진 것에 있다고 보았다. 하버마스는 그런 현실을 넘어서 민주주의를 재건하기 위해 공론장의 회복을 꿈꾼다. 그가 생각하는 공론장에서는 공적 문제에 대한 결정이 전통적인 권력과 권위에 의해 이루어지는 것이 아니라 이성적이고 합리적인 토론에 의해 이루어진다.

하버마스의 공론장 이론은 『의사소통행위 이론』(1981)으로 발전했다. 그는 '의사소통행위 이론theory of communicative action'을 통해 공론장을 지배계급의 기만과 조작이 저질러지는 곳으로 파악했던 기존 비판 이론가들의 한계를 넘어서고자 했다. 세상은 대중매체의 비약적인 발전과 함께 달라지기 시작했고, 이에 따라 하버마스의 생각도 달라진 것이다. 1990년 그는 30년 전 자신의 진단이 '단견'이었음을 인정하면서 "나는 문화적 관습에 있어 계급적 한계로부터 벗어나 다원주의적이며 내부적으로 상당히 분화된 대중의 저항 능력과 비판적 잠재력을 그 당시 과도하게 비판적으로 평가하였다"고 고백했다.[56]

하버마스의 그런 자기성찰은 대중매체에 대한 재평가와 밀접한 관련을 맺고 있다. 그간 대중매체가 중앙 집중화된 네트워크 속에서 사회적 통제의 효율성을 강화시켜준다는 시각이 지배적이었는데, 하버마스는 의사소통의 구조 자체 안에 '해방적 잠재력'이라는 평형추가 내장되어 있다며 그런 시각에 반론을 제시한다. 하버마스는 대중적 전자매체의 발달이 오히려 국가의 매체 장악력을 크게 훼손시킴으로써 광범위한 공론 영역의 형성을 가능케 했다며, 대중매체의 양면성 이론을 제시했다. 그는 대중매체가 국가와 지배계급의 뜻대로만 작동할 수 없는 6가지 변화 상황을 다음과 같이 열거했다.

첫째, 방송사들은 서로 경쟁하는 이해관계에 있으며, 따라서 경제적, 정치적, 이데올로기적, 전문직업적, 매체 미학적 관점 등을 결

코 매끄럽게 통합할 수 없다. 둘째, 대중매체는 그들에게 위임된 저널리즘의 사명에서 비롯되는 의무를 아무런 갈등 없이 회피할 수 없다. 셋째, 방송은 통속적인 대중오락을 내보내는 경우에도 충분히 비판적인 메시지를 포함할 수 있다. 이는 "대중문화는 대중적 보복"이라고 할 수 있는 것이다. 넷째, 이데올로기적인 보도는 의도된 의미가 일정한 하위문화적 배경을 가진 시청 조건하에서는 오히려 그 반대로 전도된다. 예컨대, 대중은 허위·과장·왜곡 보도를 비웃으면서 그런 보도를 모두 뒤집어서 해석하거나 아예 다른 채널로 돌려버린다. 다섯째, 일상의 소통적 실천의 고유한 독자적 고집은 대중매체의 직접적인 조작적 공세에 대해 저항한다. 수용자들은 일상 소통의 고유한 신빙성에 기초한 자기체험과 개인적으로 신뢰하는 다른 사람들에게 들어서 알게 된 내용을 바탕으로 방송사와 신문사에 항의한다. 여섯째, 이른바 '비디오 다원주의'와 '텔레비전 민주주의'가 무정부적인 상황에까지 이르렀다는 주장은 과장일지라도, 전자매체의 기술적 발전이 반드시 네트워크를 중앙 집중화시키는 방향으로만 진행되고 있는 것은 아니다. 기술 발전은 방송사를 소자본으로 세우는 것을 가능케 하여(오늘날엔 '1인 매체'를 가능케 하여) 전자매체의 공론을 상대적으로 다원화하는 효과를 가져왔다.[57]

그러나 여전히 하버마스의 의사소통행위 이론에 대한 비판과 회의론은 만만치 않다. 무엇보다도 이 세상을 바꾸는 일이 과연 의사소통행위로 가능하겠느냐는 근본적인 의문이 꾸준히 제기되고 있다. 예컨대, 에른스트 폴라트Ernst Vollrath는 의사소통을 위한 언어 행위는 기껏해야 비유적인 것일 뿐 현실적인 행위는 아니라고 비판한다. 순수한 언어 행위는 "단지 음파가 공기를 진동시킨다는 사실을 제외하면" 아무런 결과도 낳지 못한다는 것이다.[58] 그러나 혁명과 같은 그 어떤 거대한 현실적 행위도 처음엔 사상과 그걸 표현하는 언어에서 출발하며, 정치적 결속은 시민들 간의 의사소통에 있다는 점을 감안한다면, 그렇게 냉소적으로만 볼 일은 아닌 것 같다.

그런가 하면 낸시 프레이저Nancy Fraser는 공론장에서 논의 참여자들이 신분과 계급의 차이를 유보하고 자신들이 동등한 사람인 것처럼 토의하는 것이 가능하다고 보는 자유주의적 관점을 논박하면서, 사회적 평등은 정치적 민주주의를 위한 필수조건이라고 주장했다. 그런 맥락에서 또한 프레이저는 하버마스가 암묵적으로 공론장을 제한된 영토에 대해 주권을 행사하는 근대 국가기구에 연관시키며, 공론장에서 토론에 참여하는 사람들을 제한된 정치 공동체의 동료 구성원들로 간주하는 등의 전제를 당연시하고 있다고 비판했다.[59]

한국에선 하버마스의 이론이 서구가 아닌 사회에서도 적합성을 갖느냐는 의문도 제기된다. 예컨대, 권용혁은 "우리의 경우는 서구의 경험과는 달리 부르주아지가 개인의 자유와 인권 그리고 민주주의를 위해 투쟁한 구체적인 사례를 찾기가 어렵다"며 "한국의 부르주아지는 절대 권력과 투쟁하면서 성장해온 시민사회 내의 한 주체이거나 그 동맹 세력이라고 판단하기 힘들다"고 진단한다.[60]

그럼에도 하버마스의 공론장 개념은 과거 부정적인 비판의 영역에 갇혀 있던 미디어 영역을 더 긍정적으로 확장·변모시킬 수 있는 의미가 있다는 이유로 1980년대 후반부터 집중적인 조명을 받았다.[61] 공론장에 대한 초기 연구에서는 시민의 자격을 가진 공중이 진지하게 공적 이슈를 토론하는 공식적인 토론 장소를 주목했으나, 오늘날 공론장은 온라인 커뮤니이션의 발달과 함께 사이버공간으로 확장되었다.[62] 하버마스는 거대한 '통합의 공론장'을 꿈꾸었지만, 오늘날의 공론장은 블로그와 SNS 등을 통해 형성되는 상호 모순적인 '차이의 공론장들'이다.[63]

바로 여기서 하버마스의 '의사소통행위 이론'이 전제하고 있는 합리적 방식의 설명과 이성적 토론이 과연 현실적이며 바람직한가 하는 의문이 제기된다. 이와 관련, 황태연은 하버마스의 이론은 "일상의 보통 사람들에게 전대미문의 과중한 합리론적 책무를 부과하여, 이제 보통 사람들도 엘리트주의적 공론장에서 고난도의 절제된 소통적 행위와 상호 이해의 '소통적 이성'으로 모든 것을 공동으로 이해하고 모든 시민사회적 상호작용을 합리적으로 조절해야 한다"고 지적하면서 "현실 속에서 인간들 간의 상호작용과 공적 사회를 일상적으로 조절하는 것은 고난도·고비용의 엘리트주의적인 소통적 '상호 이해'의 '합리성'과 언어적 공론장이라기보다는, 무언의 감각적·감정적 공감과 '공감장公感場'"이라고 주장한다.[64]

김경년과 김재영은 『오마이뉴스』의 게시판에 대한 분석을 통해 비이성적 의사소통까지 포괄할 수 있는 공론장의 필요성을 제기하고, 이를 '난장'이라는 개념으로 설명했다.[65] 원용진과 이수엽은 국내에서 하버마스의 공론장 개념이 특정한 공간이나 언어 행위만을 공론장으로 제한하면서 메시지의 전달에 중점을 두는 과정주의적 접근에 치우쳐 있다면서 이는 다양한 언어 놀이 형태로 나타나는 인터넷의 상호작용을 공론장에서 배제시키는 것이라고 주장한다.[66] 김예

란은 사적인 영역과 공적인 영역의 엄격한 구분에 기반을 둔 하버마스적 공론장 논의가 여성의 생활세계를 사적인 영역으로 한정 지음으로써 공론장의 참여를 제한하는 결과를 낳는다고 비판하면서, 이에 대한 대안으로 '감성 공론장' 개념의 필요성을 제기한다.[67]

홍원식은 이런 연구 결과들을 소개하면서 "이러한 비판 논의들은 하버마스의 공론장 개념이 갖는 이성 중심주의적인 의사소통 조건에 대해 반발하고, 비이성적 표현/사적 영역/감성적 영역/유희의 영역을 모두 포괄하는 공론장의 개념을 추구하는 것이다"고 평가한다. 그는 1990년대 후반 인터넷이 활성화되기 시작한 때가 우리 사회가 권위주의적 정치 모델에서 갓 벗어난 시점임을 감안하면, 사회의 공적 정치 기구에서 소외된 시민사회의 연대와 참여를 강조하는 이러한 견해들이 더 설득력을 가질 수 있음을 이해할 만하지만, 연대성 중심의 공론장 논의는 공론장이 갖고 있는 핵심이라 할 수 있는 '공동선'의 지향이라는 점에 대해서는 상대적으로 충분한 이해와 관심을 보이지 못했다고 지적한다. '공동선 지향'이라는 공론장의 기본 가치를 괄호 안에 감춰놓은 이러한 견해들은 결과적으로 '일베'식의 연대성과 언어유희가 인터넷 공간을 잠식하는 등 현재의 인터넷 공간에서 발생하는 사회 권력 체제에 의한 '공동선'에 대한 노골적이며 조직적인 저항에 효과적으로 대응하지 못하고 있다는 것이다.

과연 일베와 같은 커뮤니티들도 공론장을 구성하는 일부 또는 다양한 형태의 공론 공간 중 하나로 볼 수 있는 것일까? 이런 의문을 제기한 홍원식은 보편적 타당성 요구가 전제되지 않은 공동체의 연대성이 쉽게 이데올로기화하거나 도그마에 빠질 위험성을 갖고 있다는 하버마스의 경고를 상기시키면서, 댓글과 SNS와 같은 인터넷 토론 공간에 대해서 보편적 가치의 원칙이 강조되는 규범의 필요성을 강조하고자 하는 차원에서 현실적인 규범 대안으로 3가지 원칙을 제시한다.

첫째, 인터넷 토론 공간의 의사소통행위는 상대방에게 자신의 주장을 타당하게 이해시키고자 하는 원칙에 입각했을 때만 공론의 의미를 지닌다(소통 가능성 원칙). 둘째, 여성이나 특정 지역, 직업 등에 대한 모욕적 표현은 이들 사회적 약자들의 민주주의 참여를 저해하는 것이므로, 표현의 자유가 갖는 공동선 지향이라는 과정적 필요성의 범주 내에서 보장될 수 없는 것이다(차별 금지의 원칙). 셋째, 의사소통 공간의 참여자들은 자신이 신분을 위장하거나 은폐하는 것이 아니라, 자신의 고유한 욕구나 가치를 타인에게 신뢰할 수 있도록 표현하는 경우 타인을 이해시킬 수 있는 설득력을 갖게 된다(가시성의 원칙).[68]

이 3가지 원칙 중 실천적 의미에서 가장 중요한 것은 부작용이 큰 익명성을 없애거나 최소화하는 '가시성의 원칙'인 것 같다. 미국 풀뿌리 저널리스트 댄 길모어Dan Gillmor의 익명성에 대한 자세를 참고할 필요가 있겠다. 그는 사이버 시민 저널리즘이 반드시 극복해야 할 약점으로 신뢰성 문제를 지적했다. 길모어가 익명성의 혜택을 인정하면서도 해악을 열심히 지적하는 건 바로 그런 이유 때문이다. 그는 다음과 같이 말한다.

"나는 인터넷에서 익명성을 없애기 위한 일은 전혀 하지 않을 것이다. 그러나 우리가 온라인에서 진지한 토론을 하기를 원한다면,

참여자들은 (극히 소수의 예외적 상황을 제외하면) 자신이 누구인지 밝혀야 한다고 생각한다. 밝히지 않는다면 자신이 하는 말이 의혹을 받거나 무시당할 위험을 감수해야 할 것이다."[69]

미국과 한국의 사정이 다르긴 하지만, 오랜 세월 독재정권을 거친 한국엔 익명성에 관한 묘한 신화가 존재한다. 진보파와 자유주의파는 과거의 기억에만 사로잡힌 나머지 사이버세계의 익명성을 열렬히 옹호하는 경향이 있다. 한국이 '악플의 천국'이 되어 수많은 사람에게 고통과 상처를 주는데도, 통제를 강하게 하면 '권력 감시'와 '내부고발' 기능이 죽고 심지어 '창의력'마저 죽는다고 아우성치는 사람이 많다.

그들이 21세기를 1970~1980년대의 기억으로 살아가는 것도 파란만장한 대한민국사의 업보겠지만, 뭐든지 과유불급過猶不及이다. 물론 아직도 정부의 언론 통제와 '블랙리스트'에 의한 사상 통제가 일어나고 있는 상황에서 익명의 필요성을 이해 못할 바는 아니지만, 그런 문제에 대한 대응이 꼭 익명성 보장이어야만 하는 걸까? 사회 전반적으로 '책임 윤리'가 박약한 한국에선 권리 못지않게 책임의 문제를 좀더 강조하는 방향으로 나아갈 필요가 있지 않을까? 익명성의 오남용으로 인해 갖게 된 체질이 아예 공론장 부재의 상황을 초래할 수 있기에 더욱 그렇다. 이와 관련, 윤태진은 악의적인 댓글들로 넘쳐나는 인터넷 게시판의 현실을 지적하면서 다음과 같이 말한다.

"인터넷이 하버마스의 공론장 개념을 현실에서 제공해줄 수 있으리라던 기대는 점점 현실에서 멀어지고 있는 듯하다. 유치한 욕설은 철없는 네티즌의 스트레스 해소책이라 간주하자. 그러나 진짜 문제는 토론과 숙의가 가능한 사이버공간이 부재하다는 점이다. 이해를 같이하는 사람들끼리 모여 자기들끼리만 상호작용하고, 정작 벽 너머에 있는 사람들 이야기에는 귀를 닫는 것이 현실이다."[70]

이처럼 세상이 갈가리 찢긴 채로 각자 극단으로 치닫는 '사이버발칸화cyberbalkanization'를 입증하는 연구 결과는 수없이 많다. 캐스 선스타인Cass Sunstein은 "인터넷으로 인해 수많은 사람들이 다른 사람들과의 예상치 않은, 선택하지 않은 대화 기회를 많이 잃고 있다"며 그런 사이버발칸화가 상호 소통을 어렵게 만들어 민주주의를 위협한다고 우려한다.[71] 이제 여기에 소셜미디어까지 가세해 그런 경향을 더욱 촉진하고 있어 공론장이 오히려 소통을 어렵게 만드는 일이 벌어지고 있는 셈이다. 하버마스의 의사소통행위 이론이 많은 문제가 있음에도 계속 거론되는 이유도 바로 그런 상황과 무관치 않을 것이다. 소통은 민주주의를 포기하지 않는 한 우리의 희망이요 꿈일 수밖에 없으니까 말이다.

의사소통행위 이론

제8장

정치와 이념

36

왜 "민주주의는 차이를 축하하는 면허 이상의 것"인가?

정체성 정치

"사람은 이성만으로 살지 않는다. 자아를 규정하기 전까지는 자기 이익을 추구하면서 합리적으로 계산하고 행동할 수 없다. 이익 추 구 정치는 정체성을 전제로 한다."[1] 미국 정치학자 새뮤얼 헌팅턴 Samuel P. Huntington, 1927~2008이 『문명 충돌과 세계질서의 재편The Clash of Civilizations and the Remaking of World Order』(1996)에서 한 말이다.

그런 정체성을 정치의 중심에 놓는 '정체성 정치identity politics'는 인 종·성·종교·계급 등 여러 기준으로 분화된 집단이 각 집단의 권 리를 주장하는 데에 주력하는 정치를 말한다. 제임스 프록터James Procter는 정체성 정치를 "모든 타자들의 배제를 통해 공동 전선을 취 하는 특정 공동체에 대한 절대적이고 완전한 헌신 및 그것과의 동일

시"로 정의한다.[2]

정체성 정치는 미국에서 1970년대부터 거론된 개념이다. 1980년대엔 동성애자들의 활동이 두드러져, '정체성 정치'라고 하면 곧 그들의 정치를 의미하는 것으로 여겨졌다. 정체성 정치의 주체들은 자신들이 가장 중요하게 여기는 이슈에 집중하는 이른바 '단일 이슈 정치single issue politics'를 하는 경향이 있다.

역사학자 아서 슐레진저Arthur Schlesinger, Jr., 1917~2007는 1991년에 출간한 『미국의 분열: 다문화 사회에 대한 고찰The Disuniting of America: Reflections on a Multicultural Society』에서 정체성 정치가 야기하는 '차이의 확인을 통한 주변화marginalization through affirmations of difference'에 대해 우려를 표하면서 주류 문화가 이들을 포용할 것을 역설했다.[3]

정체성 정치는 다문화주의 사회에서 번성하기 마련이다. 그래서 그간 정체성 정치에 대한 비판은 주로 다문화주의에 반대하는 헌팅턴과 같은 보수주의자들에 의해 이루어져왔지만, 이젠 일부 진보주의자들도 비판에 가세했다. 이런 비판에 앞장서고 있는 미국 컬럼비아대학 사회학자 토드 기틀린Todd Gitlin은 『공동 꿈의 황혼: 왜 미국은 문화 전쟁으로 파멸되고 있는가?』(1995)라는 책에서 미국 전역에 정체성 정치가 판을 치고 있음을 개탄했다.

기틀린은 '정체성 정치'가 도시의 황폐화, 자원 낭비, 극심한 빈부 격차 등 진정한 사회 문제엔 침묵하는 결과를 낳고 있다고 지적하면서 '정체성 정치'를 시도하는 사람들이 각자의 독특성을 정당화시키는 이론 개발에만 주력할 것이 아니라 공동의 지식과 공동의 꿈을 추구해야 한다고 역설한다. 그는 다음과 같이 말한다.

정체성 정치

"정체성 정치는 문화와 자긍심 목표에 너무 초점을 맞춘 나머지 우리를 경제적 정의의 문제로부터 멀어지게 만들고 있다. 더욱 심각한 건 정체성 정치가 분열적이라는 것이다. 정체성 정치의 주도자들은 타협이나 협상엔 관심이 없고 '전부 아니면 전무'를 원한다."[4]

기틀린은 "민주주의는 차이를 축하하는 (그리고 과장하는) 면허 이상의 것이다"며, 다음과 같이 주장한다. "너무 오랫동안 너무 많은 미국인들이 그들의 문화적 경계를 강화하는 참호를 파는 데에 전념해왔다. 그 참호를 고립시키면서 말이다. 이제 참호는 충분하다! 차이의 완성도 충분하다! 우리는 다리를 건설해야 한다."[5]

빈센트 모스코Vincent Mosco도 기틀린의 주장에 공감을 표하면서 '정체성 정치'가 전통적인 좌·우파 정치를 역전시키는 데 일조했다며 다음과 같이 주장한다. "결함이 있기는 했어도 한때 보편주의를 굳건히 떠받들던 좌파는 지금에 와서는 분화한 이해관계들의 영역을 증진 도모하고 있다. 이와 반면에 전통적으로 엘리트의 특정 기준을 증진 도모했던 우파는 이제 레이건–대처 시대에 굳건히 기초해서 자신만만하게 보편주의적 보수 인민주의를 도모하고 있다."[6]

이런 우려에 걸맞게 정체성 문제로 가장 치열한 고민을 해온 페미니즘 진영에서도 이전과는 다른 목소리들이 나오고 있다. 예컨대, 린다 제릴리Linda Zerilli는 여성의 이름으로 제기하는 주장이 정치적 의미를 가지려면 반드시 확정된 '여성' 범주가 정해져 있어야 한다는 생각은 문제 설정이 잘못된 것이라고 주장한다. 이와 관련, 조주현은 다음과 같이 말한다.

"제릴리가 보기에 여성들 간의 다름을 드러내는 것이 페미니스트 정치에 위기를 가져온다고 생각하는 기저에는 정치란 행위성agency을 요구하며 행위성이란 주권적 주체sovereign subject를 전제하지 않고는 불가능한 것인데 여성들 간의 다름을 드러내거나 '여성' 범주의 불확정성을 드러내면 그 주권적 주체는 존재하기 어렵게 된다는 전제가 낄려 있다. 그러나 제릴리는 페미니스트 정치의 위기는 페미니스트 정치의 주체가 다양해진 데 있는 게 아니라 단일한 주체를 요구하는 페미니즘의 개념/인식론 그 자체에 있다고 보았다.……제릴리는 주체를 전제하지 않는 페미니스트 정치를 제안한다. 즉 페미니스트 정치의 패러다임을 '여성' 범주 혹은 주체의 일관성 문제와 같은 철학적·인식론적 문제에서 벗어나서 정치적 주장하기 혹은 누군가의 이름으로 말하기와 같은 정치적 문제로 이동시키자는 것이다."[7]

"민주주의는 차이를 축하하는 (그리고 과장하는) 면허 이상의 것이다"는 기틀린의 말은 다문화주의와 자유민주주의 사이에서 일어나는 갈등을 잘 시사해준다. 그 갈등을 해소하거나 최소화하면서 둘이 상호 보완적인 역할을 할 수 있게끔 하는 것이 중요하지만, 이는 결코 쉽지 않은 문제다. 무엇보다도 집단 간 위계와 경제적 차이 등이 없어지는 것이 과연 가능한가 하는 의문 때문이다.[8] 속 시원한 답은 찾을 수 없을망정, 둘 사이의 갈등이 존재하지 않는 것처럼 외면하는 것보다는 중요한 정책 고려의 대상으로 삼는 것이 필요하다는 건 분명하다.

그런데 트럼프 행정부 시대엔 이상한 일이 벌어지고 있다. 정체성 정치는 원래 사회에서 억압받거나 소외받는 계층이 목소리를 내기 위해 시작된 것임에도 트럼프 시대에는 백인 우월주의자들의 정체성 정치가 기승을 부리고 있으니 말이다. 이와 관련,『월스트리트 저널』은 2017년 8월 13일 「정체성 정치의 독」이라는 사설에서 "정체성에 대한 강박은 삶을 정체성으로 재단하게 만든다"며 "정치권력, 사적 계약, 일자리와 월급도 개인의 능력보다 피부색이나 성별에 좌우되게 된다는 것을 의미한다"고 밝혔다.⁹

좌우를 막론하고 정체성 정치의 부작용에 관한 한, 한국은 미국에 비해 축복받은 나라임이 틀림없다. 한국엔 미국처럼 문화적 경계가 많이 존재하지 않기 때문이다. 그러나 한국에서 그러한 문화적 축복은 재앙이기도 했다는 점을 간과해선 안 될 것이다. 우리는 문화적 경계를 너무 존중하지 않는다. 중앙 집권적인 강자의 횡포가 극에 달해도 그에 도전하는 '정체성 정치'가 너무 없으며 너무 약했다. 물론 이젠 한국도 미국처럼 본격적인 정체성 정치의 시대에 접어든 만큼 여하히 정체성 정치의 명암을 동시에 살피면서 균형을 취할 것인지가 중요한 사회적 과제로 떠올랐다고 할 수 있겠다.

37

왜 극우와 극좌가
연대하는 일이 벌어질까?

단일 이슈 정치

미국의 문명 비판가이자 사회 운동가인 제러미 리프킨Jeremy Rifkin은 1995년 생물의 유전자 조작에 반대하는 운동에 대한 동조자로 환경 운동 단체, 동물 보호 단체, 평화 단체, 여성 건강 단체, 생명권 옹호 단체 등을 끌어들였다. 그는 심지어 유전자 조작에 반대하는 성명서에 기독교계의 거물급 지도자 60명의 서명을 얻어내는 등 복음주의 교회와도 손을 잡았다. 그 지도자들 가운데엔 극우적 성향으로 유명한 근본주의적 기독교 운동의 지도자인 제리 폴웰Jerry Falwell, 1933~2007 목사도 포함되어 있었다. 어떤 기준으로 보건 리프킨은 좌파다. 그러나 유전자 조작에 반대하는 일에선 좌파와 극우가 얼마든지 연대할 수 있다는 것을 몸소 보여준 셈이다.[10]

리프킨의 그런 '연대 전술'에 대해 어느 신학 교수는 "어떻게 그처럼 서로 다른 종교적 신념과 전통을 가진 종교 지도자들을 하나로 묶을 수 있었을까"라고 감탄했다지만,[11] 이 연대 전술은 이른바 '단일 이슈 정치single-issue politics'의 한 면모를 잘 보여주고 있다('단일 쟁점 정치'라고도 한다).

단일 이슈 정치란 특정 소수 집단이 자신들이 가장 중요하게 여기는 한 가지 이슈에만 '올인'하면서 다른 이슈들을 그 메인 이슈에 종속시키는 걸 의미한다. 그래서 메인 이슈에 대한 의견만 같다면, 또는 메인 이슈를 실현할 수 있는 출구만 열린다면, 이념적으로 자신의 정반대편에 있는 정치 세력과 연대·연합하기도 한다. 심지어 극우와 극좌가 연합하는 경우도 있는데, 리프킨의 '연대 전술'도 바로 그런 경우에 속한다고 볼 수 있다.

단일 이슈는 낙태, 총기 문제, 반전反戰, 동물 보호, 환경, 동성애 등 매우 다양하다. 단일 이슈 정치를 하는 단체들의 공통된 특징은 자신들의 이슈를 관철시키기 위해 치열한 로비를 한다는 점이다. 아예 정당까지 만드는 경우도 있는데, 이런 정당을 가리켜 '단일 이슈 정당single-issue party'이라고 한다. 이슈 중심의 투표는 이슈 투표issue voting, 정당 중심의 투표는 정당 투표party voting, 단일 이슈에 집착하는 유권자는 단일 이슈 유권자single-issue voter라고 한다.[12]

서정갑은 "단일 쟁점 집단은 그들이 추구하는 좁은 이익이나 그것과 직접적으로 관련된 것 이외에는 아무런 관심이 없다"며 다음과 같이 말한다. "이들은 타협을 기피한다. 타협을 한다면 아마 집단이 붕괴될 것이다. 그들의 이익과 목적은 타협이나 협상할 성질의 것이

못 된다. 1960년대의 월남 전쟁을 반대하는 집단이나, 1973년 대법원의 Roe v. Wade 판결 이후 낙태 수술을 반대하는 집단으로 생명권 보호를 위한 중앙위원회라든가, 태아의 생명권을 주장하는 집단 같은 것이 대표적인 예이다.”[13]

미국 정치학자 스티븐 스키어Steven E. Schler는 2000년에 출간한 『초청자만 환영: 배제의 정치의 부상By Invitation Only: The Rise of Exclusive Politics in the United States』에서 가능한 한 최대의 유권자들을 끌어들이려는 기존 정당정치와는 달리 자신을 지지할 가능성이 가장 높은 소수의 특정 집단들을 끌어들일 수 있는 특정 이슈에 초점을 두는 ‘배제의 정치’가 부상하고 있다고 진단했다. 이 ‘배제의 정치’가 바로 단일 이슈 정치를 가리키는 것이다.[14]

단일 이슈 정치는 1960년대 후반에서 1970년대 초반에 이르는 시기에 ‘이익집단의 폭증balkanization of interest groups’이 나타났고, 이에 따라 특정한 단일 이슈에 따라 수많은 이익집단이 동원되고 정치 과정에 영향을 미치게 되면서 생겨난 정치적 현상이다.[15]

2006년 이후 유럽 정당정치에서 새로운 정치 세력으로 주목받고 있는 해적당은 ‘단일 이슈 정당single issue party’의 출현을 알린 정치적 사건이다. 물론 완벽한 단일 이슈 정당은 아니다. 카스 무데Cas Mudde는 극우 정당을 단일 이슈 정당으로 볼 수 있는지에 의문을 던지면서 단일 이슈 정당의 특징으로 다음 4가지를 제시했다.

“첫째, 특정 사회 구조에 속하지 않는 유권자를 보유하고 있으며, 둘째, 하나의 단일 이슈에 준해 유권자의 지지를 받으며, 셋째, 이데올로기적 프로그램을 보유하고 있지 않고, 넷째, 전체적으로 유일한 이슈를 제기하는 정당이다. 앞의 두 가지 특징은 유권자 지지라는 수요 측면에서의 특징이고 나머지 두 가지 특징은 정당에 의한 공급 측면에서의 특징이라 할 수 있다."[16]

이 기준에 따르자면, 주로 30대 남성 중심으로 이루어진 해적당은 첫 번째 특징을 제외하고는 단일 이슈 정당의 특징에 부합한다. 해적당은 온라인에서 개인적 자유를 핵심 이슈로 설정하고 있고, 이념적 지향을 명백하게 드러내지 않으며, 다른 이슈에 대한 정치적 입장을 표명하지 않기 때문이다. 반면 극우 정당의 유권자들은 연령, 직업, 성별 등에서 특정 사회구조적 특징을 보유하고 있으며, 단지 이민이라고 하는 한 가지 이슈에 의해 움직이지 않기 때문에 단일 이슈 정당이라고 보기 어렵다.[17]

박설아와 류석진은 "이슈 정당은 기존의 전통적인 대중정당이 경험한 문제들을 피하고, 대신 가장 중요하다고 간주하는 하나의 프로그램에 집중한다. 이를 통해 의제 설정자로서의 역할을 극대화한다. 다른 한편, 이슈 정당은 대체로 사회운동에서 출발하는 경향을 보인다"며 다음과 같이 말한다.

"급격한 사회 변화 속에서 특정한 이슈가 정치적으로 부각됨에 따라 찬성 혹은 반대하는 입장을 표명하는 사회운동이 전개되고, 그러한 배경 속에서 보다 정치적으로 영향력을 확고하게 가지고 자신의 주장을 정책으로 관철하고자 하는 노력의 일환으로 이슈 정당은 등장한다. 수많은 시민단체들이 지속적으로 동일한 사회 이슈를 제기하는 데 집중함으로써 사회운동의 형태로 남지만, 이슈 정당은 초기에 제기하던 의제들을 확장하면서 정당의 형태를 만들어간다는 점에 주목할 필요가 있다."[18]

정보화가 더욱 진척되면서 이젠 거대 정당들도 '단일 이슈 정치'를 하는 사례가 크게 늘고 있다. 정보화가 '일극 집중'을 심화시킨 탓이다. 모리 겐森健은 '일본 최초의 인터넷 총선'이라 불린 2005년 총선에서 자민당은 수많은 이슈가 있음에도 의도적으로 '우정사업 민영화'라는 일극 이슈 집중으로 이끌어 승리했으며, 그러한 일극 집중을 가능케 한 것은 인터넷이었다고 주장했다.[19]

'단일 이슈 정치'엔 명암明暗이 있다. 정수복은 "오늘날 세계 곳곳에서 권위주의적 정권들이 물러가고 헌팅턴이 말하는 이른바 '제3의 민주화 물결'이 도래하면서, 일상생활에서의 구체적인 이슈와 문제를 제기하는 다양한 단일 이슈 운동들이 번창하고 있다"며 다음과 같이 주장했다.

"모든 사회운동이 일상적인 생활의 요구에서 출발하는 것은 지극히 당연하다. 그러나 이 모든 운동을 가로지르는 공동의 비전이 분명하게 설정된 것은 아니다. 오늘날 개별 사회운동은 각각의 영역에서 문제를 제기하고 있지만 전체적으로 어떤 사회의 모습을 그리고 있는지는 분명하지 않다. 사회주의 모델의 붕괴 이후 바람직한 사회의 모습을 그리려는 노력 자체가 사라져버린 것이다. 그래서 오늘날 사회운동은 '비전의 위기'를 겪고 있다."[20]

'비전의 위기'를 겪고 있는 건 사회운동뿐만은 아닐 게다. 정치와 민주주의 자체가 '비전의 위기'를 넘어 '무無비전'의 영역으로 들어간 건 아닐까? 전체적인 사회의 모습은 그리지 않은 채 개별적 이슈에만 매달리는 것도 문제지만, 정당의 목적은 오직 집권이라며 이슈를

집권을 위한 수단으로만 간주해 오락가락하는 건 물론이고 포퓰리

즘에 경도되어 있는 정치에서 무엇을 기대할 수 있을까?

38

왜 "개혁이 혁명보다 어렵다"고 하는가?

▼
▲

경로의존

경로의존經路依存, path dependency=dependence은 한 번 경로가 결정되고 나면 그 관성과 경로의 기득권 파워 때문에 경로를 바꾸기 어렵거나 불가능해지는 현상을 가리킨다.[21] 윌리엄 스월William Sewell의 포괄적 정의에 따르자면, 경로의존은 "시간상 앞서 발생한 사건이 이후 발생하는 사건 연쇄의 가능한 결과들에 영향을 주는 것"이다.[22] 경로의존은 사회과학적 개념이지만, 널리 쓰이다 보니 언론 칼럼에서도 자주 볼 수 있다. 그간 어떤 용법으로 쓰였는지 몇 가지 사례를 감상해보자.

(1) "영연방 국가에서 차량의 좌측통행 관행은 이제는 바꿀 수 없는 제도가 됐다. 운전대의 위치와 교통체계가 그에 맞춰졌기 때문이

다.……경로의존성이 강하면 외부 환경이 바뀌더라도 스스로 방향을 바꾸지 못한다. 그동안 참여정부의 행적은 뚜렷한 경로의존성을 보여준다. 숱한 혼란과 실패에도 불구하고 과거에 규정한 틀에서 한 발짝도 벗어나지 않는다. '헌법처럼 바꾸기 어려운 부동산 정책'은 경로의존성을 아예 법제화한 것이다. 지지율이 10%로 떨어진 환경 변화에도 사고방식이나 정책을 바꿀 생각이 없다. 스스로 못 바꾸면 외부의 힘에 의존할 수밖에 없다."(2007년 1월, 『중앙일보』 논설위원 김종수)[23]

(2) "비록 절반이 여성으로 채워져 있다고 해도 우리가 일반적으로 생각하는 것처럼 (여성차별의) 구태에서 벗어나는 것은 쉬운 일이 아니다. 새내기 판·검사나 정부 공무원, 의사, 외교관이 앞으로 리더로 커나가야 할 직장 문화는 매우 남성 중심적이다. 수적으로 우세하다 해도 이들이 남성 중심적 문화를 바꾸는 일은……쉽지 않을 것이다. 이들이 경로의존성에 젖어들기 전에 여성성을 발휘하면서도 커리어를 발전시켜나갈 여성 대책이 모색되어야 한다."(2007년 3월, 서강대학교 경제대학원 교수 이인실)[24]

288
289

(3) "오늘날 우리가 목격하는 많은 행정적 규제들은 경로의존의 결과로 해석할 수 있다. 인터넷 규제와 관련한 하나의 제도가 만들어지고 경로가 형성되면 이 중심 경로를 기반으로 가지를 쳐나가게 된다. 중심 경로의 가지가 복잡해질수록 전환 비용이 커져서 경로를 바꾸기 어려워진다. 규제 권한을 가진 행정기구는 기존 경로의 안정성 또는 평형을 유지하고자 하는 경향이 크다. 그 결과로 새로운 현상이 발생하면 기계적으로 기구를 확장하여 대처하는 방식을 택한

다. 조직을 확대하는 것은 예산의 증가를 수반하고, 규제 대상에 대한 사회적 영향력을 키워 조직을 성장시키는 방편이다. 규제 기관의 입장에서 보면, 규제 자체의 정당성을 고민하기보다는 기구의 존재감과 이익을 담보하는 손쉬운 수단으로 '규제 범위' 및 '관할권의 확장'을 도모하게 된다."(2011년 12월, 건국대학교 언론홍보대학원 교수 함용석)[25]

(4) "한국 사회의 정상적인 발전을 저해하는 투기 공화국적 성격이 강한 경로의존성을 가지면서 지금에 와서는 궤도를 수정하기가 무척 어렵게 됐다. 국민경제에서 토건 관련 산업이 차지하는 비중의 크기와 영향력은 차치하더라도 근래 선거 결과에서 확인되는 것처럼 부동산-정확히 말해 부동산 가격 상승 및 유지-에 대한 시민들의 열망과 기대는 과잉 상태다.……첫 단추를 잘못 꿰면 마지막 단추를 꿸 곳이 없어지듯이 중요한 경로를 처음에 그릇되게 설정하면 경로의존성으로 인해 왜곡된 경로를 바로잡는 것이 너무나 힘들게 된다. 부동산으로 인해 고통당하는 대한민국이 지금 그런 처지다. 더 늦기 전에 왜곡된 경로를 바로잡아야 한다. 투기 공화국과 작별해야 한다."(2014년 2월, 토지정의시민연대 사무처장 이태경)[26]

(5) "2007년 8월 발사된 우주 왕복선 엔데버호 발사에 사용된 추진 로켓의 지름과 관련된 것인데, 당시 충분한 연료를 넣기 위해서는 사이즈를 더 크게 만들어야 했지만, 추진 로켓을 수송하는 기차가 터널을 통과하기 위해서는 열차 선로의 폭에 로켓 사이즈를 맞추는 방법을 택할 수밖에 없었다. 로켓의 지름은 4피트 8.5인치(143.51㎝)로 정해졌다. 그렇다면 열차 선로의 폭은 어떻게 정해진 걸까? 열

차 선로의 폭은 영국의 석탄 운반용 마차 선로를 기준으로 건설됐으며, 이는 2천 년 전 말 두 마리가 끄는 전차 폭에 맞춰 만들어진 로마 가도의 폭이 기준이 됐다. 결국 인간은 2천 년 전 말 두 마리의 엉덩이 폭으로 길을 정한 기준을 지금까지 사용하고 있는 것이다. 한번 정한 일정한 경로에 의존하기 시작하면 나중에는 그 경로가 비효율적이라는 것을 알면서도 여전히 그 경로에서 벗어나지 못하는 경로의존성은 오늘날과 같은 급변하는 환경에서 기업이나 조직 구성원이 도태되지 않기 위해서 반드시 버려야 할 태도다."(2014년 3월, 경영학 박사 김경원)[27]

(6) "돌이켜보면 민주화 이후 정부의 경제 정책에는 공통된 '경로의존성'이 엿보인다. 독재정권 시절의 관치 경제를 극복하겠다며 역대 정부가 규제 완화와 시장 자율 정책에 초점을 맞춰온 것이다. 그로 인해 소수 재벌과 일부 계층의 경제력 독점이라는 결과를 가져왔을 뿐이다. '좁디좁은 연못 속에 고래 몇 마리가 들어차 있는' 기형적인 생태계 속에서 나머지 생명체들은 질식해 죽어가고 있다."(2015년 2월,『경향신문』경제부장 서의동)[28]

(7) "김상조 공정거래위원장 후보자는 자신의 개혁 방법론에서 가장 중요한 두 가지 개념으로 '경로의존성'과 '제도적 상호의존성'을 강조한다. 경로의존성은 과거에 어떤 길을 걸어왔느냐가 현재의 선택과 미래의 결과를 좌우한다는 뜻이다. 경로의존성의 관점에서 보면 정책 대안은 주어진 현실 조건을 고려해서 찾을 수밖에 없다. 또 제도적 상호의존성은, 어느 한 제도의 성과는 다른 제도들과 얼마나 긴밀한 보완 관계를 맺고 있느냐에 따라 결정된다는 뜻이다. 미국에

서는 나름 효율적으로 운영되는 사외이사 제도가 한국에서 총수의 거수기로 전락한 것은 미국처럼 적극적인 기관 투자가와 효율적인 소송 시스템이 미비하기 때문이다. 김 후보자는 '경로의존성과 상호 보완성은 왜 개혁이 혁명보다 어렵다고들 하는지 그 이유를 설명해준다'며 '재벌과 금융 개혁이 한국 경제의 진보를 위한 근본 과제라고 생각하지만 지금 당장 주가와 부동산 가격 문제에 관심을 집중하고 있는 국민의 생각을 존중하지 않고는 어떤 개혁도 성공할 수 없다'고 말했다."(2017년 5월, 『한겨레』 선임기자 곽정수)[29]

그렇다. 김상조가 잘 지적했듯이, 개혁이 혁명보다 어려운 주요 이유가 바로 경로의존이다. 다른 사례들도 직간접적으로 이를 잘 말해주고 있다. 무엇보다도 기존 경로에 의존해온 사람들에게 새로운 경로는 어떤 형태로건 이익의 박탈을 의미하는 것이라는 점이 중요하다. 이와 관련, 재러드 다이아몬드Jared Diamond가 『총, 균, 쇠: 무기·병균·금속은 인류의 운명을 어떻게 바꿨는가』(1997)에서 아주 흥미로운 사례를 제시했다.

"미국과 독일의 도시들이 도로의 조명을 전기로 바꾼 지 한참이 지난 후에도 왜 영국의 도시들은 1920년대까지 가스를 사용하고 있었을까? 왜냐하면 영국의 각 시 당국들이 가스 조명에 이미 막대한 돈을 투자해서 그것과 경쟁하는 전기 조명 회사들을 규제했기 때문이다."[30]

우리는 기존 경로의 수혜자들을 가리켜 '기득권 세력'이라고 한다. 그래서 새로운 경로를 만들고자 할 때에 '기득권 타파'를 외쳐댄다. 그런데 이 외침은 곧잘 타파의 가능성을 치밀하게 따져 전략과 전술을 제대로 검토하지도 않은 채 "옳다면 무조건 외쳐야 한다"는 식의 당위론으로 흐르는 경우가 많다. 그렇게 하다가 패배하면 '절반의 승리'라고 자위하면서 기득권 세력에 대한 증오심만 키워나간다. 이게 과연 최선일까?

로버트 퍼트넘Robert D. Putnam과 루이스 펠드스타인Lewis M. Feldstein은 지역공동체를 살리기 위해 사회자본social capital을 형성하고자 할 때엔 기존 경로를 활용해 고쳐 쓰는 게 더 낫다는 타협책을 제시하면서 미국의 도시 빈민 운동가이자 커뮤니티 조직 운동가인 솔 알린스키Saul Alinsky, 1909~1972의 슬로건을 긍정한다. "모든 조직화는 재조직화다All organizing is reorganizing." 예컨대, 처음부터 새로운 조직을 만들려고 하지 말고 부실할망정 기존 학교·교회 조직 등을 활용해 증강·개혁해나가는 방식을 쓰라는 것이다.[31]

알린스키는 무슨 뜻으로 그런 말을 한 걸까? 알린스키는 권력의 두 근원으로 '조직화된 금력organized money'과 '조직화된 민중organized people'을 들었다. 운동가가 '조직화된 금력'에 대항하기 위해선 '조직화된 민중'이 필요하며, 따라서 운동가는 "정의를 원한다면 조직하라!If you want justice, organize!"는 슬로건을 첫 번째 행동 강령으로 삼아야 한다는 것이다.[32] 그렇다면 어떻게 해서 대중의 참여를 이끌어낼 것인가?

독단적 교리에 사로잡힌 진보주의자들은 '타협'을 보수화 또는 우경화로 보거나 추악하게 생각하는 고질병을 앓고 있었다. 이에 강한 문제의식을 느낀 알린스키는 "타협은 허약함, 우유부단함, 고매한 목적에 대한 배신, 도덕적 원칙의 포기와 같은 어두움을 가지고 있는 단어"이지만, "조직가에게 타협은 핵심적이고 아름다운 단어"라고 주장했다.[33] 타협할 수 있는 신축적인 자세를 갖는 데에 가장 큰 장애가 되는 것은 일관성에 대한 집착이다. 알린스키는 운동가는 그런 집착을 버리고 '통합적 정신분열증 환자integrated schizophrenic'가 되어야 한다고 역설했다.[34]

이건 커뮤니티 운동에 적용된 해법일 뿐이지만, 세상을 바꾸는 데에 결정적 장애가 되는 경로의존의 덫을 넘어서는 데엔 경청할 만한 가치가 있다. 변화를 거부하는 사람들에게 '기득권 세력'이라는 딱지를 붙이면 탐욕이나 음모를 연상하게 되지만, 우리 인간의 속성이라고 해도 좋을 '현상 유지 편향status quo bias'과 '손실 회피 편향loss aversion bias'이라는 개념으로 이해하면 다른 그림이 그려진다. 현상 유지 편향은 사람들이 이해득실의 문제를 떠나 현재의 상태에 그대로 머물고자 하는 강한 정서를 갖고 있는 것을 말한다. 손실 회피 편향은 얻은 것의 가치보다 잃어버린 것의 가치를 크게 평가하는 것을 말한다. 예컨대, 1만 원을 잃어버렸을 때 느끼는 상실감은 1만 원을 얻었을 때 느끼는 행복감보다 크다는 것이다. 정서적으로 2배의 차이가 난다는 실험 결과도 나와 있다.[35]

그런 정서의 문제까지 서둘러 탐욕이나 음모로 간주해 '적'의 수를 자꾸 늘릴 필요가 있을까? 설사 기득권 세력이라 하더라도 모두 다 한통속은 아닐 게다. 기득권 세력은 저항 세력에 대해 정면 돌파만 하는 게 아니라 포섭 전략을 쓰기도 하는데, 왜 저항 세력은 포섭 전략을 불온시하면서 '닥치고 격파!'만 외치다 제대로 된 싸움 한번 못해보고 주저앉아야 한단 말인가?

경로의존

39

왜 일상은
혁명의 시작과 끝을 망치는가?

자물쇠 효과

왜 한 번 결정된 경로는 다른 방향으로 잘 전환되지 않고 지속되는가? 이걸 설명하기 위해 나온 게 '록인 효과lock-in effect'다. 'lock in'은 "가두다, 감금하다"는 뜻이어서 우리말로 '잠금 효과', '잠김 효과', '자물쇠 효과', '고착 효과', '동결 효과' 등 다양하게 번역되어 쓰이고 있다. 여기선 이해하기 쉬운 '자물쇠 효과'로 부르기로 하자. 비슷한 용어로 보이지만, '록인 증후군locked-in syndrome'은 환자의 의식은 있지만 몸의 운동 기능이 마비된 상태를 말하는 의학 용어다. '감금 증후군'이라고도 한다.[36]

자물쇠 효과는 정책, 산업, 기술, 기업 등 다양한 분야에서 쓰인다. 폴 피어슨Paul Pierson은 정책에 영향을 받는 대상자는 정책으로 인해 얻는 이득과 작용으로 인해 지속적으로 정책에 대해 이해관계를 가지게 되는 자물쇠 효과 때문에 계속해서 그 정책을 지지하게 되면서 경로의존성을 띠게 된다고 말한다.[37] 특정 산업이나 기술에 깊이 연루된 이해관계자들의 영향력이 클 때에는 그 산업이나 기술과 다른 방향으로 변화를 추구할 수 없다는 설명도 있고,[38] 구조의 속성에 의해 행위자의 인지가 결정되면, 행위자의 행위 패턴이 기존 구조에 의해 부정적으로 관성화되는 것이라는 정의도 있다.[39]

　기업과 관련된 자물쇠 효과는 소비자들이 그동안 사용해왔던 상품이나 서비스에서 다른 것으로 전환하려고 할 때 회사가 마일리지나 포인트 등으로 전환 비용switching cost을 높이는 식으로 이를 저지하는 것을 말한다.[40] 부품으로 자물쇠를 채우기도 한다. 예를 들어, 프린터 기기와 프린터의 주요 부품인 잉크 카트리지를 함께 생산하는 기업 A가 있는데, 이 기업이 생산한 프린터는 자사의 잉크 카트리지만을 이용하도록 설계되어 있다. 이 경우 기업 A에서 생산하는 프린터 기기를 구입한 소비자들은 다른 기업에서 더 좋은 잉크 카트리지가 나온다 할지라도 기업 A의 잉크 카트리지를 이용할 수밖에 없다.[41]

　처음부터 계약 조건에 의해 자물쇠 효과가 일어나도록 하기도 하는데, 흔한 사례로는 이동통신 시장에서 찾아볼 수 있다. 이용자는 최신 스마트폰을 최대한 저렴하게 구입하고자 한다. 이러한 성향을 잘 아는 이동전화 사업자는 이용자에게 최신 단말기를 싼 가격에, 심지어 무료로 제공하기도 한다. 단, 약정제를 통해 일정 기간 내에 다른 사업자로 이탈할 때에는 이용자가 적지 않은 위약금을 물도록 함으로써 자물쇠를 채우는 것이다.[42]

자물쇠 효과

어떤 상품에 대한 수요가 형성되면 이것이 다른 사람들의 수요에 영향을 미치는 것, 즉 사용자들이 몰리면 몰릴수록 사용자가 계속 늘어나는 것을 가리켜 '네트워크 효과network effect'라고 하는데,[43] 이는 자물쇠 효과를 유발하기 마련이다. 그래서 그간 네트워크 효과는 업계에서 '만병통치약'처럼 여겨져왔지만, 미국 MIT 교수 캐서린 터커 Catherine Tucker는 2018년 6월 『하버드비즈니스리뷰』 디지털판 기고문을 통해 "더이상 플랫폼과 네트워크 효과가 이전만큼 중요하지 않게 됐다"고 주장해서 주목을 끌었다. 2000년을 전후해서 마이크로소프트MS는 "우리가 표준을 만든다We set standard"는 슬로건의 취지대로 다른 기업이 넘볼 수 없는 네트워크 효과를 확보한 것으로 여겨졌지만, 2018년 현재 MS는 자사의 생태계 안에서 고객을 유지하기 위해 안간힘을 쓰고 있는 게 좋은 증거라는 것이다.[44]

왜 그렇게 된 걸까? 안갑성은 "오늘날의 네트워크 효과는 데스크톱 PC 같은 특정 하드웨어HW에만 국한되지 않는다. 2000년 데스크톱 PC 시대 이후 우리들은 스마트폰, 태블릿PC, 아마존 '알렉사'와 같은 디지털 보조 기기와 함께 다른 여러 디바이스의 진화를 목격했다. 이는 1990년대 데스크톱 PC의 경우처럼 네트워크 효과가 더이상 특정 하드웨어에 얽매이지 않는다는 점을 뜻한다. 대신 기술 기업의 규모는 이제 여러 하드웨어 플랫폼에 참여시킬 수 있는 사용자 프로필 수에 달려 있다"며 다음과 같이 말한다.

"이는 네트워크 효과를 보여주는 플랫폼이 순수한 '디지털' 그 자체일 수 있음을 의미한다. 소셜 네트워크, 인기 앱과 앱스토어는 특정 유형의 하드웨어에 의존하지 않기에 사용자는 새로운 하드웨어를 쓸 필요가 없다. 스마트폰에 5개의 서로 다른 소셜미디어 앱이 있는 건 전혀 문제될 게 없다. 반대로 운영체제가 다른 5개의 데스크톱 PC를 쓰는 건 영 어색하다. 공급 측면에서도 이러한 경향을 따르게 된다. 보통 개발자들이 새 플랫폼을 개발하고 전달하기보다 새로운 플랫폼에 적용되는 코드를 개발하는 편이 더 저렴하다."

이어 안갑성은 "어떤 사람들은 플랫폼을 통해 데이터를 확보한 고객을 통해 디지털 플랫폼을 보다 '밀착 플랫폼'으로 만들 수 있다고 주장한다. 이 같은 주장은 한곳에 저장된 데이터가 '잠김 효과 Lock-In Effect'로 이어져 네트워크 효과를 유발할 수 있다고 말한다. 그러나 역사적으로 이는 거짓으로 드러났다"며 다음과 같이 말한다.

"한때 네트워크 효과를 보여주는 '밀착 디지털 플랫폼'의 학습 사례였던 애플의 아이튠스iTunes 스토어를 보면 된다. 일단 당신이 MP3 형식의 데이터 라이브러리를 사용했다면 다른 플랫폼으로 전환할 방법이 없어 보였다. 음악 라이브러리를 여러 장소에서 갖고 싶은 사람은 누구일까. 올바른 재생 목록은 어떻게 찾을 수 있을까. 음원 제공 업체는 소비자에게 다가가야 한다는 점을 알고 있었고 소비자들은 그들이 원하는 모든 음악이 그곳에 있다는 것을 알았기 때문에 아이튠스로 자연스럽게 이끌려 갔다. 그러나 스포티파이Spotify가 시장에 진입한 뒤 이러한 아이튠스의 장점이 얼마나 수명이 짧은지 드러났다. 언제든지 노래를 스트리밍할 수 있게 된다면 MP3 음악 라이브러리가 무슨 상관인가."[45]

네트워크 효과와 자물쇠 효과의 퇴조가 광범위하게 이루어질 것인지는 두고 봐야 하겠지만, 아직까지는 이 효과들에 대한 우려가 끊임없이 제기되고 있다. 2019년 2월 『니혼게이자이신문日本経済新聞』은 전 세계의 정보와 지식이 소수 정보·기술IT 대기업에 집중되는 '뉴 모노폴리new monopoly(신 독점)' 현상이 국제사회의 심각한 과제로 떠오르고 있다고 보도했다. 현재 뉴 모노폴리 현상을 주도하며 전 세계 지식 시장을 지배하는 건 미국의 GAFA(구글·애플·페이스북·아마존)와 중국의 BAT(바이두·알리바바·텐센트) 등 7개사인데, 이들의 서비스 사용자 수를 단순 합산하면 약 130억 명으로 세계 인구 수를 웃돈다. 이 신문은 "GAFA·BAT의 거대 경제권에 발을 들이는 순간 기업조차 탈출하기 어렵다"고 우려했다.[46]

이렇듯 자물쇠 효과는 주로 정책, 산업, 기술, 기업 등과 관련해 쓰이지만, 사회 개혁을 논하는 데에도 유용한 개념이다. 예컨대, 우석훈과 박권일은 『88만원 세대: 절망의 시대에 쓰는 희망의 경제학』에서 세대 갈등과 관련해 자물쇠 효과의 문제를 거론한다. 이들은 "지금 우리 모두는 다음 세대를 착취하는 사회적·역사적인 구조에 갇혀 있는 것인지도 모른다"며 다음과 같이 말한다.

"누가 승자가 될까? 5% 미만의 특수한 직종과 지위에 있는 사람을 제외하면 이 구조에서는 모두 패자가 될 가능성이 높고, 지금 한국이 갇혀 있는 이 승자독식 게임은 우리를 영광의 번영의 미래보다는 파시즘과 혐오가 지배하고, 조금이라도 힘이 약하고 조금이라도 나이가 어린 사람들에게 가차 없이 정신적·언어적 그리고 경제적 폭력을 가하게 될 아주 고통스러운 구조가 될 가능성이 매우 높다."[47]

자물쇠를 깨부술 수는 없는 걸까? 최근의 연구자들은 경로 문제를 '의존'뿐만 아니라 '창조'로도 해석하면서 새로운 경로 창조의 길을 모색하고 있긴 하지만,[48] 이는 주로 지역발전이라는 비교적 작은 문제에 국한된 것이다. 오랜 세월 한국 사회를 지배해온 승자독식 체제의 자물쇠를 깨부수기 위해선 과연 무엇이 필요한 걸까?

그간 새로운 경로 창조의 유일한 가능성은 강한 정치경제적 위기와 충격으로 인한 '역사적 전환점historical junctures'이라는 원론적 진단은 나왔지만,[49] 문제는 그 전환점의 판별이 쉽지 않고 전환점으로 판단했다 해도 각 개인의 일상이 자물쇠 노릇을 해왔다는 점에 있다. 2015년 20~34세 청년층의 42퍼센트가 "붕괴, 새로운 시작"을 원한다는 연구 결과가 나왔지만,[50] 그런 '붕괴'를 시도할 주체가 누구여야 하느냐는 '고양이 목에 방울 매달기' 문제가 발목을 잡고 있는 셈이다. 우석훈과 박권일이 방법론으로 제시한 '바리케이드'와 '짱돌'도 이 문제에서 자유롭지 못하다고 볼 수 있다.

앙리 르페브르Henri Lefebvre, 1901~1991는 "일상이야말로 그 모든 혁명이 실패하는 원인"이라고 했지만,[51] 일상은 아예 처음부터 혁명으로 나아갈 수 없게 만드는 자물쇠이기도 하다. 모든 구조와 게임의 법칙이 잘못되어 있다는 걸 잘 알지만, 우선 당장 먹고살아야 하는 개인적 일상의 굴레와 압박이 저항해야 할 사람들의 연대와 단합을 가로막고 있는 것이다. 르페브르는 혁명을 '일상의 종식'으로 정의했는데,[52] 사람들은 일상에서의 탈출을 두려워하며 그건 너무도 당연한 일이다. '일상의 독재'에 저항할 수 있는 그 어떤 사회적 보험 장치에 대해 고민해야 하는 걸까? 아니면 기존 경로가 스스로 붕괴되기를 기다려 그 폐허 위에서 새로운 경로를 만들어야 하는가? 그건 너무 가혹하지 않은가?

40

왜 보수와 진보는
각기 다른 도덕 시스템을 갖고 있는가?

:

도덕 기반 이론

해외여행을 많이 다녀본 사람이라면 절감하겠지만, 인간의 도덕은 하나가 아니다. 문화권마다 각기 다른 도덕 체계를 갖고 있다. 미국 시카고대학 문화인류학자이자 문화심리학자인 리처드 스웨더Richard A. Shweder는 1990년에 발표한 연구에서 전 세계의 도덕 체계를 두루 살핀 끝에 도덕관념은 단순히 이성적 숙고의 결과가 아니며 문명의 고유한 성격에서 비롯된 문화적 경험과 기반 위에 형성된 특유의 문화적 심리의 산물이라고 주장했다. 그의 연구에 따르면, 도덕은 ① 개인 자율성autonomy의 윤리, ② 공동체community의 윤리, ③ 신성함 divinity의 윤리 등 3가지 차원으로 구성되어 있다.

개인 자율성의 윤리는 개인주의 사회에서 나타나는 지배적 윤리로, 사람들이 저마다의 욕구·필요·애호를 지닌 자율적 개인이라는 전제하에 개인의 권리와 자유, 개인 간 형평과 정의를 중시한다. 공동체의 윤리는 사람이란 가족·팀·회사·군대·부족·나라 등 자신보다 큰 실체의 구성원이라는 전제하에 공동체의 통합을 위해 의무·위계질서·공경·명성·애국심 등을 중시한다. 신성함의 윤리는 인간은 신의 자식이며, 따라서 그에 맞는 행동을 보여주어야 한다는 전제하에 거룩함과 죄악, 순결과 오염, 고결과 타락 등의 도덕적 개념을 중시한다.[53]

이미 중고교 시절 문화 상대주의cultural relativism를 열심히 배운 우리로서는 이건 뭐 새로울 게 없는 상식 수준의 이야기일 수도 있다. 그런데 우리는 문화권 또는 국가별로 각기 다른 도덕 체계를 갖고 있다는 데엔 쉽게 수긍하면서도, 한 국가 내에서 이념이나 당파성 역시 각기 다른 도덕 체계의 산물일 수 있다는 생각은 하지 않는 경향이 있다. 그건 도덕을 좁게 해석해 개인 자율성의 윤리로만 생각하기 때문이다.

1992년부터 2년간 스웨더와 공동연구를 한 심리학자 조너선 하이트Jonathan Haidt는 스웨더의 3가지 도덕 체계를 자신의 실험에 응용한 결과, 대학생들은 거의 자율성의 윤리만을 도덕성의 언어로 삼아 이야기한 반면, 다른 집단(특히 노동자 계층 집단) 사람들은 공동체의 윤리를 그보다 훨씬 더 많이 사용하고 있었고, 신성함의 윤리도 좀 더 이용하고 있다는 것을 발견했다.[54] 하이트는 이런 발견을 토대로 10여 년간의 연구 끝에 2004년 '도덕 기반 이론Moral Foundations Theory'을 제시했다.[55]

최초로 도덕을 본격적인 과학적 연구의 대상으로 삼은 심리학자는 장 피아제Jean Piaget, 1896~1980와 로런스 콜버그Lawrence Kohlberg, 1927~1987다. 이들은 도덕성을 '정의justice'의 단일 원칙에서 옳고 그름을 판단하는 기준으로 보면서 개인이 공동체 내에 적응하면서 발생할 수 있는 도덕적 갈등 상황에서 무엇이 옳은지에 대한 판단의 근거가 인지 발달과 함께 상위의 단계로 확장된다고 주장했다.[56] 특히 콜버그는 인간 존엄성을 존중하는 것이 도덕 발달의 최고이자 최종 단계라고 판단했기 때문에 그의 도덕 발달 이론theory of stages of moral development은 현대의 인권 논의에 지대한 영향을 미쳐왔다. 그런데 하이트의 도덕 기반 이론은 콜버그의 도덕 발달 이론을 부정할 뿐만 아니라 인권의 도덕관에도 의문을 던진다.[57]

하이트는 도덕성에 대한 이해를 스스로 깨치기 위해서는 선천적으로 도덕성을 인식할 수 있도록 구조가 있어야 한다고 보고, 이를 '도덕 기반moral foundation'이라고 불렀다. 그는 도덕 기반은 인간의 진화 과정에서 개인의 생존과 집단생활을 영위하기 위해 경험 이전에 구조화되어 있다고 주장함으로써 이성적 과정을 통해 도덕적 지식의 형성과 도덕적 판단이 가능하다는 이전의 관점을 뒤엎었다.[58]

하이트는 「감정적 개와 이성적 꼬리: 도덕적 판단의 사회적 직관주의자 모델The Emotional Dog and Its Rational Tail: A Social Intuitionist Approach to Moral Judgment」(2001)이라는 논문을 통해 사람들의 도덕적 판단이 이성적으로 이루어지기보다는 직관적으로 이루어지며, 직관적 판단이 이루어진 이후 판단에 대한 이성적 합리화 과정이 진행된다고 주장했다. 도덕적 이유는 직관이라는 개가 흔드는 꼬리에 불과하기 때문에 우리가 도덕적 · 정치적 논쟁을 할 때 왜 분통 터지도록 답답해하는지가 설명된다는 것이다.[59] 그는 도덕적 판단은 이성과는 아무 관련이 없으며 오히려 미학적 판단과 비슷하다며 다음과 같이 말한다.

"우리는 그림을 보는 순간 그 그림이 우리 마음에 드는지 아닌지 그 자리에서 자연스럽게 안다. 누군가가 왜 그런 판단을 내렸느냐고 물으면 우리는 이런저런 의견을 제시할 것이다. 도덕적 논쟁도 이와 매우 흡사하다. 두 사람이 어떤 문제를 놓고 강력한 감정을 표출한다. 감정이 먼저이고, 이유는 서로 대화를 나누기 위해 도중에 만들어진다."[60]

그간 도덕 심리학자들에 의해 도덕 영역의 핵심 가치로 여겨져온 것은 배려/위해care/harm와 공정/기만fairness/cheating이었다. 배려/위해는 누군가의 고통을 덜어주는 일은 옳은 것으로, 잔인한 행동은 옳지 않은 것으로 판단하는 마음, 공정/기만은 사기꾼이나 부정행위자를 멀리하거나 벌주고 호혜적인 협력을 추구하는 마음으로 볼 수 있다. 하이트는 이런 가치는 타인의 권리를 침해하지 않으면서 자신의 이익을 최대한 확보하고자 하는, 서구 개인주의 사회의 도덕적 판단을 반영할 뿐, 모든 문화에서 보편적으로 적용할 수 있는 원칙이 될 수 없다고 보았다.

그래서 하이트는 이 두 영역 외에 충성/배반loyalty/betrayal, 권위/파괴authority/subversion, 신성/타락sanctity/degradation 영역을 추가했다. 충성/배반은 집단에 협력하는 자에게는 신뢰와 보상을 주고, 그렇지 않은 자는 응징함으로써 집단의 유지와 번영을 꾀하려는 마음이다. 권위/파괴는 기존의 권위에 대한 두려움이나 존경심을 느끼면서 권위에 대한 도전을 응징함으로써 위계적 공동체를 형성·유지하고자 하는 마음이다. 신성/타락은 순결, 청결, 절제 등을 신성한 것으로, 그렇지 않은 것을 혐오스러운 것으로 분류함으로써 미덕을 추구하는 마음인데, 이런 마음은 신성이 훼손되었다고 느낄 경우 언제든지 분노·경멸·혐오의 감정(예컨대, 인종차별주의)으로 바뀔 수 있다.[61]

하이트는 배려와 공정이라고 하는 2가지 가치는 개인의 권리와 안녕을 강조하는 것이므로 개인적 접근에 해당하고, 충성, 권위, 신성이라는 가치들은 집단을 결속시키는 충성심, 의무, 자기통제를 강조하므로 결속적 접근에 해당한다고 분류했다. 하이트는 후속 연구를 통해 진보는 보수에 비해 배려/위해, 공정/기만이라는 기반에 더 몰두하고 더 많이 사용하지만 보수는 진보에 비해 앞의 5가지 기반을 모두 공평하게 몰두하고 더 많이 사용한다는 결과를 얻었다.[62]

진보주의자와 보수주의자가 복지 정책, 동성애, 낙태 등의 사회적 이슈에 대해 첨예한 대립을 보이는 것은 전자가 동원하는 도덕성 기반이 배려와 공정에 집중되어 있는 반면, 후자는 이를 포함한 충성·권위·신성을 골고루 중시하고 있기 때문이라고 할 수 있다.[63] 하이트가 미국에서 진보적 성향의 교회와 보수적 성향의 교회 설교 내용을 분석한 결과도, 진보적인 성향의 유니테리언 교회 목사들은 배려와 공정의 단어, 보수적 성향의 침례교 목사들은 충성, 권위, 신성과 관련된 단어를 훨씬 더 많이 사용하고 있음을 보여주었다.[64]

하이트는 5가지 도덕성 기반을 미뢰taste bud에 비유하여 누구나 혀의 미각 수용기를 통해 5가지 맛(단맛, 짠맛, 신맛, 쓴맛, 감칠맛)을 느끼지만 문화에 따라 좋아하는 음식이 다르듯 5가지 도덕성 기반의 조합은 개인적 경험, 성격 특성, 문화적 사회화의 상호작용에 따라 달라진다고 설명한다. 즉, 정치 성향은 개인적 경험과 사회적 환경에 따라 가변적이며, 이러한 문화로서 정치 성향에 따라 도덕성 기반의 조합은 영향을 받을 수 있다는 것이다.[65]

하이트는 2012년에 출간한 『바른 마음: 나의 옳음과 그들의 옳음은 왜 다른가The Righteous Mind: Why Good People Are Divided by Politics and Religion』에서 도덕성 기반을 하나 더 추가했는데, 그건 바로 자유/압제liberty/oppression 기반이다. 그는 압제에 대한 혐오는 정치적 보수와 진보 양편 모두에게서 발견되지만, 그 적용 범위에서 둘 사이엔 큰 차이가 있다고 말한다. 진보주의자들은 장소에 상관없이 모든 곳의 약자, 희생자, 무력한 집단을 염두에 두고 자유/압제 기반을 이용하지만, 보수주의자들은 인류 전체보다는 자신이 속한 집단을 중시하면서 지역주의에 더 가까운 특징을 가진다는 것이다.[66]

하이트는 이 책에서 이전에 제시한 공정/기만 기반도 비례의 원칙을 더 강조하는 쪽으로 수정했다. 비례의 원칙은 각자 자신이 한 만큼 받고 하지 않았으면 그만큼 받지 말아야 한다는 논리로, 어떤 사람이 자기 응분의 몫보다 많은 것을 챙기면 누구든 화가 나게 되어 있다는 것이다. 하이트에 따르면, 이 원칙은 보수와 진보 모두 중시하긴 하지만, 보수가 더 중시하며, 진보주의자들은 공정(비례의 원칙)이 동정심이나 압제에 대한 저항과 상충할 때에는 공정은 버리고 그 대신 이 둘을 취하는 경우가 많다.[67]

하이트는 2014년 7월 『중앙선데이』 인터뷰에서 세월호 참사를 둘러싼 보수·진보의 갈등을 이 비례의 원칙으로 설명했다. 그는

"진보 성향의 사람들은 보다 감정적으로 더 열정을 가지고 피해자를 도와야 한다고 생각하는 데 비해 비교적 보수에 있는 사람들은 '공정성'에 무게를 두는 경우가 많다"고 분석했다. 그러면서 "국가적인 비극을 겪었기 때문에 많은 사람이 슬픔의 공감대에 있는 것은 당연하다"며 "다만 사고로 죽지 않은 사람들에게까지 특혜를 주는 것에 대해서는 도덕심리학적으로 볼 때 공통적으로 동의를 할 수 있을지 확실치 않다"고 말했다.[68]

하이트는 미국의 보수주의자들과 진보주의자들 사이에서 벌어지는 치열한 '문화 전쟁'을 도덕 기반 이론으로 설명한다. 그는 사람들의 정치적 의사결정이 이해관계에 기반을 둔 합리적 판단이 아니라 감정에 의해 결정되며, 따라서 인간의 감정적이고 도덕적 층위를 알아야 정치를 이해할 수 있다면서, 1980년대 이후 선거에서 공화당이 선전하고 있는 이유가 폭넓은 도덕성 기반 활용 덕분이라고 주장한다.[69]

그러나 오창동은 하이트가 이런 주장을 뒷받침할 수 있는 도덕성 기반과 정당 체제, 투표 행태 사이의 관계를 구체적으로 제시하지는 못했다며, 개인에 초점을 맞춘 연구만으로는 정치적 의제와 정당 체제에 대한 포괄적 이해에 도달할 수는 없다고 반박한다. 또 정치적 행위의 원천이 합리성이건 도덕적·감성적 판단이건, 정당에 대한 사회적 지지와 투표 행태는 원자적 개인의 독립적인 판단에 의해서 이루어지는 것이 아니며, 유권자의 정치적 정체성은 가족과 주변의 이웃, 마을이나 학교, 교회와 같이 그가 속한 공동체와의 상호작용을 통해 만들어지고 변화하기 때문에, 정치를 매개하는 공동체나 집

단에서 생산하는 담론에 관심을 기울여야 한다는 것이다.[70]

조슈아 그린Joshua Greene은 『옳고 그름: 분열과 갈등의 시대, 왜 다시 도덕인가Moral Tribes: Emotion, Reason, and the Gap Between Us and Them』(2013)에서 하이트의 미각 비유를 적극적으로 해석해, 자유주의자들은 배려·공정·자유의 맛은 쉽게 느끼지만 충성·권위·신성의 맛은 잘 느끼지 못하는, 유난히 나쁜 혀를 갖고 있다는 게 하이트의 주장이라고 말한다. 달리 말하자면, 자유주의자들은 빈약한 도덕적 감성을 지니고 있다는 주장이라는 것이다. 그러면서 그린은 자유주의자들의 도덕적 미각은 협소하다기보다 정제된 것일지 모른다는 반론을 편다.

그린이 제기한 반론의 핵심은 보수주의자들의 부족주의, 즉 보수주의자들이 소중히 여기는 충성, 권위, 신성은 오직 자신이 속한 부족에만 적용된다는 점이다. 보수주의자들은 권위, 신성, 충성 등에 특별한 가치를 부여하는 사람들이라기보다는 자신들의 권위, 자신들의 종교, 자기 자신에게 충성스러운 부족적 충신들이라고 보아야 한다는 것이다.

하이트는 자유주의자들이 보수주의자들과 타협하기 위해 더 개방된 태도를 취해야 한다고 말했는데, 그린은 이에 대해서도 반대한다. 단기적으로는 타협이 필요할지 모르지만, 장기적으론 부족적 도덕론자들과 타협할 것이 아니라 오히려 그들이 덜 부족주의적으로 변하도록 그들을 설득해야 한다는 것이다.[71]

흥미로운 반론이다. 그린의 주장이 옳은 것 같기는 한데, 보수주의자들이 덜 부족주의적으로 변하도록 설득해야 한다는 결론은 좀 허망한 느낌을 준다. 하이트는 그런 설득이 사실상 불가능하다는 전제하에 "이해나 제대로 하자"는 취지로 도덕 기반 이론을 제시한 것인데, 그래도 설득해야 한다는 주장을 펴고 있으니 말이다. 그린이 "단기적으로는 타협이 필요할지 모르지만"이라고 말한 것에 그 어떤 타협점이 있을 것 같다. 하이트의 주장은 단기적으론 타당하다는 말일 수도 있으니까 말이다.

단기적으로 볼 때에 하이트가 던지고자 하는 현실적 메시지는 설득력이 높다. 하이트는 진보주의자들에게 보수주의자들의 애국심이나 가족주의, 권위주의, 감세 정책 지지를 단순히 개인적 이해나 차별주의적 '병증'으로만 보지 말고 이해를 시도해보라고 권한다. 그는 "세상에는 하나 이상의 도덕적 진실이 있다"며 "다른 사람 눈으로도 사물을 바라보는 '공감'이야말로 서로 자신만 바르다는 확신을 녹이는 해독제"라고 말한다.[72]

그런 관점에서 티머시 D. 윌슨Timothy D. Wilson은 하이트의 주장을 지지한다. 정치적 담론이 미국을 뜨겁게 달구며 분열을 초래하는 이유 중 하나는 어떤 진영이 세상을 해석하고 평가하는 데 사용하는 도덕적 기반을 상대편 진영이 제대로 이해하지 못하기 때문이라는 하이트의 주장이 설득력이 있다는 것이다. 윌슨은 양편의 상호 이해가 깊어진다면, 서로에 대한 증오심을 떨쳐내고 양극단에 있는 사람들 간의 진정한 대화가 이루어질 수 있을 것이라는 희망을 피력한다.[73]

미국의 인지언어학자 조지 레이코프George P. Lakoff도 『도덕의 정치 Moral Politics』(2002)에서 미국의 민주당·공화당 대결 구도를 도덕의 관점에서 분석한다. 열렬한 민주당 지지자인 그는 보수주의자가 승리를 거둔 1994년 중간선거 기간에 "내 눈에 보수주의자(공화당)와 진보주의자(민주당)가 서로 판이한 도덕 시스템을 가졌고, 양 진영의 정치적 담론은 상당 부분 그들의 도덕 시스템에서 비롯된 것이라는 점이 뚜렷하게 보였다"며 다음과 같이 말한다.

"다른 많은 진보주의자들처럼 나도 한때는 보수주의자들을 천박하고, 감정이 메마르거나 이기적이며, 부유한 사람들의 도구이거나, 혹은 철저한 파시스트들일 뿐이라고 얕잡아 생각했었다. 그러나 대부분의 보수주의자들은 자신들을 고도의 도덕적 이상주의자로 간주하며, 그들이 깊이 믿는 것이 정당하다고 주장하는 보통 사람들이라는 점을 깨닫게 되었다. 그리고 이제야 보수주의에 왜 그토록 열렬하게 헌신적인 사람들이 많은지를 깨닫게 되었다. 그리고 보수주의를 잘 이해하게 된 지금은 그 어느 때보다 보수주의를 더욱 두려워하게 되었다."[74]

레이코프는 그런 성찰 끝에 자신이 지지하는 민주당 진영에 이런 고언을 내놓는다. "진보주의자들이 정치에서 도덕과 신화와 감정적인 측면을 무시하는 한, 정책과 관심을 가진 그룹과 사안별 논쟁에만 집착하는 한, 그들이 이 나라를 뒤덮은 정치적 변화의 본질을 이해하게 될 희망은 전무하다."[75]

한국에서도 이념 성향과 도덕성 기반의 관계를 확인하기 위한 연구들이 시도되었는데, 진보 성향일수록 배려와 공정을 더 중요시하고, 보수 성향일수록 충성·권위·신성을 더욱 중요시하는 것으로 나타나, 도덕 기반 이론이 한국인에게도 적용될 수 있음이 확인되었다.[76] 미국, 한국, 말레이시아, 싱가포르 등 4개국을 대상으로 한 심규진의 최근 연구에서는 도덕적 기반이 기업의 무책임에 대한 생각과 불매운동 의도에 영향을 미치는 것으로 나타났다.[77] 이 연구가 시사하듯이, 도덕 기반 이론의 적용 범위는 매우 넓다고 볼 수 있겠다.

조효제는 『인권의 지평: 새로운 인권 이론을 위한 밑그림』(2016)에서 하이트의 도덕관념 심리학이 인권에 대해 심각하고 근본적인 도전을 제기한다는 점에 주목한다. 1948년 '세계인권선언' 이후 인권은 이성과 양심에 호소하는 합리주의적 의무론과 인류의 보편적 도덕관념에 기반을 두고 있는데, 하이트는 이성과 양심에 따른 도덕관과 정반대에 있는, 심리적 성향으로 결정되는 도덕관념이 '정상'이라고 주장함으로써 인권적 도덕관념을 함양할 방안을 사실상 부정했다는 것이다.[78] 그럼에도 조효제는 "하이트의 이론에 결함이 없지 않지만 거기에 담긴 새로운 통찰은 인권 운동이 고려하고 활용할 가치가 있다"며 다음과 같이 말한다.

"우선 도덕 기반 이론은 도덕관념이 형성되는 데서 감정과 직관의 힘이 얼마나 강력한지를 잘 보여준다. 사람들이 새로운 인권 쟁점에 반대하거나 소극적인 태도를 취하는 이유를 이성과 논리에서 찾기보다, 말로 설명하기 어려운 뿌리 깊은 정서적 저항감의 차원에서 찾는 것이 더 빠를 수도 있음을, 하이트의 이론은 우리에게 가르쳐 준다. 또한 인권의 증진·정체·후퇴를 좌우하는 정치를 결정하는 선거에서 인권 옹호자들이 어떤 전략을 취해야 하는지를 알려준다."[79]

사실 인권과 정치는 설득의 문제이기도 하다. 한국에서도 저소득

층 유권자들이 보수 정당이나 후보를 지지하는 건 경제적 이해관계보다 사회적·문화적 가치를 중시하기 때문인 것으로 밝혀졌다.[80] 진보는 자신들이 '수구꼴통'이라고 욕하는 사람들에게도 그들 나름의 도덕적 세계가 있다는 걸 좀처럼 인정하지 않으려고 한다. 즉, '다름'을 '틀림'으로 파악하는 데에 너무 익숙한 것이다. 우리는 다른 나라 사람들에겐 그런 다른 세계가 공존할 수 있다는 걸 인정하면서도 우리 내부에서는 인정하지 않는데, 이건 한국 사회의 강한 사회문화적 동질성 때문이다.

한국은 오랜 세월 누려온 사회문화적 동질성으로 인해 '에스노센트리즘ethnocentrism'이 강한 나라다. 자민족 중심주의, 자문화 중심주의, 자기집단 중심주의 등으로 번역할 수 있는 이 말은 자신의 문화를 다른 문화에 비해 우월하다고 여기는 걸 뜻하기도 하지만, 다른 것에 대한 편견은 강한 반면 인내심이 약한 성향을 가리킬 때에 쓰이기도 한다. 예컨대, 에스노센트리즘이 강한 사람일수록 강한 동성애 혐오증homophobia을 갖고 있다.[81] 한국인들이 일반적으로 동성애자, 미혼모, 외국인 노동자, 혼혈인 등에 대해 어떤 생각을 갖고 있는지 살펴보면, 쉽게 이해가 될 것이다. '다름'을 '틀림'이라고 말하는 언어 습관도 그런 성향과 무관치 않은데, 이게 도덕의 다차원성을 이해하는 데에도 장애가 되는 것이다. 이런 현실을 감안하자면, 도덕 기반 이론은 만만찮은 반론에도 불구하고 한국 사회의 소통을 위해 크게 기여할 수 있다고 보아야 하지 않을까?

주

머리말

1   니르 이얄(Nir Eyal) · 라이언 후버(Ryan Hoover), 조지현 옮김, 『훅: 습관을 만드는 신상품 개발 모델』(리더스북, 2013/2014), 61쪽.

2   니르 이얄(Nir Eyal) · 라이언 후버(Ryan Hoover), 조지현 옮김, 『훅: 습관을 만드는 신상품 개발 모델』(리더스북, 2013/2014), 51쪽.

3   아리아나 허핑턴(Ariana Huffington), 강주헌 옮김, 『제3의 성공』(김영사, 2014), 201쪽; 스티븐 코비(Stephen R. Covey), 김경섭 · 김원석 옮김, 『성공하는 사람들의 7가지 습관』(김영사, 1989/1994), 64쪽.

4   브라이언 트레이시(Brian Tracy), 서사봉 옮김, 『백만불짜리 습관』(용오름, 2004/2005), 14~15쪽.

5   찰스 두히그(Charles Duhigg), 강주헌 옮김, 『습관의 힘: 반복되는 행동이 만드는 극적인 변화』(갤리온, 2012), 10쪽; 캐롤라인 애덤스 밀러(Caroline Adams Miller) 외, 우문식 · 박선령 옮김, 『어떻게 인생 목표를 이룰까?: 와튼스쿨의 베스트 인생 만들기 프로그램』(물푸레, 2011/2012), 230쪽.

6   리처드 칼슨(Richard Calson), 강정 옮김, 『사소한 것에 목숨 걸지 마라: 습관 바꾸기 편』(도솔, 1997/2004), 10쪽.

7   맥스웰 몰츠(Maxwell Maltz), 공병호 옮김, 『맥스웰 몰츠 성공의 법칙』(비즈니스북스, 2002/2010), 234~235쪽.

8   제임스 보그(James Borg), 정향 옮김, 『마음의 힘: 생각의 습관을 바꾸는 마인드 파워 트레이닝』(한스미디어, 2010/2011), 60쪽.

9   대니얼 카너먼(Daniel Kahneman), 이진원 옮김, 『생각에 관한 생각: 우리의 행동을 지배하는 생각의 반란』(김영사, 2011/2012), 32~33쪽.

10   찰스 두히그(Charles Duhigg), 강주헌 옮김, 『습관의 힘: 반복되는 행동이 만드는 극적인 변화』(갤리온, 2012), 42쪽.

11   강준만, 「왜 우리 인간은 '인지적 구두쇠'인가?: 한정적 합리성」, 『생각과 착각: 세상을 꿰뚫는 50
      가지 이론 5』(인물과사상사, 2016), 17~21쪽 참고.

12   올리버 버크먼(Oliver Burkeman), 김민주 · 송희령 옮김, 『행복중독자: 사람들은 왜 돈, 성공, 관
      계에 목숨을 거는가』(생각연구소, 2011/2012), 246쪽.

13   토드 부크홀츠(Todd G. Buchholz), 장석훈 옮김, 『러쉬: 우리는 왜 도전과 경쟁을 즐기는가』(청
      림출판, 2011/2012), 227쪽; 대니얼 액스트(Daniel Akst), 구계원 옮김, 『자기 절제 사회: 유혹 과잉
      시대, 어떻게 욕망에 대항할 것인가』(민음사, 2011/2013), 369쪽.

제1장 습관의 독재

1   노석조, 「"사라진 아메리칸드림…미국은 분열되고 있다"」, 『조선일보』, 2018년 3월 6일; 임민혁,
     「미국인이 진짜라고 믿고 싶은 건, 여전히 '아메리칸드림'」, 『조선일보』, 2014년 2월 17일; 옥철,
     「미국에 다시 부는 로또 광풍…파워볼 당첨금 8천 500억 원」, 『연합뉴스』, 2019년 3월 28일.

2   롤프 도벨리(Rolf Dobelli), 두행숙 옮김, 『스마트한 생각들: 사람의 마음을 움직이는 52가지 심리
     법칙』(걷는나무, 2011/2012), 126~130쪽; 강준만, 「왜 행복은 소득 순이 아닌가?: 쾌락의 쳇바퀴」,
     『생각의 문법: 세상을 꿰뚫는 50가지 이론 3』(인물과사상사, 2015), 150~156쪽 참고.

3   박용철, 『감정은 습관이다: 부정의 나를 긍정의 나로 바꾸는 힘』(추수밭, 2013), 5~6쪽.

4   박용철, 『감정은 습관이다: 부정의 나를 긍정의 나로 바꾸는 힘』(추수밭, 2013), 6~7, 21쪽.

5   박용철, 『감정은 습관이다: 부정의 나를 긍정의 나로 바꾸는 힘』(추수밭, 2013), 96~97쪽.

6   올리버 버크먼(Oliver Burkeman), 김민주 · 송희령 옮김, 『행복중독자: 사람들은 왜 돈, 성공, 관
     계에 목숨을 거는가』(생각연구소, 2011/2012), 216쪽.

7   김재휘, 『설득 심리 이론』(커뮤니케이션북스, 2013), 3쪽; 강준만, 「왜 좋아하는 사람의 곁에 자주
     얼씬거리면 데이트 가능성이 높아지나?: 단순 노출 효과」, 『우리는 왜 이렇게 사는 걸까?: 세상을
     꿰뚫는 50가지 이론 2』(인물과사상사, 2014), 187~192쪽 참고.

8   데릭 톰슨(Derek Thompson), 이은주 옮김, 『히트 메이커스』(21세기북스, 2017), 108쪽.

9   데릭 톰슨(Derek Thompson), 이은주 옮김, 『히트 메이커스』(21세기북스, 2017), 107~109쪽.

10   데릭 톰슨(Derek Thompson), 이은주 옮김, 『히트 메이커스』(21세기북스, 2017), 110쪽.

11   박용철, 『감정은 습관이다: 부정의 나를 긍정의 나로 바꾸는 힘』(추수밭, 2013), 101쪽.

12   아트 마크먼(Art Markman), 박상진 옮김, 『스마트 싱킹: 앞서가는 사람들의 두뇌 습관』(진성북스,
     2012), 56쪽.

13   이동휘, 「[기자수첩] "차선 바꿀 땐 車 깜빡이 꼭 켜세요" 아직도 이런 캠페인 해야 하는 한국」,
     『조선일보』, 2019년 4월 2일.

14   조성주, 『알린스키, 변화의 정치학』(후마니타스, 2015), 8쪽.

15   목수정, 『파리의 생활좌파들: 세상을 변화시키는 낯선 질문들』(생각정원, 2015), 55~58쪽.

16   이철희, 『이철희의 정치썰전: 보수와 진보를 향한 촌철살인 돌직구』(인물과사상사, 2015), 238쪽.

17   칩 히스(Chip Heath) · 댄 히스(Dan Heath), 안진환 옮김, 『스위치: 손쉽게 극적인 변화를 이끌어
     내는 행동설계의 힘』(웅진지식하우스, 2010), 209쪽; 강준만, 「왜 "승리는 똥개도 춤추게 만든다"
     고 하는가?: 정치적 효능감」, 『생각과 착각: 세상을 꿰뚫는 50가지 이론 5』(인물과사상사, 2016),
     141~146쪽 참고. 웨익은 습관과 관련된 유명한 실험을 한 습관 전문가이기도 하다. 그는 꿀벌과
     파리를 각각 6마리씩 유리병 속에 넣고, 뚜껑을 닫지 않은 채로 바닥이 창문을 향하도록 눕혀 놓
     고 이후의 상황을 관찰했다. 꿀벌들은 쉬지 않고 유리병 바닥을 탐색하며 출구를 찾다가 죽은 반

면 파리들은 2분 이내에 열려 있는 쪽을 찾아 유리병에서 탈출했다. 꿀벌은 빛을 좋아하는 반면 파리는 그렇지 않다는 차이가 빚어낸 결과였다. 꿀벌은 출구가 빛이 들어오는 쪽이라고 생각하고 막혀 있는 바닥을 향해서만 나아가려고 한 반면, 파리는 사방으로 날아다니는 시행착오 끝에 운 좋게 출구를 찾은 것이다. 심리학자들은 이 실험 결과를 습관과 연결시켜 이런 결론을 내렸다. 첫째, 습관은 생각을 가두고 잘못된 행위를 이끈다. 둘째, 습관은 편리할 수도 있지만 무턱대고 따르다가는 그 반대의 결과가 발생할 수도 있다. 구위안인, 송은진 옮김, 『영향력은 어떻게 만들어지는가』(라의눈, 2014/2016), 304~306쪽.

18 박상훈, 「'급진적 점진주의'는 어떤가」, 『경향신문』, 2015년 11월 9일.

19 그레그 매커운(Greg McKeown), 김원호 옮김, 『에센셜리즘: 본질에 집중하는 힘』(알에이치코리아, 2014), 263쪽.

20 스티븐 기즈(Stephen Guise), 구세희 옮김, 『습관의 재발견: 기적 같은 변화를 불러오는 작은 습관의 힘』(비즈니스북스, 2013/2014), 51쪽.

21 스티븐 기즈(Stephen Guise), 구세희 옮김, 『습관의 재발견: 기적 같은 변화를 불러오는 작은 습관의 힘』(비즈니스북스, 2013/2014), 133쪽.

22 김민태, 『나는 고작 한번 해봤을 뿐이다: 운명을 바꾸는 '한번하기'의 힘』(위즈덤하우스, 2016), 22쪽.

23 문요한, 「일단 발만 담그자!」, 『노컷뉴스』, 2007년 6월 18일; 강준만, 「왜 큰 부탁을 위해 작은 부탁을 먼저 해야 하나?: 문전 걸치기 전략」, 『감정 독재: 세상을 꿰뚫는 50가지 이론 1』(인물과사상사, 2013), 147~152쪽 참고.

24 스티븐 기즈(Stephen Guise), 구세희 옮김, 『습관의 재발견: 기적 같은 변화를 불러오는 작은 습관의 힘』(비즈니스북스, 2013/2014), 7쪽.

25 스티븐 기즈(Stephen Guise), 구세희 옮김, 『습관의 재발견: 기적 같은 변화를 불러오는 작은 습관의 힘』(비즈니스북스, 2013/2014), 33~43쪽.

26 김호, 『나는 왜 싫다는 말을 못할까: 삶이 심플해지는 거절의 힘』(위즈덤하우스, 2016), 209쪽.

27 니르 이얄(Nir Eyal)·라이언 후버(Ryan Hoover), 조지현 옮김, 『훅: 습관을 만드는 신상품 개발 모델』(리더스북, 2013/2014), 20쪽.

28 대니얼 액스트(Daniel Akst), 구계원 옮김, 『자기 절제 사회: 유혹 과잉 시대, 어떻게 욕망에 대항할 것인가』(민음사, 2011/2013), 371~372쪽.

29 브라이언 트레이시(Brian Tracy), 허선영 옮김, 『겟 스마트: 생각하고 행동하는 최단거리형 노력의 힘』(빈티지하우스, 2017), 226쪽.

30 최창호, 『인간의 선택: 천년을 움직인 심리학 지성 35인』(학지사, 2000), 38~39쪽; 캔더스 퍼트(Candace B. Pert), 김미선 옮김, 『감정의 분자: 심신의학을 넘어선 과학』(시스테마, 1997/2009), 184~187쪽; 강준만, 「왜 슬픈 척하면 정말로 슬퍼지는가?: 가정 원칙」, 『우리는 왜 이렇게 사는 걸까?: 세상을 꿰뚫는 50가지 이론 2』(인물과사상사, 2014), 137~142쪽 참고.

31 찰스 두히그(Charles Duhigg), 강주헌 옮김, 『습관의 힘: 반복되는 행동이 만드는 극적인 변화』(갤리온, 2012), 59~63쪽.

32 클로드 홉킨스(Claude C. Hopkins), 심범섭 옮김, 『못 파는 광고는 쓰레기다: 나의 광고인생과 과학적 광고』(인포머셜마케팅연구소, 1966/2014), 198~199쪽.

33 찰스 두히그(Charles Duhigg), 강주헌 옮김, 『습관의 힘: 반복되는 행동이 만드는 극적인 변화』(갤리온, 2012), 90~93쪽.

34 찰스 두히그(Charles Duhigg), 강주헌 옮김, 『습관의 힘: 반복되는 행동이 만드는 극적인 변화』(갤리온, 2012), 95쪽. 두히그는 이런 '열망 마케팅'의 또다른 사례로 악취 제거제인 페브리즈(Febreze)의 광고를 들었다. 처음엔 악취 제거에 초점을 맞춰 별 재미를 보지 못했으나, 제품에

향기를 더해서 단순히 냄새를 중화하는 탈취제가 아니라 고유한 향기를 지닌 제품으로 다시 태어났고, 이를 집중적으로 강조함으로써 엄청난 성공을 거두었다는 것이다. 페브리즈의 제조업체인 P&G의 광고팀을 이끈 드레이크 스팀슨은 이렇게 말했다. "누가 자기 집에 악취가 난다는 걸 인정하고 싶겠습니까? 방향을 완전히 잘못 짚었던 겁니다. 아무 냄새가 나지 않는다는 걸로는 열망을 만들 수 없었던 거죠. 하지만 30분 동안 청소하고 빨래한 다음에 향긋한 냄새를 열망하는 사람은 정말 많습니다."(88~89쪽)

35 니르 이얄(Nir Eyal) · 라이언 후버(Ryan Hoover), 조지현 옮김, 『훅: 습관을 만드는 신상품 개발 모델』(리더스북, 2013/2014), 47쪽.

36 니르 이얄(Nir Eyal) · 라이언 후버(Ryan Hoover), 조지현 옮김, 『훅: 습관을 만드는 신상품 개발 모델』(리더스북, 2013/2014), 47~48쪽.

37 장일현, 「[Weekly BIZ] 고객의 습관을 바꾸는 기업이 승자가 된다」, 『조선일보』, 2012년 11월 17일.

38 찰스 두히그(Charles Duhigg), 강주헌 옮김, 『습관의 힘: 반복되는 행동이 만드는 극적인 변화』(갤리온, 2012/2012), 259~276쪽; 장일현, 「[Weekly BIZ] 고객의 습관을 바꾸는 기업이 승자가 된다」, 『조선일보』, 2012년 11월 17일.

39 조지프 히스(Joseph Heath), 김승진 옮김, 『계몽주의 2.0: 감정의 정치를 어떻게 바꿀 것인가』(이마, 2014/2017), 220~222쪽.

40 니르 이얄(Nir Eyal) · 라이언 후버(Ryan Hoover), 조지현 옮김, 『훅: 습관을 만드는 신상품 개발 모델』(리더스북, 2013/2014), 225쪽.

41 니르 이얄(Nir Eyal) · 라이언 후버(Ryan Hoover), 조지현 옮김, 『훅: 습관을 만드는 신상품 개발 모델』(리더스북, 2013/2014), 227쪽.

42 브라이언 완싱크(Brian Wansink), 강대은 옮김, 『나는 왜 과식하는가』(황금가지, 2006/2008), 183쪽.

43 리처드 탈러(Richard H. Thaler) · 캐스 선스타인(Cass R. Sunstein), 안진환 옮김, 『넛지: 똑똑한 선택을 이끄는 힘』(리더스북, 2008/2009), 74~76쪽; 칩 히스(Chip Heath) · 댄 히스(Dan Heath), 안진환 옮김, 『스위치: 손쉽게 극적인 변화를 이끌어내는 행동설계의 힘』(웅진지식하우스, 2010), 14~16쪽.

44 니컬러스 에플리(Nicholas Epley), 박인균 옮김, 『마음을 읽는다는 착각: 오해와 상처에서 벗어나는 관계의 심리학』(을유문화사, 2014), 238쪽.

45 G. Diercks의 말이다. 프란츠 부케티츠(Franz Wuketits), 염정용 옮김, 『왜 우리는 악에 끌리는가: 선악의 본질에 대한 진화론적 고찰』(21세기북스, 1999/2009), 211쪽.

46 노리나 허츠(Noreena Hertz), 이은경 옮김, 『누가 내 생각을 움직이는가: 일상을 지배하는 교묘한 선택의 함정들』(비즈니스북스, 2013/2014), 290쪽.

47 찰스 두히그(Charles Duhigg), 강주헌 옮김, 『습관의 힘: 반복되는 행동이 만드는 극적인 변화』(갤리온, 2012), 155~156쪽.

48 찰스 두히그(Charles Duhigg), 강주헌 옮김, 『습관의 힘: 반복되는 행동이 만드는 극적인 변화』(갤리온, 2012), 208~210쪽.

49 필립 코틀러(Philip Kotler), 안진환 옮김, 『마켓 3.0: 모든 것을 바꾸어놓을 새로운 시장의 도래』(타임비즈, 2010), 138~139쪽; 강준만, 「왜 '노드스트롬'과 '자포스' 직원에겐 매뉴얼이 없을까?: 임파워먼트」, 『생각의 문법: 세상을 꿰뚫는 50가지 이론 3』(인물과사상사, 2015), 213~217쪽 참고.

50 찰스 두히그(Charles Duhigg), 강주헌 옮김, 『습관의 힘: 반복되는 행동이 만드는 극적인 변화』(갤리온, 2012), 217~218쪽.

51 폴커 키츠(Volker Kitz) · 마누엘 투시(Manuel Tusch), 김희상 옮김, 『심리학 나 좀 구해줘』(갤리온, 2011/2013), 25~26쪽; 「습관화[habituation]」, 『심리학용어사전』(네이버 지식백과).

52 올리버 버크먼(Oliver Burkeman), 김민주 · 송희령 옮김, 『행복중독자: 사람들은 왜 돈, 성공, 관계에 목숨을 거는가』(생각연구소, 2011/2012), 56쪽.

53 폴커 키츠(Volker Kitz) · 마누엘 투시(Manuel Tusch), 김희상 옮김, 『심리학 나 좀 구해줘』(갤리온, 2011/2013), 26~27쪽.

54 제러미 리프킨(Jeremy Rifkin), 이경남 옮김, 『공감의 시대』(민음사, 2009/2010), 155~156쪽; 강준만, 「왜 "한 명의 죽음은 비극, 백만 명의 죽음은 통계"인가?: 사소한 것에 대한 관심의 법칙」, 『감정 독재: 세상을 꿰뚫는 50가지 이론 1』(인물과사상사, 2013), 301~307쪽 참고.

55 박성민, 「놓쳐버린 '골든타임'…박근혜 청산의 '유통 기한'은 끝났다」, 『경향신문』, 2019년 4월 6일.

56 이용욱, 「오만은 모든 것을 삼킨다」, 『경향신문』, 2019년 4월 8일.

제2장 인간관계

1 「Johari window」, 『Wikipedia』; 김민주, 『시장의 흐름이 보이는 경제 법칙 101』(위즈덤하우스, 2011); 『네이버 지식백과』.

2 박석, 「행복한 내일로 가는 명상-17: '네 가지 마음의 窓' 조율해야」, 『문화일보』, 2006년 3월 6일.

3 키이스 페라지(Keith Ferrazzi) · 탈 라즈(Tahl Raz), 이종선 옮김, 『혼자 밥먹지 마라』(랜덤하우스, 2005), 189~191쪽.

4 인간관계 시 시간이 흐름에 따라 친밀감이 증가하면서 개인의 성격 층(layer)은 점차 풀려 개인의 핵심적인 부분들을 드러내게 되는데, 이런 과정과 의미를 다루는 이론을 가리켜 '사회적 침투 이론(social penetration theory)'이라고 한다. 인간관계가 발전함에 따라 대인커뮤니케이션이 상대적으로 얕고 덜 친밀한 수준에서 더 깊고 친밀한 수준으로 이동해간다는 의미에서 '침투'라는 말을 쓴 것이다. 마음속의 내용을 밖으로 표출할 때 그대로 표출해도 되는지를 스스로 점검하는 과정을 가리키는 '자기감시(self-monitoring)'도 '자기노출'과 관련된 개념이다. 강준만, 「왜 '자폭'의 위험을 무릅쓰고 자기 폭로를 하는 연예인이 많은가?: 사회적 침투 이론」, 『감정 동물: 세상을 꿰뚫는 이론 6』(인물과사상사, 2017), 167~173쪽; 강준만, 「왜 어떤 사람들은 스스로 자신을 감시하면서 살아가는가?: 자기감시」, 『감정 동물: 세상을 꿰뚫는 이론 6』(인물과사상사, 2017), 111~117쪽 참고.

5 김민주, 『시장의 흐름이 보이는 경제 법칙 101』(위즈덤하우스, 2011); 『네이버 지식백과』.

6 하지현, 『예능력: 예능에서 발견한 오늘을 즐기는 마음의 힘』(민음사, 2013), 46쪽.

7 김호, 「[직장인을 위한 김호의 '생존의 방식'] 내 리더십의 사각지대」, 『동아일보』, 2017년 4월 19일.

8 박석, 「행복한 내일로 가는 명상-17: '네 가지 마음의 窓' 조율해야」, 『문화일보』, 2006년 3월 6일.

9 Stewart Tubbs · Sylvia Moss, 『Human Communication』, 11th ed.(New York: McGraw-Hill Higher Education, 2008), p.282; Joseph A. DeVito, 『The Interpersonal Communication Book』, 3rd ed.(New York: Harper · Row, 1983), p.82.

10 Joseph A. DeVito, 『Human Communication: The Basic Course』, 11th ed.(Pearson, 2009), p.59.

11 강준만, 「왜 우리는 '위험'보다 '불확실성'을 두려워하는가?: 불확실성 감소 이론」, 『감정 동물: 세상을 꿰뚫는 이론 6』(인물과사상사, 2017), 153~160쪽.

12 강준만, 「왜 일체형 제품을 선호하는 사람은 보수적인가?: 인지적 종결」, 『생각과 착각: 세상을 꿰뚫는 50가지 이론 5』(인물과사상사, 2016), 35~40쪽 참고.

13 Geert Hofstede, 차재호 · 나은영 옮김, 『세계의 문화와 조직』(학지사, 1991/1995), 163~205쪽.

14 강준만, 「왜 '옛 애인'과 '옛 직장'이 그리워질까?: 현상 유지 편향」, 『감정 독재: 세상을 꿰뚫는 50가

지 이론 1』(인물과사상사, 2013), 90~93쪽 참고.

15 존 캐서디(John Cassidy), 이경남 옮김, 『시장의 배반』(민음사, 2009/2011), 257~260쪽.

16 하노 벡(Hanno Beck), 안성철 옮김, 『충동의 경제학: 우리는 왜 어처구니없는 경제적 선택을 하는가』(비즈니스맵, 2009), 63~65쪽.

17 매슈 허트슨(Matthew Hutson), 정은아 옮김, 『왜 우리는 미신에 빠져드는가』(소울메이트, 2012/2013), 124~125쪽.

18 매슈 허트슨(Matthew Hutson), 정은아 옮김, 『왜 우리는 미신에 빠져드는가』(소울메이트, 2012/2013), 126~127쪽.

19 김영서, 「[프로야구] 징크스, 그들만의 심오한 세계」, 『네이버 블로그』, 2017년 2월 25일; https://blog.naver.com/dudtj1787/220944498077.

20 강준만, 『춤추는 언론 비틀대는 선거: 언론과 선거의 사회학』(아침, 1992), 23쪽.

21 「Policy of deliberate ambiguity」, 『Wikipedia』.

22 EBS 3분영어 제작팀, 『생각하는 영어사전 ing 2』(인물과사상사, 2010), 250~251쪽.

23 리처드 세넷(Richard Sennett), 조용 옮김, 『신자유주의와 인간성의 파괴』(문예출판사, 2002), 9쪽.

24 강준만, 「왜 한국을 '퍼지 사고력의 천국'이라고 하는가?: 퍼지식 사고」, 『생각과 착각: 세상을 꿰뚫는 50가지 이론 5』(인물과사상사, 2016), 272~278쪽 참고.

25 Ali Mahmoodi, et al., 「Equality bias impairs collective decision-making across cultures」, 『Proceedings of the National Academy of Sciences』, 112:12(2015), pp.3835~3840.

26 톰 니콜스(Tom Nichols), 정혜윤 옮김, 『전문가와 강적들: 나도 너만큼 알아』(오르마, 2017), 124쪽.

27 강준만, 「왜 최고의 엘리트 집단이 최악의 어리석은 결정을 할까? 집단사고 이론」, 『감정 독재: 세상을 꿰뚫는 50가지 이론 1』(인물과사상사, 2013), 274~277쪽 참고.

28 강준만, 「왜 우리는 가끔 '폭탄주 잔치'를 벌이는가?: 애빌린 패러독스」, 『생각과 착각: 세상을 꿰뚫는 50가지 이론 5』(인물과사상사, 2016), 104~108쪽 참고.

29 미국 작가 칼 타로 그린필드(Karl Taro Greenfield)는 『뉴욕타임스』(2014년 5월 24일)에 기고한 「문화적 교양 꾸며내기(Faking Cultural Literacy)」라는 글에서 "우리 모두는 자신이 문화적 교양이 없는 사람으로 드러나지 않도록 항상 충분히 알고 있어야 한다는 압력을 끊임없이 느끼고 있다"며 "우리는 마치 우리가 박식한 사람인 척 연기를 하는 것에 가까운 위험한 상태에 도달했는데, 이것이야말로 진짜 무지(無智)의 새로운 모델이다"고 주장한다. 톰 니콜스(Tom Nichols), 정혜윤 옮김, 『전문가와 강적들: 나도 너만큼 알아』(오르마, 2017), 126쪽.

30 문유석, 「아무리 사실이라 믿어도 함부로 말해선 안 된다」, 『조선일보』, 2014년 6월 27일; 노정태, 「선비질을 위한 변명」, 『경향신문』, 2016년 2월 22일.

31 신준봉, 「"나도 너만큼 알아…사람들 더이상 전문가 의견 안 들어"」, 『중앙일보』, 2017년 5월 8일.

32 톰 니콜스(Tom Nichols), 정혜윤 옮김, 『전문가와 강적들: 나도 너만큼 알아』(오르마, 2017), 89쪽.

33 Justin Kruger · David Dunning, 「Unskilled and Unaware of it: How Difficulties in Recognizing One's Own Incompetence Lead to Inflated Self-Assesments」, 『Journal of Personality and Social Psychology』, 77:6(December 1999), pp.1121~1134.

34 강준만, 「왜 사람들은 대부분 자신이 운전을 잘한다고 생각할까?: 과신 오류」, 『감정 독재: 세상을 꿰뚫는 50가지 이론 1』(인물과사상사, 2013), 193~198쪽 참고.

35 톰 니콜스(Tom Nichols), 정혜윤 옮김, 『전문가와 강적들: 나도 너만큼 알아』(오르마, 2017), 90쪽; 강준만, 「왜 자기 자신을 치밀하게 관찰하는 능력이 필요한가?: 메타인지」, 『감정 동물: 세상을 꿰뚫는 이론 6』(인물과사상사, 2017), 327~334쪽 참고.

36 군터 뒤크(Gunter Dueck), 김희상 옮김, 『왜 우리는 집단에서 바보가 되었는가: 조직의 모든 어리

석음에 대한 고찰』(비즈페이퍼, 2015/2016), 62쪽.

37 크리스토퍼 차브리스(Christopher Chabris) · 대니얼 사이먼스(Daniel Simons), 김명철 옮김, 『보이지 않는 고릴라』(김영사, 2010/2011), 140쪽.

38 유정식, 『당신들은 늘 착각 속에 산다: 번아웃 시대 직장인을 위한 조직의 심리학』(알에이치코리아, 2015), 68~69쪽.

39 William Safire, 『Safire's Political Dictionary』(New York: Random House, 1978), pp.76~77; 「Mind Control」, 『Wikipedia』.

40 로버트 치알디니(Robert Cialdini), 황혜숙 옮김, 『설득의 심리학(개정5판)』(21세기북스, 2009/2013), 128~139쪽.

41 캐럴라인 애덤스 밀러(Caroline Adams Miller) 외, 우문식 · 박선령 옮김, 『어떻게 인생 목표를 이룰까?: 와튼스쿨의 베스트 인생 만들기 프로그램』(물푸레, 2011/2012), 105~106, 128~129쪽.

42 엘리엇 애런슨(Elliot Aronson), 박재호 옮김, 『인간, 사회적 동물: 사회심리학에 관한 모든 것』(탐구당, 2012/2014), 174~177쪽; 남인용 · 정승혜, 『이성 설득 전략』(커뮤니케이션북스, 2016), 52쪽.

43 폴커 키츠(Volker Kitz) · 마누엘 투시(Manuel Tusch), 김희상 옮김, 『스마트한 심리학 사용법』(갤리온, 2013/2014), 136쪽.

44 허태균, 『가끔은 제정신: 우리는 늘 착각 속에 산다』(쌤앤파커스, 2012), 210쪽.

45 밥 돌(Bob Dole), 김병찬 옮김, 『대통령의 위트: 조지 워싱턴에서 부시까지』(아테네, 2007), 30쪽.

46 배철호 · 김봉신, 『네거티브 아나토미: 피할 수도 피해서도 안 되는 선거 캠페인』(글항아리, 2017), 131쪽.

47 김경해, 『위기를 극복하는 회사, 위기로 붕괴되는 기업』(효형출판, 2001), 358쪽.

48 남인용 · 정승혜, 『이성 설득 전략』(커뮤니케이션북스, 2016), 56쪽.

49 김호 · 정재승, 『쿨하게 사과하라』(어크로스, 2011), 76쪽.

50 이현우, 『오메가 설득 이론』(커뮤니케이션북스, 2014), 31쪽; 이현우, 『거절당하지 않는 힘』(더난출판, 2018), 247쪽; 남인용 · 정승혜, 『이성 설득 전략』(커뮤니케이션북스, 2016), 50~51쪽.

51 강준만, 「그래서? 그게 뭐 어쨌다고?」, 『평온의 기술』(인물과사상사, 2018), 202~208쪽.

제3장 개인과 자아

1 셰리 터클(Sherry Turkle), 이은주 옮김, 『외로워지는 사람들: 테크놀로지가 인간관계를 조정한다』(청림출판, 2010/2012), 301, 409쪽; 「Uncanny」, 『Wikipedia』; 「기이한 느낌[UNCANNY]」, 『정신분석용어사전』(한국심리치료연구소, 2002); 『네이버 지식백과』에서 재인용.

2 올리버 버크먼(Oliver Burkeman), 김민주 · 송희령 옮김, 『행복중독자: 사람들은 왜 돈, 성공, 관계에 목숨을 거는가』(생각연구소, 2011/2012), 323쪽; 「Uncanny valley」, 『Wikipedia』.

3 김기범, 「'만인의 연인' 오드리 헵번 본떴다는데…"무서워요, 소피아"」, 『경향신문』, 2018년 2월 5일.

4 셰리 터클(Sherry Turkle), 이은주 옮김, 『외로워지는 사람들: 테크놀로지가 인간관계를 조정한다』(청림출판, 2010/2012), 302쪽.

5 로런스 로젠블룸(Lawrence D. Rosenblum), 김은영 옮김, 『오감 프레임: 몸으로 생각하라』(21세기북스, 2009/2011), 267쪽; 「Uncanny valley」, 『Wikipedia』.

6 로런스 로젠블룸(Lawrence D. Rosenblum), 김은영 옮김, 『오감 프레임: 몸으로 생각하라』(21세기북스, 2009/2011), 268쪽. 언캐니 현상이 일어나는 과학적 이유에 대해선 장대익, 『울트라소셜: 사피엔스에 새겨진 '초사회성'의 비밀』(휴머니스트, 2017), 234쪽을 참고하세요.

7   「Uncanny」, 「Wikipedia」; 「Uncanny valley」, 「Wikipedia」.

8   http://blog.naver.com/PostView.nhn?blogId=khriireg&logNo=200000442112.

9   앤디 자이슬러(Andi Zeisler), 안진이 옮김, 『페미니즘을 팝니다』(세종서적, 2017/2018), 134~135쪽.

10 올리버 버크먼(Oliver Burkeman), 김민주·송희령 옮김, 『행복중독자: 사람들은 왜 돈, 성공, 관계에 목숨을 거는가』(생각연구소, 2011/2012), 323쪽.

11 데이비드 즈와이그(David Zweig), 박슬라 옮김, 『인비저블: 자기 홍보의 시대, 과시적 성공 문화를 거스르는 조용한 영웅들』(민음인, 2014/2015), 191쪽.

12 http://cafe.daum.net/nowwetalk/Kfz/192444?q=%C1%B6%C6%F8%2C%20%B8%F6%C1%FD&re=1.

13 하지현, 『도시 심리학: 심리학의 잣대로 분석한 도시인의 욕망과 갈등』(해냄, 2009), 107쪽.

14 김병수, 「우리는 누구나 자신을 속이며 산다」, 『월간 인물과사상』, 208호(2015년 8월), 176쪽.

15 마이클 마멋(Michael Marmot), 김보영 옮김, 『사회적 지위가 건강과 수명을 결정한다』(에코리브르, 2004/2006), 131~132쪽.

16 김병수, 「우리는 누구나 자신을 속이며 산다」, 『월간 인물과사상』, 208호(2015년 8월), 180~181쪽.

17 강준만, 「왜 사람들은 대부분 자신이 운전을 잘한다고 생각할까?: 과신 오류」, 『감정 독재: 세상을 꿰뚫는 50가지 이론 1』(인물과사상사, 2013), 193~198쪽 참고.

18 이인식, 『이인식의 멋진 과학 1』(고즈윈, 2011), 44~45쪽.

19 이인식, 『이인식의 멋진 과학 1』(고즈윈, 2011), 45쪽.

20 스티븐 브라이어스(Stephen Briers), 구계원 옮김, 『엉터리 심리학』(동양북스, 2012/2014), 33쪽.

21 이원석, 「자기계발, 그거 내가 해 봐서 아는데」, 『뉴스앤조이』, 2018년 5월 3일.

22 Erich Fromm, 『Escape from Freedom』(New York: Avon Books, 1941/1970), pp.194~195.

23 크리스토퍼 래시(Christopher Lasch), 이희재 옮김, 『진보의 착각: 당신이 진보라 부르는 것들에 관한 오해와 논쟁의 역사』(휴머니스트, 1991/2014), 529쪽.

24 이삼성, 『20세기의 문명과 야만: 전쟁과 평화, 인간의 비극에 관한 정치적 성찰』(한길사, 1998), 42~43쪽.

25 강준만, 「왜 모범적 시민이 희대의 살인마가 될 수 있는가?: 악(惡)의 평범성」, 「왜 우리는 '조폭 문화'에 쉽게 빠져 드는가?: 권위에 대한 복종」, 「왜 선량한 네티즌이 '악플 악마'로 변할 수 있는가?: 루시퍼 효과」, 『우리는 왜 이렇게 사는 걸까?: 세상을 꿰뚫는 50가지 이론 2』(인물과사상사, 2014), 254~270쪽 참고.

26 로버트 스턴버그(Robert J. Sternberg)·카린 스턴버그(Karin Sternberg), 김정희 옮김, 『우리는 어쩌다 적이 되었을까?』(21세기북스, 1998/2010), 307~308쪽.

27 제임스 길리건(James Gilligan), 이희재 옮김, 『왜 어떤 정치인은 다른 정치인보다 해로운가』(교양인, 2011/2012), 172쪽.

28 애드리언 펀햄(Adrian Furnham), 오혜경 옮김, 『심리학, 즐거운 발견』(북로드, 2008/2010), 199쪽.

29 필립 짐바르도(Philip Zimbardo), 이충호·임지원 옮김, 『루시퍼 이펙트: 무엇이 선량한 사람을 악하게 만드는가』(웅진지식하우스, 2007), 14쪽.

30 김지아, 「올해도 SUV가 '제일 잘나가'…신차 쏟아지며 경쟁 가열」, 『TV조선』, 2019년 2월 10일; 김미영, 「왜 대형 SUV 매력에 푹 빠졌나 '국산 vs 수입' 대결」, 『지피코리아』, 2019년 2월 8일.

31 「Jeep」, 「Wikipedia」.

32 「Four-Wheel Drive」, 「Wikipedia」.

33 Catherine Lutz·Anne Lutz Fernandez, 『Carjacked: The Culture of the Automobile·Its Effect

on Our Lives』(New York: Palgrave, 2010), pp.16~17.

34　Joseph Heath · Andrew Potter, 『Nation of Rebels: Why Counterculture Became Consumer Culture』(New York: HarperBusiness, 2004), pp.3~4.

35　Keith Bradsher, 『High and Mighty: SUVs—The World's Most Dangerous Vehicles and How They Got Their Way』(New York: PublicAffairs, 2002).

36　Keith Bradsher, 『High and Mighty: SUVs—The World's Most Dangerous Vehicles and How They Got Their Way』(New York: PublicAffairs, 2002), pp.275~281.

37　Catherine Lutz · Anne Lutz Fernandez, 『Carjacked: The Culture of the Automobile · Its Effect on Our Lives』(New York: Palgrave, 2010), pp.72~73, 199~201; Keith Bradsher, 『High and Mighty: SUVs—The World's Most Dangerous Vehicles and How They Got Their Way』(New York: PublicAffairs, 2002); 「Sport Utility Vehicle」, 『Wikipedia』.

38　「Criticism of Sport Utility Vehicles」, 『Wikipedia』.

39　Keith Bradsher, 『High and Mighty: SUVs—The World's Most Dangerous Vehicles and How They Got Their Way』(New York: PublicAffairs, 2002), pp.128~131.

40　폴 로버츠(Paul Roberts), 김선영 옮김, 『근시사회: 내일을 팔아 오늘을 사는 충동인류의 미래』(민음사, 2014/2016), 112~123쪽; 비키 쿤켈(Vicki Kunkel), 박혜원 옮김, 『본능의 경제학: 본능 속에 숨겨진 인간행동과 경제학의 비밀』(사이, 2009), 133~134쪽; 「Criticism of Sport Utility Vehicles」, 『Wikipedia』.

41　비키 쿤켈(Vicki Kunkel), 박혜원 옮김, 『본능의 경제학: 본능 속에 숨겨진 인간행동과 경제학의 비밀』(사이, 2009), 133 135쪽.

42　리처드 윌킨슨(Richard G. Wilkinson) · 케이트 피킷(Kate Pickett), 전재웅 옮김, 『평등이 답이다: 왜 평등한 사회는 늘 바람직한가?』(이후, 2010/2012), 83쪽.

43　지그문트 바우만(Zygmunt Bauman), 함규진 옮김, 『유동하는 공포』(산책자, 2006/2009), 235쪽.

44　지그문트 바우만(Zygmunt Bauman), 함규진 옮김, 『유동하는 공포』(산책자, 2006/2009), 234~235쪽.

45　리처드 윌킨슨(Richard G. Wilkinson) · 케이트 피킷(Kate Pickett), 전재웅 옮김, 『평등이 답이다: 왜 평등한 사회는 늘 바람직한가?』(이후, 2010/2012), 84쪽.

46　폴 로버츠(Paul Roberts), 김선영 옮김, 『근시사회: 내일을 팔아 오늘을 사는 충동인류의 미래』(민음사, 2014/2016), 113쪽.

47　2019년 2월 미국의 여론조사 기관인 퓨리서치센터가 발표한 26개국 국민 대상 위협 인식 조사 결과에 따르면, 한국은 위험 요소 8개 항목에 대한 응답 비율 평균이 유일하게 70퍼센트대인 70.5퍼센트로, 거의 전부 50퍼센트대 이하인 다른 나라들에 비해 훨씬 심각하게 위험 요소에 감응하고 있는 것으로 나타났다. 윤동영, 「한국민은 신경과민? 위협 인식 국제 비교 조사에서 가장 민감 반응」, 『연합뉴스』, 2019년 2월 14일.

48　Donald L. Miller, 『Lewis Mumford: A Life』(New York: Grove Press, 1989), p.204.

49　마이클 마멋(Michael Marmot), 김승진 옮김, 『건강 격차: 평등한 사회에서는 가난해도 병들지 않는다』(동녘, 2015/2017), 89쪽.

50　구현우 · 이정애, 「합리적 선택 이론의 새로운 지평」, 『한국사회와 행정연구』, 19권 4호(2009년 2월), 187~188쪽.

51　마이클 마멋(Michael Marmot), 김승진 옮김, 『건강 격차: 평등한 사회에서는 가난해도 병들지 않는다』(동녘, 2015/2017), 90~91쪽.

52　구현우 · 이정애, 「합리적 선택 이론의 새로운 지평」, 『한국사회와 행정연구』, 19권 4호(2009년 2

월), 187~190쪽.

53 구현우·이정애, 「합리적 선택 이론의 새로운 지평」, 『한국사회와 행정연구』, 19권 4호(2009년 2월), 190쪽; 김세균, 「신자유주의 정치 이론의 연구 경향과 문제점」, 『이론』, 15권(1996년 8월), 55~56쪽; 강준만, 「왜 정치와 행정은 사익을 추구하는 비즈니스인가?: 공공선택 이론」, 『감정 독재: 세상을 꿰뚫는 50가지 이론 1』(인물과사상사, 2013), 291~295쪽 참고.

54 김혜정, 「시민의 참여 동기와 정치 참여」, 『한국지방자치학회보』, 22권 3호(2010년 9월), 85쪽.

55 강원택, 「지역주의 투표와 합리적 선택: 비판적 고찰」, 『한국정치학회보』, 34권 2호(2000년 8월), 51~67쪽.

56 김혜정, 「시민의 참여 동기와 정치 참여」, 『한국지방자치학회보』, 22권 3호(2010년 9월), 86, 100쪽.

57 정성호, 「저출산에 관한 이론적 접근」, 『한국인구학』, 32권 2호(2009년 8월), 167쪽.

58 조성혜, 「합리적 선택 이론과 행동법경제학」, 『법철학연구』, 10권 1호(2007년), 195~232쪽.

59 김항섭, 「'종교 경제학'에 대한 비판적 이해」, 『종교문화연구』, 11권(2008년 12월), 1~26쪽.

60 구현우·이정애, 「합리적 선택 이론의 새로운 지평」, 『한국사회와 행정연구』, 19권 4호(2009년 2월), 191~192쪽.

61 장하준, 김희정 옮김, 『장하준의 경제학 강의: 지금 우리를 위한 새로운 경제학 교과서』(부키, 2014), 26~27쪽.

62 Bruce Miroff, 『Icons of Democracy: American Leaders as Heroes, Aristocrats, Dissenters, · Democrats』(Lawrence: University Press of Kansas, 1993/2000), p.350.

제4장 개인과 사회

1 고슴도치는 영어로 hedgehog라고 하는데, 주로 울타리(hedge) 근처에서 살며 코가 돼지(hog) 코를 닮았다 하여 만들어진 단어다. '고슴도치의 딜레마'를 'porcupine's dilemma'라고도 하는데, 엄밀히 말하자면 porcupine은 고슴도치와 비슷한 호저(豪猪)를 가리키는 말이다. porcupine은 "thorny pig(가시가 있는 돼지)"라는 뜻의 라틴어 porcus spinosus에서 나온 말이다. 미국의 일부 지역에선 porcupine을 quill pig라고 부른다. quill은 '호저의 가시'를 뜻하지만, 이는 그 이전에 "깃촉, 깃촉 펜"이라는 뜻에서 파생된 것으로 보인다. Charles Earle Funk · Charles Earle Funk, Jr., 『Horsefeathers and Other Curious Words』(New York: Quill, 1958/2002), p.74.

2 정성훈, 『사람을 움직이는 100가지 심리법칙』(케이앤제이, 2011), 66~67쪽.

3 이주형, 『지적인 생각법: 영리하게 세상을 살아가는 힘』(위즈덤하우스, 2014), 68쪽.

4 조너선 색스(Jonathan Sacks), 서대경 옮김, 『사회의 재창조: 함께 만들어가는 세상을 찾아서』(말글빛냄, 2007/2009), 396쪽.

5 이명원, 「가족 파시즘」, 『마음이 소금밭인데 오랜만에 도서관에 갔다』(새움, 2004), 90~92쪽.

6 강준만, 「왜 명절은 '끔찍한 고문'의 잔치판이 되는가?: 마이크로어그레션」, 『월간 인물과사상』, 2018년 12월호.

7 강준만, 「왜 친구가 해준 소개팅은 번번이 실패할까?: 약한 연결의 힘」, 『독선 사회: 세상을 꿰뚫는 50가지 이론 4』(인물과사상사, 2015), 230~235쪽 참고.

8 제인 맥고니걸(Jane McGonigal), 김고명 옮김, 『누구나 게임을 한다: 그동안 우리가 몰랐던 게임에 대한 심층적 고찰』(알에이치코리아, 2011/2012), 135쪽; 강준만, 「왜 우리는 '홀로 그러나 함께하기'를 좋아하는 걸까?: 사회적 실재감」, 『감정 동물: 세상을 꿰뚫는 이론 6』(인물과사상사, 2017), 86~93쪽 참고.

9 이영창, 「1인 가구 · 한부모 가정…달라지는 '가족의 표준'」, 『한국일보』, 2018년 1월 4일.

10 라인홀드 니부어(Reinhold Niebuhr), 이한우 옮김, 『도덕적 인간과 비도덕적 사회』(문예출판사, 1932/1992), 8~9쪽; 이상원, 『라인홀드 니부어: 정의를 추구한 현실주의 윤리학자』(살림, 2006), 23쪽; 고범서, 『라인홀드 니부어의 생애와 사상』(대화문화아카데미, 2007), 128, 147쪽; 전재성, 『정치는 도덕적인가: 라인홀드 니부어의 초월적 국제정치사상』(한길사, 2012), 16~28쪽; 정태식, 『거룩한 제국: 아메리카 · 종교 · 국가주의』(페이퍼로드, 2015), 173쪽.

11 크리스토퍼 래시(Christopher Lasch), 이희재 옮김, 『진보의 착각: 당신이 진보라 부르는 것들에 관한 오해와 논쟁의 역사』(휴머니스트, 1991/2014), 454쪽.

12 라인홀드 니부어(Reinhold Niebuhr), 이한우 옮김, 『도덕적 인간과 비도덕적 사회』(문예출판사, 1932/1992), 8, 17쪽.

13 라인홀드 니부어(Reinhold Niebuhr), 이한우 옮김, 『도덕적 인간과 비도덕적 사회』(문예출판사, 1932/1992), 280~285쪽.

14 라인홀드 니부어(Reinhold Niebuhr), 이한우 옮김, 『도덕적 인간과 비도덕적 사회』(문예출판사, 1932/1992), 104~105쪽.

15 벤 대트너(Ben Dattner) · 대런 달(Darren Dahl), 홍경탁 옮김, 『비난 게임: 조직의 성공과 실패를 결정짓는 보이지 않는 힘』(북카라반, 2011/2015), 144쪽.

16 「In-group favoritism」, 『Wikipedia』; 「Minimal group paradigm」, 『Wikipedia』.

17 엘리엇 애런슨(Elliot Aronson), 박재호 옮김, 『인간, 사회적 동물: 사회심리학에 관한 모든 것』(탐구당, 2012/2014), 229쪽; 강준만, 「왜 우리는 끊임없이 칸막이를 만들면서 살아가는가?: 최소집단 패러다임」, 『생각과 착각: 세상을 꿰뚫는 50가지 이론 5』(인물과사상사, 2016), 56~62쪽 참고.

18 James S. Spiegel, 『Hypocrisy: Moral Fraud and Other Vices』(Grand Rapids, MI: Baker Books, 1999), p.105.

19 퀜틴 스키너(Quentin Skinner)외, 강정인 편역, 『마키아벨리의 이해』(문학과지성사, 1993), 23쪽.

20 라인홀드 니부어(Reinhold Niebuhr), 이한우 옮김, 『도덕적 인간과 비도덕적 사회』(문예출판사, 1932/1992), 109쪽.

21 라인홀드 니부어(Reinhold Niebuhr), 이한우 옮김, 『도덕적 인간과 비도덕적 사회』(문예출판사, 1932/1992), 129~131쪽.

22 김창준, 「추천의 글: 공익제보자의 눈으로 본 한국 사회의 속살」, 신광식, 『불감사회: 9인의 공익제보자가 겪은 사회적 스트레스』(참여사회, 2006), 8쪽.

23 라인홀드 니부어(Reinhold Niebuhr), 이한우 옮김, 『빛의 자식들과 어둠의 자식들』(문예출판사, 1944/1995), 14, 49쪽.

24 허버트 알철(J. Herbert Altschull), 양승목 옮김, 『현대언론사상사: 밀턴에서 맥루한까지』(나남, 1990/1993), 563쪽.

25 북미지역도 사정은 비슷한 것 같다. 캐나다 철학자 제임스 고프(James E. Gough)와 마노 대니얼(Mano Daniel)은 비판적 사고(critical thinking)에 관한 많은 교재가 '구성의 오류'에 대해 제대로 다루지 않고 있으며, 다룬 것마저도 대충 피상적으로 다루고 있다는 걸 지적하면서 '매우 놀랍다'고 말한다. James E. Gough · Mano Daniel, 「The Fallacy of Composition」, 『OSSA Conference Archive』, 61(2009), pp.1~10.

26 「Paradox of thrift」, 『Wikipedia』; 강준만, 「왜 풍년이 들면 농민들의 가슴은 타들어가는가?: 구성의 오류」, 『생각의 문법: 세상을 꿰뚫는 50가지 이론 3』(인물과사상사, 2015), 271~276쪽 참고.

27 존 캐서디(John Cassidy), 이경남 옮김, 『시장의 배반』(민음사, 2009/2011), 213, 225쪽; 강준만, 「왜 양극화 해소를 더이상 미뤄선 안 되는가?: 야성적 충동」, 『독선 사회: 세상을 꿰뚫는 50가지

이론 4』(인물과사상사, 2015), 301~308쪽 참고.

28   Ricardo J. Caballero, 「A Fallacy of Composition」, 『American Economic Review』, 82:5(December 1992), p.1279.

29   Craufurd D. Goodwin, 『Walter Lippmann: Public Economist』(Cambridge, MA: Harvard University Press, 2014), p.324.

30   구형건 · 박정숙 · 정재웅, 「제도, 규범 그리고 반복되는 금융 위기: 신제도주의 관점에서 본 금융 위기의 기원」, 『경영사학』, 30집 1호(2015년 3월), 111~136쪽.

31   윌리엄 맥닐(William H. McNeill), 신미원 옮김, 『전쟁의 세계사』(이산, 1982/2005), 392, 398쪽.

32   윌리엄 맥닐(William H. McNeill), 신미원 옮김, 『전쟁의 세계사』(이산, 1982/2005), 398~399쪽. 이와 관련, 아주대학교 교수 구형건은 삼성 사장단 강연에서 다음과 같이 쉽게 설명했다. "100년 전 열강은 군사 분야에서 놀라운 과학화와 합리화를 이뤄냈으며, 독일이 그 정점에 있었다. 각국의 군비(軍備) 경쟁이 치열해지고 갈수록 무기 체계가 복잡해지면서 신기술 개발에서 무기 회사가 선구적 역할을 하기 시작했다. 이는 국가와 무기 회사 간 긴밀한 피드백을 필요로 했고, 이는 양자의 결탁을 심화시켜 군산(軍産)복합체가 탄생했다. 이는 얼핏 합리적으로 보이지만, 그 한계는 곧 나타났다. 봇물처럼 쏟아진 신기술들로 군대는 기술에 대한 세부적 이해와 제어가 불가능해졌고, 기업체는 자신들이 만든 무기들을 컨트롤하는 것이 불가능했으며, 정치인들은 사회체제 전반을 운용하는 데 심도 있는 이해와 정책의 사용이 불가능해졌다. 1차 대전 당시 독일 합참이 세워놓은 슐리펜 계획은 개전 이후 군사 동원과 프랑스 진격 등의 계획을 시간 단위로 치밀하게 짜놓은 상태였다. 그 자체로는 최고의 효율성을 담보했지만, 동시에 '한번 전쟁이 시작되면 누구도 멈추는 게 불가능한' 상황을 만들어놓았다. 이는 19세기 발전을 이끌었던 합리적 · 과학적 사고들이 다른 한편으로 파국을 이끌었음을 보여준다.……변혁과 위기의 시대에는 역사를 교훈 삼아 미래를 준비해야 한다. 기업 내에서도 각 부문이나 개인이 최고의 합리적 선택을 할지라도 기업 전체에는 위기가 오는 '구성의 역설'이 언제든 일어날 수 있다. 이런 위기에 늘 깨어 있는 것이 경영자의 역할 아니겠는가." 구형건, 「[Weekly BIZ] [지식 콘서트] 근현대사 100년 週期로 위기…우린 어둡고 긴 터널에 들어섰다」, 『조선일보』, 2014년 12월 6일.

33   마강래, 『지방분권이 지방을 망친다: 지방분권의 함정, 균형발전의 역설』(개마고원, 2018), 53~55쪽.

34   김효인 · 최희명, 「지자체 행사 · 축제 年 1만 1,800건…費用 톱10 중 7건이 '수익 0'」, 『조선일보』, 2015년 9월 10일; 김효인, 「自治단체들 '묻지마 빚 축제'…100만 원 들여 72만 원 날렸다」, 『조선일보』, 2015년 9월 10일; 오영환 · 최경호 · 박진호, 「1만 5,000개 지역 축제의 진실…4,372억 써서 818억 번다」, 『중앙일보』, 2019년 3월 8일.

35   이유진, 「'입시 문제' 고발했는데 '입시 코디' 물색…민낯 드러낸 교육 현실」, 『경향신문』, 2019년 2월 1일.

36   곽영신, 「경멸과 동경의 SKY 캐슬…한국은 왜 이 지경인가」, 『오마이뉴스』, 2019년 1월 28일.

37   양선아, 「아이 합격하면 카톡 프로필 바꾸는 엄마들…우리 안엔 SKY 캐슬 없을까」, 『한겨레』, 2019년 2월 2일.

38   강준만, 「왜 좋은 뜻으로 한 사회 고발이 역효과를 낳을 수 있는가?: 사회적 증거」, 『생각의 문법: 세상을 꿰뚫는 50가지 이론 3』(인물과사상사, 2015), 33~38쪽 참고.

39   크리스토퍼 해드네기(Christopher Hadnagy), 민병교 옮김, 『사회공학과 휴먼해킹: 인간의 심리를 이용해 어떻게 원하는 것을 얻는가?』(에이콘, 2011/2012), 256쪽.

40   김대식 · 김두식, 『공부 논쟁』(창비, 2014), 273~274쪽.

41   김종영, 『지배받는 지배자: 미국 유학과 한국 엘리트의 탄생』(돌베개, 2015), 297~300쪽.

42 백승찬, 「[광복 70주년 기획-7대 폐습 이젠 결별하자] "미 유학파 지식인의 특권, 학문적 · 사회적 폐쇄 속에서 작동"」, 『경향신문』, 2015년 8월 25일.

43 강준만, 「왜 공중도덕을 지키자는 계몽 캠페인은 실패하는가?: 넛지」, 『감정 독재: 세상을 꿰뚫는 50가지 이론 1』(인물과사상사, 2013), 262~267쪽 참고.

44 로버트 치알디니(Robert B. Cialdini) 외, 김은령 · 김호 옮김, 『설득의 심리학 완결편: 작은 시도로 큰 변화를 이끌어내는 '스몰 빅'의 놀라운 힘』(21세기북스, 2014/2015), 31~32쪽; 최현묵, 「[Weekly BIZ] 설득하지 않고 설득하는 힘」, 『조선일보』, 2015년 2월 14일; 유혜영, 「똑똑한 정부가 필요하다: 행동경제학이 가져온 정부 정책의 변화」, 김윤이 외, 『빅 픽처 2016: 특이점과 마주한 사회』(생각정원, 2015), 167~168쪽.

45 리처드 탈러(Richard H. Thaler) · 캐스 선스타인(Cass R. Sunstein), 안진환 옮김, 『넛지: 똑똑한 선택을 이끄는 힘』(리더스북, 2008/2009), 108~113쪽.

46 로버트 치알디니(Robert B. Cialdini), 김규일 옮김, 『초전 설득』(21세기북스, 2016/2018), 243~244쪽.

47 노재현, 「시네마 천국 vs 스크린 지옥」, 『중앙일보』, 2006년 8월 18일, 30면.

48 필립 그레이브스(Philip Graves), 황혜숙 옮김, 『소비자학?: 시장조사의 신화, 소비자에 대한 진실, 쇼핑의 심리학』(좋은책들, 2010/2011), 86~87쪽.

49 로버트 치알디니(Robert B. Cialdini) 외, 김은령 · 김호 옮김, 『설득의 심리학 완결편: 작은 시도로 큰 변화를 이끌어내는 '스몰 빅'의 놀라운 힘』(21세기북스, 2014/2015), 37쪽.

50 최민영, 「[기자칼럼] 꼬꼬면과 제리뽀」, 『경향신문』, 2019년 2월 28일.

51 강준만, 「왜 1퍼센트의 사람들이 전체 조직을 뒤흔들 수 있는가?: 1퍼센트 법칙」, 『독선 사회: 세상을 꿰뚫는 50가지 이론 4』(인물과사상사, 2015), 260~266쪽 참고.

52 박준우, 「무시 못할 댓글 영향력에 '조작 유혹'도↑…해결책 있나」, 『JTBC』, 2018년 4월 24일.

53 원문은 "사회주의의 문제는 너무 많은 저녁을 빼앗아간다는 것이다(The trouble with socialism is that it would take too many evenings)"이다. 참여와 토론을 중시하는 사회주의가 당원들의 시간을 너무 많이 요구한다는 뜻이기에 원문을 조금 바꿔 표현했다. Robert D. Putnam, 『Bowling Alone: The Collapse and Revival of American Community』(New York: Touchstone Book, 2000), p.336.

54 강준만, 「왜 '도덕적 우월감'을 갖는 사람들이 부도덕해지기 쉬울까?: 도덕적 면허 효과」, 『감정 동물: 세상을 꿰뚫는 이론 6』(인물과사상사, 2017), 19~25쪽.

55 강남규, 「럭비공 공화당, 미국 디폴트 뇌관 건드리나」, 『중앙일보』, 2013년 10월 8일; 박현, 「미 공화당 지도부-티파티 분열 조짐」, 『한겨레』, 2013년 12월 16일.

56 금준경, 「유튜브 '태극기 민심'은 보수의 여론이 아니었다」, 『미디어오늘』, 2019년 2월 20일.

57 김형원, 「"全大, 과격분자 놀이터 전락" 한국당의 탄식」, 『조선일보』, 2019년 2월 20일.

58 「[사설] 국민 혀 차게 만드는 한국당 전당대회」, 『조선일보』, 2019년 2월 20일.

59 이훈범, 「자유한국당은 역시 폐업이 답이다」, 『중앙선데이』, 2019년 2월 23일. 황교안의 승리로 끝난 2 · 27 전당대회는 황교안의 태극기 부대 주장(탄핵 불복 등) 수용, 3등으로 낙선하긴 했지만 김진태의 선전, 김순례의 최고위원 당선, 청년 최고위원에서 탈락하긴 했지만 김진교의 2위 차지(4명의 후보 중) 등 '태극기 부대의 힘'을 잘 보여주었다. 『경향신문』은 "한국당은 이번 전대에서 태극기 세력으로 대표되는 강성 보수에 사로잡혀 극우로 회귀하는 모습을 여실히 보여주었다"며 "'제2의 박근혜당'이 현실화할 공산이 커졌다"고 논평했다. 「[사설] 황교안 신임 대표, '도로 친박당'된 한국당」, 『경향신문』, 2019년 2월 28일.

60 박은하, 「[생활 정치로 길 찾는 청년들] 유럽 · 미국 정당 '정치 후속세대' 양성에 적극…한국 정당

은 '영입'만 하고 육성 외면」, 『경향신문』, 2015년 7월 18일.

제5장 촉진과 경쟁

1 「Social facilitation」, 『Wikipedia』; 강현식, 『꼭 알고 싶은 심리학의 모든 것』(소울메이트, 2010), 217~219쪽; 최인철, 『돈 버는 심리 돈 새는 심리: 심리학으로 풀어본 경제 이야기』(랜덤하우스 중앙, 2005), 182쪽; 최창호, 『연구실 밖으로 나온 심리학』(미세기, 1995), 37~41쪽; 제프리 페퍼 (Jeffrey Pfeffer) · 로버트 서튼(Robert I. Sutton), 안시열 옮김, 『생각의 속도로 실행하라』(지식노 마드, 2000/2010), 270쪽; 한백희, 「사회적 촉진과 사회적 태만」, 『사회과학연구』(경북대학교 사 회과학연구원), 3권(1987년 12월), 87~102쪽.

2 David O. Sears 외, 홍대식 옮김, 『사회심리학(개정판)』(박영사, 1985/1986), 446~447쪽.

3 마거릿 헤퍼넌(Margaret Heffernon), 김성훈 옮김, 『경쟁의 배신: 경쟁은 누구도 승자로 만들지 않는다』(알에이치코리아, 2014), 163쪽; 알피 콘(Alfie Kohn), 이영노 옮김, 『경쟁에 반대한다: 왜 우리는 이기기 위한 경주에 삶을 낭비하는가?』(산눈, 1986/2009), 91쪽.

4 폴커 키츠(Volker Kitz) · 마누엘 투시(Manuel Tusch), 김희상 옮김, 『스마트한 심리학 사용법』(갤 리온, 2013/2014), 68쪽.

5 제프리 페퍼(Jeffrey Pfeffer), 이경남 옮김, 『권력의 기술: 조직에서 권력을 거머쥐기 위한 13가지 전략』(청림출판, 2010/2011), 271쪽.

6 크리스텐슨은 다양한 시장에서 모두 좋은 성과를 올리는 대기업들이 획기적인 기술이 등장할 때 마다 실패를 겪는 걸 가리켜 '혁신가의 딜레마'라고 했다. 획기적인 기술들을 시장에 내놓기 위해 서는 기존과는 다른 협력 업체와 고객 업체들로 구성된 새로운 네트워크를 구축해야만 하는데, 이러한 작업은 가볍고 민첩한 차세대 기업들에 유리하며, 또한 대기업들은 새로운 기술을 재빨 리 낚아채서 상업화할 만큼 충분히 빠르지 못하다는 것이다. 강준만, 「왜 다윗이 골리앗을 이길 수 있었는가?: 파괴적 혁신」, 『생각의 문법: 세상을 꿰뚫는 50가지 이론 3』(인물과사상사, 2015), 247~253쪽 참고.

7 제프리 페퍼(Jeffrey Pfeffer), 이경남 옮김, 『권력의 기술: 조직에서 권력을 거머쥐기 위한 13가지 전략』(청림출판, 2010/2011), 273~274쪽.

8 로버트 서튼(Robert I. Sutton), 오성호 옮김, 『역발상의 법칙』(황금가지, 2002/2003), 234~235쪽.

9 이민석 · 백수진, 「죽치는 카공族, 카페를 죽을 맛」, 『조선일보』, 2016년 3월 3일.

10 강준만, 「왜 한국인들은 시선 관리에 서투른가?: 시민적 무관심」, 『생각과 착각: 세상을 꿰뚫는 50가지 이론 5』(인물과사상사, 2016), 224~230쪽 참고.

11 강준만, 「왜 나는 남들이 나를 주의 깊게 볼 거라고 착각하는가?: 조명 효과」, 『생각과 착각: 세상 을 꿰뚫는 50가지 이론 5』(인물과사상사, 2016), 5~10쪽 참고.

12 박병천, 「소비자의 마음과 행동을 유도하는 힘」, 『머니투데이』, 2010년 10월 12일.

13 「어포던스」, 『위키백과』; 「행동 유도성[affordance]」, 『네이버 지식백과』; 「Affordance」, 『Wikipedia』; 박병천, 「소비자의 마음과 행동을 유도하는 힘」, 『머니투데이』, 2010년 10월 12일; 도널드 노먼(Donald A. Norman), 이창우 · 김영진 · 박창호 옮김, 『디자인과 인간심리』(학지사, 1988/1996), 24~26쪽. 깁슨은 어포던스가 가시적(볼 수 있는 것)일 필요가 있다고 생각하지 않 았지만, 노먼에게 핵심적인 것은 어포던스의 가시성이었다. 도널드 노먼(Donald A. Norman), 박 창호 옮김, 『미래 세상의 디자인』(학지사, 2007/2009), 93~94쪽.

14 리처드 탈러(Richard H. Thaler) · 캐스 선스타인(Cass R. Sunstein), 안진환 옮김, 『넛지: 똑똑한

선택을 이끄는 힘』(리더스북, 2008/2009), 145쪽.

15   이재현, 『디지털 문화』(커뮤니케이션북스, 2013), 2쪽. 미국 철학자 마이클 하임(Michael R. Heim)
은 인터페이스의 의미는 경제학에서부터 형이상학에 이르기까지 광범위하게 적용된다며 다음과
같이 말한다. "인터페이스는 둘 이상의 정보원이 직접 대면하는 곳에서 발생한다.……인터페이
스는 비디오 하드웨어나 우리가 들여다보는 스크린 이상의 것을 의미한다. 인터페이스는 소프트
웨어를 지칭하기도 하고, 우리가 능동적으로 컴퓨터의 작동에 변화를 가하고 결과적으로 컴퓨터
에 의해서 조절되는 세계를 변경시키는 방식을 지칭하기도 한다. 또한 인터페이스는 소프트웨어
가 인간 사용자를 컴퓨터 처리기에 연결지어주는 접촉 지점을 일컫기도 한다." 마이클 하임, 여
명숙 옮김, 『가상현실의 철학적 의미』(책세상, 1993/1997), 132쪽.

16   가이호 히로유키 · 하라다 에쓰코 · 구로스 마사아키, 박영목 · 이동연 옮김, 『인터페이스란 무엇
인가: 사람은 컴퓨터와 어떻게 만나야 하는가』(지호, 1998), 5쪽.

17   나은영, 『행복 소통의 심리』(커뮤니케이션북스, 2013), 9~10쪽.

18   요하이 벤클러(Yochai Benkler), 최은창 옮김, 『네트워크의 부: 사회적 생산은 시장과 자유를 어
떻게 바꾸는가』(커뮤니케이션북스, 2006/2015), 27~28쪽. 셰리 터클(Sherry Turkle)은 『외로워
지는 사람들: 테크놀로지가 인간관계를 조정한다』(2010)에서 "테크놀로지는 그 어포던스가 우
리의 인간적 약점과 만날 때 매력적이다"고 말한다. "알다시피 우리는 정말 상처받기 쉬운 존
재다. 외로움을 타면서도 친밀해지는 건 두려워한다. 디지털 연결망과 사교 로봇은 '친구 맺기
를 요구하지 않는 교류'라는 환상을 제공한다. 우리의 네트워크화된 삶에는 서로 묶여 있는 순
간에도 서로에게서 숨을 수 있는 여지가 있다. 대화보다는 문자 메시지가 선호된다." 셰리 터클
(Sherry Turkle), 이은주 옮김, 『외로워지는 사람들: 테크놀로지가 인간관계를 조정한다』(청림출
판, 2010/2012), 18~19쪽.

19   나은영, 「스마트 미디어 시대 네트워크 인간의 선택」, 김영석 외, 『스마트 미디어: 테크놀로지 · 시
장 · 인간』(나남, 2015), 423쪽.

20   존 어리(John Urry), 강현수 · 이희상 옮김, 『모빌리티』(아카넷, 2014), 39~40쪽.

21   하워드 라인골드(Howard Rheingold), 김광수 옮김, 『넷스마트: 구글, 페이스북, 위키, 그리고 그
보다 스마트해야 할 당신』(문학동네, 2012/2014), 257쪽.

22   정승호, 「고객에게 감동을, 러브마크와 세렌디피티」, 『창업경영신문』, 2011년 2월 23일.

23   박병천, 「소비자의 마음과 행동을 유도하는 힘」, 『머니투데이』, 2010년 10월 12일.

24   양정훈, 「[성공을 위한 시간 경영] 어포던스의 법칙」, 『세계일보』, 2010년 9월 13일.

25   김정래, 「정부는 스스로 돕는 者를 도와야 한다」, 『문화일보』, 2012년 8월 16일.

26   강준만, 「왜 공중도덕을 지키자는 계몽 캠페인은 실패하는가?: 넛지」, 『감정 독재: 세상을 꿰뚫는
50가지 이론 1』(인물과사상사, 2013), 262~267쪽 참고.

27   한윤형 · 최태섭 · 김정근, 『열정은 어떻게 노동이 되는가: 한국 사회를 움직이는 새로운 명령』(웅
진지식하우스, 2011), 48쪽.

28   김찬호, 『모멸감: 굴욕과 존엄의 감정사회학』(문학과지성사, 2014), 176쪽.

29   정상근, 「KBS 신입사원 채용 면접 때 '사상 검증' 논란」, 『미디어오늘』, 2014년 4월 9일.

30   방연주, 「MBC 경력 기자 채용 면접서 '사상 검증' 논란」, 『피디저널』, 2014년 6월 2일.

31   임지선, 「면접관의 면접 점수는요~」, 『한겨레』, 2014년 9월 4일; 임지선, 「"자네 좀 삭았구만"…
굴욕 · 황당 면접 백태」, 『한겨레』, 2014년 9월 4일.

32   이미지, 「[Why] '입사 면접장의 절대甲' 면접관이 떨고 있다」, 『조선일보』, 2015년 4월 4일.

33   윤영미, 「취준생 10명 중 4명 "면접 갑질 당해"」, 『한겨레』, 2015년 12월 10일.

34   하선영, 「"우버 면접관 1명은 다른 면접관 차별 언행 감시"」, 『중앙일보』, 2018년 12월 13일.

35 박진석, 「2,000건 넘는 '그들만의 리그'…흙수저, 공기업 못 뚫는 이유」, 『중앙일보』, 2017년 12월 8일.

36 한영준, 「취준생 76.5%, "면접 들러리 경험"」, 『파이낸셜뉴스』, 2018년 11월 14일.

37 조재형, 『코끼리 움직이기: 최고의 선택을 이끄는 '행동경제학'』(이담, 2015), 129쪽.

38 칩 히스(Chip Heath) · 댄 히스(Dan Heath), 안진환 옮김, 『자신있게 결정하라: 불확실함에 맞서는 생각의 프로세스』(웅진지식하우스, 2013), 213~214쪽.

39 리처드 니스벳(Richard E. Nisbett), 이창신 옮김, 『마인드웨어: 생각은 어떻게 작동되는가』(김영사, 2015/2016), 187~188쪽.

40 강준만, 「왜 내 문제는 '세상 탓' 남의 문제는 '사람 탓'을 하나?: 기본적 귀인 오류」, 『감정 독재: 세상을 꿰뚫는 50가지 이론 1』(인물과사상사, 2013), 51~55쪽 참고.

41 칩 히스(Chip Heath) · 댄 히스(Dan Heath), 안진환 옮김, 『자신있게 결정하라: 불확실함에 맞서는 생각의 프로세스』(웅진지식하우스, 2013), 213쪽.

42 강준만, 「왜 사람들은 대부분 자신이 운전을 잘 한다고 생각할까?: 과신 오류」, 『감정 독재: 세상을 꿰뚫는 50가지 이론 1』(인물과사상사, 2013), 193~198쪽 참고.

43 로버트 치알디니(Robert Cialdini), 황혜숙 옮김, 『설득의 심리학(개정5판)』(21세기북스, 2009/2013), 253~256쪽.

44 임지선, 「"자네 좀 삭았구만"…굴욕 · 황당 면접 백태」, 『한겨레』, 2014년 9월 4일.

45 유정식, 『착각하는 CEO: 직관의 오류를 깨뜨리는 심리의 모든 것』(알에이치코리아, 2013), 212~215쪽.

46 Charles Conrad, 『Strategic Organizational Communication: Cultures, Situations, and Adaptation』(New York: Holt, Rinehart and Winston, 1985), pp.195~196.

47 유정식, 『당신들은 늘 착각 속에 산다: 번아웃 시대 직장인을 위한 조직의 심리학』(알에이치코리아, 2015), 289쪽; 강준만, 「왜 연세대엔 '카스트제도'가 생겨났을까?: 신호 이론」, 『생각의 문법: 세상을 꿰뚫는 50가지 이론 3』(인물과사상사, 2015), 300~306쪽 참고.

48 양영유, 「블라인드 면접과 '표정 성형'」, 『중앙일보』, 2017년 7월 31일.

49 스튜어트 서덜랜드(Stuart Sutherland), 이세진 옮김, 『비합리성의 심리학: 왜 인간은 어처구니없는 실수를 반복하는가』(교양인, 2007/2008), 371쪽; 강준만, 「왜 소개팅에 자신보다 멋진 친구들과 함께 가면 안 되는가?: 대비 효과」, 『감정 독재: 세상을 꿰뚫는 50가지 이론 1』(인물과사상사, 2013), 135~140쪽 참고.

50 강준만, 「왜 해병대 출신은 '한 번 해병은 영원한 해병'이라고 할까?: 노력 정당화 효과」, 『감정 독재: 세상을 꿰뚫는 50가지 이론 1』(인물과사상사, 2013), 67~71쪽 참고.

51 크리스 앤더슨(Chris Anderson), 정준희 옮김, 『프리: 비트 경제와 공짜 가격이 만드는 혁명적 미래』(랜덤하우스, 2009), 164~165쪽.

52 이선기, 『밀레니엄 리더: 디지털 경제를 움직이는 139인의 비전과 전략』(청림출판, 1999), 54쪽.

53 존 케이(John Kay), 『세상을 비추는 경제학』(베리타스북스, 2004/2007), 17~20쪽; 「Network effect」, 『Wikipedia』; 강준만, 「왜 혁신은 대도시에서 일어나는가?: 네트워크 효과」, 『생각의 문법: 세상을 꿰뚫는 50가지 이론 3』(인물과사상사, 2015), 279~283쪽 참고.

54 데이비드 에번스(David S. Evans) · 리처드 슈말렌지(Richard Schmalensee), 이진원 옮김, 『매치메이커스: 4차 산업혁명 시대, 플랫폼 전쟁의 승리자들』(더퀘스트, 2016/2017), 44~45쪽; 폴 오이어(Paul Oyer), 홍지수 옮김, 『짝찾기 경제학』(청림출판, 2014), 76~77쪽.

55 나지홍, 「低油價로 주목받는 '콜럼버스 효과'」, 『조선일보』, 2015년 3월 9일.

56 조신, 「[Weekly BIZ] [Cover Story] 노키아 '선발자의 불이익' 당한 셈…스마트폰 가장 먼저 만들

고도 아이폰 좋은 일만 시켜줘」, 『조선일보』, 2012년 5월 19일.

57 조승연, 『비즈니스 인문학』(김영사, 2015), 221~224쪽.

58 앵거스 디턴(Angus Deaton)은 '후진성의 이점'을 들어 아프리카의 미래에 대해 낙관론을 편다. "아프리카에는 무한한 가능성이 있으며, 그중 몇몇 나라는 경제 관리 능력이 향상돼 과거에 자초한 재앙을 일부 피할 수 있게 되면서 그 가능성이 가시화되고 있다. 그리고 서구 국가들이 자신의 원조 중독을 치료하고 아프리카 정치의 기반을 약화시키는 일을 중지한다면 자체적으로 주도되는 개발을 실제로 희망해볼 수 있을 것이다. 우리는 아프리카 사람들의 무한한 재능 발현의 숨통을 조이는 일을 멈춰야 한다." 앵거스 디턴(Angus Deaton), 이현정·최윤희 옮김, 『위대한 탈출: 불평등은 어떻게 성장을 촉발시키나』(한국경제신문, 2013/2014), 353쪽.

59 조신, 「[Weekly BIZ] [Cover Story] 노키아 '선발자의 불이익' 당한 셈⋯스마트폰 가장 먼저 만들고도 아이폰 좋은 일만 시켜줘」, 『조선일보』, 2012년 5월 19일.

60 린이푸, 「후발주자의 이점 중국에 남아 있어⋯앞으로 20년간 年 8%대 성장 가능」, 『조선일보』, 2013년 8월 17일; 김경민, 「"개도국에서 신자유주의는 실패⋯中 경제 성공은 정부 개입 덕분"」, 『파이낸셜뉴스』, 2018년 7월 3일; 양도웅, 「'대만군 장교'에서 '중국 최고 석학'으로⋯ 린이푸가 던진 중국 경제 관련 5가지 질문」, 『교수신문』, 2018년 7월 16일.

61 유승호, 「"中 군사력 세계 최고"⋯美가 경계심 높이는 이유는」, 『한국경제』, 2019년 2월 8일.

62 정다슬, 「외신서 보는 한국 경제⋯"성장 모델 한계에 다다랐다"」, 『이데일리』, 2018년 8월 20일.

63 무신론자였던 이어령은 뒤늦게 개신교를 믿게 되면서 이 말로 인해 희망을 가졌다고 한다. "남들 다 젊었을 때 세례 받고 아침부터 열심히 일하고 있는데, 저는 이게 뭐에요. 이제 와서 알지도 못하는 『성경』 얘기나 하고, 그런 때마다 가슴이 뜨끔뜨끔한데 하 나님은 품삯을 똑같이 주시잖아요. 제가 할렐루야 하지 않겠어요? 늦게 온 사람이 먼저 온 사람보다 후대 받았을 때, 하나님이 어떤 분이신지 깨달을 수 있습니다." 이대웅, 「이어령 박사 "『성경』을 시와 소설처럼 쉽게 읽읍시다"」, 『크리스천투데이』, 2012년 1월 9일.

64 P. T. Barnum 『The Art of Money Getting or Golden Rules for Making Money』(Watchmaker, 1880/1932), p.12.

65 그랜트 매크래켄(Grant McCracken), 이상률 옮김, 『문화와 소비: 소비재와 소비 행위의 상징적인 성격에 대한 새로운 접근』(문예출판사, 1988/1996), 252~263쪽; Juliet B. Schor, 『The Overspent American: Why We Want What We Don't Need』(New York: HarperPerennial, 1998/1999), pp.145~147; 황샤오린·황멍시, 『세상은 2대 8로 돌아가고 돈은 긴꼬리가 만든다』(더숲, 2010/2011), 70쪽; 『Diderot effect』, 『Wikipedia』.

66 레이철 보츠먼(Rachel Botsman)·루 로저스(Roo Rogers), 이은진 옮김, 『위 제너레이션』(모멘텀, 2011), 49~50쪽.

67 제임스 B. 트위첼((James Twitchell), 최기철 옮김, 『럭셔리 신드롬: 사치의 대중화, 소비의 마지막 선택』(미래의창, 2003), 166쪽, 220~221; 마이클 실버스타인(Michael J. Silverstein)·닐 피스크(Neil Fiske), 보스턴컨설팅그룹 옮김, 『소비의 새물결 트레이딩업』(세종서적, 2003/2005), 378쪽.

68 엘런 더닝(Alan Durning), 구자건 옮김, 『소비사회의 극복: 현대 소비사회와 지구환경 위기』(따님, 1994), 131~132쪽.

69 심재우, 「'컬래버레이션'의 진화⋯자동차·제약업계로 확산」, 『중앙일보』, 2012년 6월 7일.

70 김운한, 「불황기 마케팅, A(Advertising)보다 BC(Branded Contents)가 답이다」, 『HS Ad』, 2012년 9~10월, 40~41쪽.

71 김대희, 「'아트 컬래버레이션' 뜬다: 기업 제품에 미술 작가들 작품, 연예인 의상까지 디자인」, 『CNB저널』, 제311호(2013년 1월 28일).

72   김난도 외, 『트렌드 코리아 2014』(미래의창, 2013), 281~301쪽.

제6장 인간의 한계

1   차례대로 영국 작가 윌리엄 셰익스피어(William Shakespeare, 1564~1616), 영국 정치가이
     자 작가인 벤저민 디즈레일리(Benjamin Disraeli, 1804~1881), 프랑스 시인 아나톨 프랑스
     (Anatole France, 1844~1924), 전화를 발명한 알렉산더 그레이엄 벨(Alexander Graham Bell,
     1847~1922), 영국 정치가 윈스턴 처칠(Winston Churchill, 1874~1965)의 말이다.
2   롤프 도벨리(Rolf Dobelli), 유영미 옮김, 『불행 피하기 기술: 영리하게 인생을 움직이는 52가지 비
     밀』(인플루엔셜, 2017/2018), 279쪽.
3   제프리 페퍼(Jeffrey Pfeffer)·로버트 서튼(Robert I. Sutton), 안시열 옮김, 『생각의 속도로 실행하
     라』(지식노마드, 2000/2010), 344쪽.
4   제프리 페퍼(Jeffrey Pfeffer)·로버트 서튼(Robert I. Sutton), 안시열 옮김, 『생각의 속도로 실행하
     라』(지식노마드, 2000/2010), 335~359쪽.
5   강준만, 「Kodak」, 『교양영어사전 2』(인물과사상사, 2013), 385~387쪽 참고.
6   톰 켈리(Tom Kelley)·데이비드 켈리(David Kelley), 박종성 옮김, 『유쾌한 크리에이티브: 어떻게
     창조적 자신감을 이끌어낼 것인가』(청림출판, 2013/2014), 164~166쪽.
7   톰 켈리(Tom Kelley)·데이비드 켈리(David Kelley), 박종성 옮김, 『유쾌한 크리에이티브: 어떻게
     창조적 자신감을 이끌어낼 것인가』(청림출판, 2013/2014), 167~169쪽.
8   윤형준, 「[Weekly BIZ] 무엇이든 일단 행동에 나서라: '리더처럼 행동하고…' 저자 佛 INSEAD 아
     이바라 교수」, 『조선일보』, 2015년 7월 4일.
9   강준만, 「왜 대학 입시 제도는 3년 10개월마다 '성형수술'을 할까?: 행동 편향」, 『감정 독재: 세상
     을 꿰뚫는 50가지 이론 1』(인물과사상사, 2013), 19~24쪽 참고.
10   강준만, 「왜 스포츠 심판들은 결정적 순간엔 휘슬을 적게 불까?: 부작위 편향」, 『감정 독재: 세상
     을 꿰뚫는 50가지 이론 1』(인물과사상사, 2013), 25~30쪽 참고.
11   개리 마커스(Gary Marcus), 최호영 옮김, 『클루지: 생각의 역사를 뒤집는 기막힌 발견』(갤리온,
     2008), 11~12쪽.
12   개리 마커스(Gary Marcus), 최호영 옮김, 『클루지: 생각의 역사를 뒤집는 기막힌 발견』(갤리온,
     2008), 11~13쪽; 「Kludge」, 『Wikipedia』.
13   최호영, 「옮긴이의 말」, 개리 마커스(Gary Marcus), 최호영 옮김, 『클루지: 생각의 역사를 뒤집는
     기막힌 발견』(갤리온, 2008), 285쪽.
14   개리 마커스(Gary Marcus), 최호영 옮김, 『클루지: 생각의 역사를 뒤집는 기막힌 발견』(갤리온,
     2008), 39~40쪽. 캐나다 철학자 조지프 히스(Joseph Heath)는 누구나 한 번쯤 경험해봤을 사례
     를 들어 더 실감나게 설명한다. "방에 있다가 무언가를 가지러 부엌에 간다. 그런데 부엌에 도착
     했을 때는 무엇을 가지러 온 것이었는지 기억이 나지 않는다. 잠시 생각을 더듬어 보다가 포기하
     고 방으로 돌아온다. 부엌에 가야겠다는 마음이 들었던 곳으로 돌아와서 보니 갑자기 생각이 난
     다. 환경에 의해 기억이 실마리를 얻은 것이다. 가령, 책상을 보고 당신은 생각한다. '아, 맞아. 커
     피 가지러 간 거였지?' 책상이 촉발한 이 기억을 부엌은 촉발하지 못한다." 조지프 히스(Joseph
     Heath), 김승진 옮김, 『계몽주의 2.0: 감정의 정치를 어떻게 바꿀 것인가』(이마, 2014/2017), 87쪽.
15   댄 가드너(Dan Gardner), 이경식 옮김, 『앨빈 토플러와 작별하라』(생각연구소, 2010/2011), 134쪽.
16   개리 마커스(Gary Marcus), 최호영 옮김, 『클루지: 생각의 역사를 뒤집는 기막힌 발견』(갤리온,

2008), 36, 233쪽.

17 개리 마커스(Gary Marcus), 최호영 옮김, 『클루지: 생각의 역사를 뒤집는 기막힌 발견』(갤리온, 2008), 248쪽; 강준만, 「왜 지식인 논객들은 편 가르기 구도의 졸(卒)이 되었을까?: 확증 편향」, 『감정 독재: 세상을 꿰뚫는 50가지 이론 1』(인물과사상사, 2013), 130～134쪽; 강준만, 「왜 흡연자들은 "어차피 인생은 위험한 것이다"고 생각하나?: 동기에 의한 추론」, 『생각과 착각: 세상을 꿰뚫는 50가지 이론 5』(인물과사상사, 2016), 109～115쪽 참고.

18 댄 가드너(Dan Gardner), 이경식 옮김, 『앨빈 토플러와 작별하라』(생각연구소, 2010/2011), 134～141쪽.

19 이은수, 「맥그리거, 아기 앞에서는 순한 양 '믿을 수 없는 광경'」, 『넥스트데일리』, 2018년 10월 6일; 김종수, 「'흥행 스타' 맥그리거? 치사한 방법 남발한, 추했던 경기: UFC 인기 스타지만 롤 모델이 되어서는 안 될 파이터」, 『오마이뉴스』, 2018년 10월 10일.

20 재러드 다이아몬드(Jared Diamond), 김진준 옮김, 『총, 균, 쇠: 무기 · 병균 · 금속은 인류의 운명을 어떻게 바꿨는가』(문학사상사, 1997/1998), 245쪽.

21 이동환, 「총균쇠, 넬라 판타지아 그리고 안나 카레니나」, 『채널 예스』, 2014년 1월 8일.

22 재러드 다이아몬드(Jared Diamond), 김진준 옮김, 『총, 균, 쇠: 무기 · 병균 · 금속은 인류의 운명을 어떻게 바꿨는가』(문학사상사, 1997/1998), 249～256쪽; 김민주, 「잘되는 집은 뒤로 넘어져도 무사하다: 안나 카레니나 법칙」, 『시장의 흐름이 보이는 경제 법칙』(위즈덤하우스, 2011); 「네이버 지식백과」.

23 재러드 다이아몬드(Jared Diamond), 김진준 옮김, 『총, 균, 쇠: 무기 · 병균 · 금속은 인류의 운명을 어떻게 바꿨는가』(문학사상사, 1997/1998), 204～205쪽.

24 짐 콜린스(Jim Collins), 김명철 옮김, 『위대한 기업은 다 어디로 갔을까』(김영사, 2009/2010), 37쪽.

25 피터 틸(Peter Thiel) · 블레이크 매스터스(Blake Masters), 이지연 옮김, 『제로 투 원』(한국경제신문, 2014), 49쪽.

26 김상조, 「'안나 카레니나 법칙'의 한국 금융」, 『경향신문』, 2014년 10월 8일.

27 오태규, 「'안나 카레니나 법칙'과 대북 정책」, 『한겨레』, 2013년 5월 10일.

28 김영문, 「창업과 안나 카레니나의 법칙」, 『영남일보』, 2015년 10월 16일.

29 장욱희, 「취업 성공 · 실패에는 여러 요인 있어 스펙 집착 말고 다양한 요소 고민해야」, 『파이낸셜뉴스』, 2018년 5월 4일.

30 권혁면, 「산업 안전의 '안나 카레니나 법칙'」, 『매일경제』, 2016년 11월 21일.

31 김민혁, 「제2 안나 카레니나 방지 위해…촘촘한 자살 예방망 구축을」, 『한국일보』, 2018년 6월 25일.

32 고미석, 「좋은 부모의 조건」, 『동아일보』, 2017년 4월 6일.

33 이성만, 「'선택된 가축'의 참뜻」, 『중도일보』, 2018년 7월 24일.

34 강준만, 「왜 "하나를 보면 열을 안다"는 속담은 폭력적일 수 있는가?: 환원주의」, 『생각과 착각: 세상을 꿰뚫는 50가지 이론 5』(인물과사상사, 2016), 251～258쪽 참고.

35 강준만, 「왜 정치적 편향성은 '이익이 되는 장사'일까?: 적 만들기」, 『우리는 왜 이렇게 사는 걸까?: 세상을 꿰뚫는 50가지 이론 2』(인물과사상사, 2014), 97～104쪽 참고.

36 Christine Ammer, 『The Facts on File Dictionary of Clichés』(New York: Checkmark Books, 2001), p.363.

37 에드워드 데이머(Edward Damer), 김회빈 옮김, 『엉터리 논리 길들이기』(새길, 1999), 188쪽; 로버트 코펠(Robert Koppel), 권성희 옮김, 『투자와 비이성적 마인드: 감정은 어떻게 객관적 데이터를 왜곡하는가』(비즈니스북스, 2011/2013), 239쪽.

38 강재륜, 『논리학』(대왕사, 1996), 67～68쪽.

39 앨버트 허시먼(Albert O. Hirschman), 이근영 옮김, 『보수는 어떻게 지배하는가』(웅진지식하우스, 1991/2010), 125~127쪽.

40 최훈, 『불편하면 따져봐: 논리로 배우는 인권 이야기』(창비, 2014), 278쪽.

41 유시민, 『국가란 무엇인가』(돌베개, 2011), 179쪽.

42 로버트 프랭크(Robert H. Frank), 이한 옮김, 『사치열병: 과잉시대의 돈과 행복』(미지북스, 1999/2011), 341쪽.

43 마이클 가자니가(Michael S. Gazzaniga), 김효은 옮김, 『뇌는 윤리적인가』(바다출판사, 2005/2015), 19~20쪽.

44 크리스토퍼 디카를로(Christopher DiCarlo), 김성희 옮김, 『철학자처럼 질문하라: 합리적인 답을 이끌어내는 통섭의 인문학』(지식너머, 2011/2013), 214쪽.

45 마이클 샌델(Michael Sandel), 안진환 · 이수경 옮김, 『왜 도덕인가?』(한국경제신문, 2005/2010), 151쪽.

46 강준만, 「왜 공중도덕을 지키자는 계몽 캠페인은 실패하는가?: 넛지」, 『감정 독재: 세상을 꿰뚫는 50가지 이론 1』(인물과사상사, 2013), 262~267쪽 참고.

47 리처드 탈러(Richard H. Thaler) · 캐스 선스타인(Cass R. Sunstein), 안진환 옮김, 『넛지: 똑똑한 선택을 이끄는 힘』(리더스북, 2008/2009), 345~347쪽.

48 임태훈, 『검색되지 않을 자유: 빅데이터에 포박된 인간과 사회를 넘어서』(알마, 2014), 22쪽.

49 임아영, 「[헌법 11.0 다시 쓰는 시민계약] (2) 인간은 데이터, IT기업이 '신'이 된 세상」, 『경향신문』, 2018년 1월 4일.

50 조형래, 「뭇매 맞는 인터넷 공룡들」, 『조선일보』, 2017년 10월 10일.

51 Stewart Edelstein, 『Dubious Doublets』(Hoboken, NJ: Wiley, 2003), pp.14~15; 파리드 자카리아(Fareed Zakaria), 윤종석 · 이정희 · 김선옥 옮김, 『흔들리는 세계의 축: 포스트 아메리칸 월드』(베가북스, 2008), 99쪽; 조승연, 「[Weekly BIZ] [인문학으로 배우는 비즈니스 영어] algorithm」, 『조선일보』, 2014년 12월 13일.

52 황용석, 「알고리즘과 미디어」, 『한겨레』, 2014년 11월 11일.

53 유발 하라리(Yuval Noah Harari), 김명주 옮김, 『호모데우스: 미래의 역사』(김영사, 2015/2017), 461쪽.

54 유발 하라리(Yuval Noah Harari), 김명주 옮김, 『호모데우스: 미래의 역사』(김영사, 2015/2017), 473쪽.

55 Tristan Harris, 「How Technology is Hijacking Your Mind—from a Magician and Google Design Ethicist」, 『Thrive Global』, May 18, 2016; 김동표, 「페이스북 초대 사장 "SNS라는 괴물 만들어냈다" 후회」, 『아시아경제』, 2017년 11월 10일.

56 캐시 오닐(Cathy O'Neil), 김정혜 옮김, 『대량살상 수학무기: 어떻게 빅데이터는 불평등을 확산하고 민주주의를 위협하는가』(흐름출판, 2016/2017), 6~7쪽.

57 김동표, 「페이스북 초대 사장 "SNS라는 괴물 만들어냈다" 후회」, 『아시아경제』, 2017년 11월 10일.

58 캐시 오닐(Cathy O'Neil), 김정혜 옮김, 『대량살상 수학무기: 어떻게 빅데이터는 불평등을 확산하고 민주주의를 위협하는가』(흐름출판, 2016/2017), 16쪽.

59 박태우, 「"알고리즘이 불평등 강화할 수도…민주적 통제 나서야"」, 『한겨레』, 2018년 11월 2일.

60 유발 하라리(Yuval Noah Harari), 김명주 옮김, 『호모데우스: 미래의 역사』(김영사, 2015/2017), 538~539쪽.

61 Stephen Kline, 「The Ends of History and the Tyranny of the Algorithm」, 『History of Games International Conference Proceedings』, January 2014; Thomas J. Ridge, 「Tyranny of the

algorithm」, 『Richmond Law Magazine』, February 2, 2017; John Harris, 「The tyranny of algorithms is part of our lives: soon they could rate everything we do」, 『The Guardian』, March 5, 2018; 유발 하라리(Yuval Noah Harari), 전병근 옮김, 『21세기를 위한 21가지 제언: 더 나은 오늘은 어떻게 가능한가』(김영사, 2018).

62　캐시 오닐(Cathy O'Neil), 김정혜 옮김, 『대량살상 수학무기: 어떻게 빅데이터는 불평등을 확산하고 민주주의를 위협하는가』(흐름출판, 2016/2017), 339~340쪽.

제7장 사회적 소통

1　손광균, 「그리운 추석 고문의 추억」, 『중앙일보』, 2015년 10월 2일.

2　이영희, 「명절, "나는 너의 편이야"라고 말하는 날」, 『중앙일보』, 2015년 2월 18일.

3　임수연, 「명절에 하는 거짓말 1위는 "연봉 많이 받는다"」, 『엑스포츠』, 2013년 2월 10일.

4　김경학 · 김선영 · 김서영, 「조카들에 "취업은 언제 하냐, 결혼은?"…설 연휴 스트레스 주는 말 피하기」, 『경향신문』, 2015년 2월 18일.

5　「Microaggression」, 『Wikipedia』; 정이나, 「'빈지 워치', '포토밤' 신조어 1천여 개 메리엄웹스터 등재」, 『뉴스1』, 2017년 2월 8일.

6　문세영, 「악의 없는 공격도 상처 된다」, 『코메디닷컴』, 2018년 1월 16일.

7　김은하 · 김지수 · 박한솔 · 김도연 · 김수용, 「직장 내 성차별 경험, 정당한 세상에 대한 믿음, 우울에 대한 연구: 척도 개발 및 매개 효과 분석」, 『한국심리학회지: 여성』, 22(4), 2017년 12월, 645~646쪽.

8　이조은, 「캠퍼스 인종차별, 아시안도 미묘한 '왕따'」, 『뉴욕중앙일보』, 2015년 11월 19일.

9　박준호 · Lawrence Gerstein · Deborah Miller, 「대학생 동성애 상담: 상담자 훈련을 위한 체계적 모델의 활용」, 『인간이해』, 35(1), 2014, 63쪽.

10　Allie George, 「트랜스젠더 학생을 대하는 교사를 위한 가이드」, 『ㅍㅍㅅㅅ』, 2017년 2월 17일.

11　김환영, 「'미세 갑질'에도 눈살 찌푸리는 시대 올까?」, 『중앙일보』, 2015년 12월 12일.

12　홍상지 · 여성국 · 김정연, 「여자는 꾸며야…예쁜데 일도 잘해…미투 키우는 작은 차별」, 『중앙일보』, 2018년 3월 26일.

13　장수경, 「미세먼지처럼 해롭고 만연한 '먼지 차별' 당신은?」, 『한겨레』, 2018년 4월 11일.

14　울리히 슈나벨(Ulrich Schnabel), 김희상 옮김, 『행복의 중심 휴식』(걷는나무, 2010/2011), 86쪽; 필 로젠츠바이크(Phil Rosenzweig), 이주형 옮김, 『헤일로 이펙트: 기업의 성공을 가로막는 9가지 망상』(스마트비즈니스, 2007), 207쪽.

15　짐 콜린스(Jim Collins), 이무열 옮김, 『좋은 기업을 넘어 위대한 기업으로』(김영사, 2001/2002), 155~165쪽.

16　에릭 슈미트(Eric Schmidt) 외, 박병화 옮김, 『구글은 어떻게 일하는가』(김영사, 2014), 129쪽; 필 로젠츠바이크(Phil Rosenzweig), 이주형 옮김, 『헤일로 이펙트: 기업의 성공을 가로막는 9가지 망상』(스마트비즈니스, 2007), 203~207쪽; 「Good to Great」, 『Wikipedia』.

17　필 로젠츠바이크(Phil Rosenzweig), 이주형 옮김, 『헤일로 이펙트: 기업의 성공을 가로막는 9가지 망상』(스마트비즈니스, 2007), 207쪽.

18　로널드 드워킨(Ronald M. Dworkin), 박경신 옮김, 『정의론: 법과 사회정의의 토대를 찾아서』(민음사, 2011/2015), 28, 651쪽.

19　강준만, 「왜 인생이 우리가 처한 환경에 좌우되면 안 되는가?: 자원의 평등 이론」, 『사회 지식 프

라임』(인물과사상사, 2018), 95~101쪽 참고.

20 필립 테틀록(Philip E. Tetlock)ㆍ댄 가드너(Dan Gardner), 이경남 옮김, 『슈퍼 예측, 그들은 어떻게 미래를 보았는가』(알키, 2016/2017).

21 댄 가드너(Dan Gardner), 이경식 옮김, 『앨빈 토플러와 작별하라: 엉터리 전문가, 미래예측 열혈 추종자들의 이중심리 파헤치기』(생각연구소, 2010/2011), 60쪽.

22 필립 테틀록(Philip E. Tetlock), 「예측에서 승리하는 법」, 대니얼 카너먼(Daniel Kahneman) 외, 『생각의 해부』(와이즈베리, 2013/2015), 199쪽.

23 댄 가드너(Dan Gardner), 이경식 옮김, 『앨빈 토플러와 작별하라: 엉터리 전문가, 미래예측 열혈 추종자들의 이중심리 파헤치기』(생각연구소, 2010/2011), 164쪽.

24 필립 테틀록(Philip E. Tetlock)ㆍ댄 가드너(Dan Gardner), 이경남 옮김, 『슈퍼 예측, 그들은 어떻게 미래를 보았는가』(알키, 2016/2017), 117~118쪽.

25 네이트 실버(Nate Silver), 이경식 옮김, 『신호와 소음: 미래는 어떻게 당신 손에 잡히는가』(더퀘스트, 2012/2014), 92쪽.

26 네이트 실버(Nate Silver), 이경식 옮김, 『신호와 소음: 미래는 어떻게 당신 손에 잡히는가』(더퀘스트, 2012/2014), 94~98쪽; 강준만, 「왜 지식인 논객들은 편 가르기 구도의 졸(卒)이 되었을까?: 확증 편향」, 『감정 독재: 세상을 꿰뚫는 50가지 이론 1』(인물과사상사, 2013), 130~134쪽 참고.

27 루시 퀑(Lucy Kung), 한운희ㆍ나윤희 옮김, 『디지털 뉴스의 혁신』(한국언론진흥재단, 2014/2015), 47쪽.

28 홍주희, 「NYT "이젠 서비스 저널리즘" 상품 추천 사이트 인수」, 『중앙일보』, 2016년 10월 26일.

29 울리히 슈나벨(Ulrich Schnabel), 김희상 옮김, 『행복의 중심 휴식』(걷는나무, 2010/2011), 87쪽.

30 Michael Young, 『The Rise of Meritocracy, 1870-2033: An Essay on Education and Equality』(New York: Penguin, 1961).

31 강준만, 『아이비리그의 빛과 그늘: 능력주의 사회와 엘리트의 탄생』(인물과사상사, 2011); 강준만, 「왜 '능력주의'는 불공정하며 불가능한가?: 능력주의」, 『독선 사회: 세상을 꿰뚫는 50가지 이론 4』(인물과사상사, 2015), 149~153쪽 참고.

32 Ernest L. Boyer, 『College: The Undergraduate Experience in America(The Carnegie Foundation for the Advancement of Teaching)』(New York: HarperㆍRow, 1987), pp.28~29.

33 「SAT」, 『Wikipedia』.

34 Nicholas Lemann, 『The Big Test: The Secret History of the American Meritocracy』(New York: Farrar, Straus and Giroux, 1999), pp.344~345.

35 조지프 피시킨(Joseph Fishkin), 유강은 옮김, 『병목사회: 기회의 불평등을 넘어서기 위한 새로운 대안』(문예출판사, 2014/2016).

36 엘레나 쇼하미(Elana Shohamy), 신동일ㆍ박윤규 옮김, 『시험의 권력: 언어시험 사용에 대한 비평적 관점』(아카데미프레스, 2001/2010), 230쪽.

37 이경숙, 『시험국민의 탄생: 한국인의 희망과 좌절의 역사』(푸른역사, 2017), 14~15, 19쪽.

38 이경숙, 『시험국민의 탄생: 한국인의 희망과 좌절의 역사』(푸른역사, 2017), 105~108쪽.

39 이경숙, 『시험국민의 탄생: 한국인의 희망과 좌절의 역사』(푸른역사, 2017), 386쪽.

40 남지원, 「['시험사회' 문제를 풉시다] (상) 평가 방식 못 믿는 청년들 "차라리 시험으로 줄 세워주세요"」, 『경향신문』, 2017년 12월 19일.

41 이관후, 「시험은 공정하지도 정의롭지도 않다」, 『한겨레』, 2018년 11월 21일.

42 박권일, 「'SKY 캐슬'의 사회학: 문제는 시험이 아니다」, 『뉴스민』, 2019년 1월 21일.

43 윤창수, 「중국 부모는 자녀가 의대 가면 왜 반대하나」, 『서울신문』, 2019년 2월 8일.

44   하퍼 리(Harper Lee), 김욱동 옮김, 『앵무새 죽이기』(문예출판사, 1960/2002); 엠 그리핀(Em Griffin), 김동윤 · 오소현 옮김, 『첫눈에 반한 커뮤니케이션 이론』(커뮤니케이션북스, 2012), 86쪽.

45   찰스 윌리엄 모리스(Charles William Morris), 「편집자 모리스의 서문」, 조지 허버트 미드(George Herbert Mead), 나은영 옮김, 『정신 · 자아 · 사회: 사회적 행동주의자가 분석하는 개인과 사회』 (한길사, 1934/2010), 32쪽.

46   김덕영, 『사회의 사회학』(길, 2016), 426~427쪽; 양해림, 「딜타이와 미드(G.H. Mead)의 사회 이론: 미드의 상징적 상호작용론을 중심으로」, 『해석학 연구』, 27권(2011년 2월), 159~160쪽.

47   이성식, 「역할 담당 감정으로서의 수치심과 청소년 비행: 상징적 상호작용 모델의 검증을 중심으로」, 『한국사회학』, 29권(1995년 9월), 620~621쪽.

48   양해림, 「딜타이와 미드(G.H. Mead)의 사회 이론: 미드의 상징적 상호작용론을 중심으로」, 『해석학연구』, 27권(2011년 2월), 164쪽; Manford H. Kuhn, 「Major Trends in Symbolic Interaction Theory in the Past Twenty-Five Years」, Jerome G. Manis · Bernard N. Meltzer, eds., 『Symbolic Interaction: A Reader In Social Psychology』, 2nd ed.(Boston, MA: Allyn and Bacon, 1967/1972), pp.63~64.

49   나은영, 「미드의 상징적 상호작용론의 가치」, 조지 허버트 미드(George Herbert Mead), 나은영 옮김, 『정신 · 자아 · 사회: 사회적 행동주의자가 분석하는 개인과 사회』(한길사, 1934/2010), 10 쪽; 전병재, 『사회심리학: 관점과 이론』(경문사, 1987), 376쪽; Charles Horton Cooley, 「Looking-Glass Self」, Jerome G. Manis · Bernard N. Meltzer, eds., 『Symbolic Interaction: A Reader In Social Psychology』, 2nd ed.(Boston, MA: Allyn and Bacon, 1967/1972), pp.231~233.

50   조지 허버트 미드(George Herbert Mead), 나은영 옮김, 『정신 · 자아 · 사회: 사회적 행동주의자가 분석하는 개인과 사회』(한길사, 1934/2010), 266쪽; 나은영, 「미드의 상징적 상호작용론의 가치」, 조지 허버트 미드(George Herbert Mead), 나은영 옮김, 『정신 · 자아 · 사회: 사회적 행동주의자 가 분석하는 개인과 사회』(한길사, 1934/2010), 23쪽; 전병재, 『사회심리학: 관점과 이론』(경문사, 1987), 181~182쪽; 양해림, 「딜타이와 미드(G.H. Mead)의 사회 이론: 미드의 상징적 상호작용론을 중심으로」, 『해석학연구』, 27권(2011년 2월), 159~160쪽; 랜들 콜린스(Randall Collins), 진수미 옮김, 『사회적 삶의 에너지: 상호작용 의례의 사슬』(한울아카데미, 2004/2009), 279~280쪽.

51   전병재, 『사회심리학: 관점과 이론』(경문사, 1987), 187~199쪽; 고영복, 「상징적 상호작용론 [symbolic interactionism]」, 『사회학사전』(사회문화연구소, 2000); 『네이버 지식백과』. 영국 작가 윌리엄 셰익스피어(William Shakespeare, 1564~1616)는 "이 세상은 무대이며 모든 남자와 여 자는 배우이다. 그들은 각자의 배역에 쫓아서 등장했다가는 퇴장하지만 사람은 한 평생 동안 여 러 가지 역을 담당한다"고 했는데, 이 말을 사회학적 관점에서 이해하고 현실에 적용한 것이 바 로 연극학적 이론(Dramaturgy)이다. 이 이론에 따르면, 우리는 누구나 다 남들에게 어떤 인상 (impression)을 보이고 싶어 하며, 그 인상은 '사회적 가면(social mask)'이라고 해도 좋을 정도로 여러 개다. 예컨대, 어떤 학생이 교사, 부모, 친구들에게 보이는 인상은 각기 다르며, 또 상황에 따라 달라질 수 있다. 선배를 대할 땐 공손한 표정을 지으려고 하겠지만, 후배를 대할 땐 권위가 있는 표정을 지으려고 하지 않을까? 이성 친구를 대할 땐 내숭을 떨기도 하지 않을까? 고프먼은 커뮤니케이션을 '상황 조작에 의한 인상 관리(impression management) 행위'로 정의했다. 강준 만, 「왜 내숭을 떠는 사람의 '내숭 까발리기'는 위험한가?: 사회적 가면」, 『생각의 문법: 세상을 꿰 뚫는 50가지 이론 3』(인물과사상사, 2015), 182~187쪽.

52   롭 앤더슨(Rob Anderson) · 로버트 다덴(Robert Dardenne) · 조지 킬렌버그(George M. Killenberg), 차재영 옮김, 『저널리즘은 어떻게 민주주의를 만드는가』(커뮤니케이션북스, 1996/2006), 33쪽.

53 기시미 이치로 · 고가 후미타케, 전경아 옮김, 『미움받을 용기: 자유롭고 행복한 삶을 위한 아들러의 가르침』(인플루엔셜, 2013/2014); 권재현, 「변해야만 '행복'해질 수 있다는데 사회 모순에 '면죄부'는 옳은 걸까」, 『경향신문』, 2015년 3월 14일.

54 브렛 밀스(Brett Mills) · 데이비드 M. 발로(David M. Barlow), 권상희 편역, 『미디어 이론 2: 미디어 사상, 연구방법, 콘텍스트 이론』(글로벌콘텐츠, 2012/2016), 492쪽.

55 위르겐 하버마스(Jürgen Habermas), 한승완 옮김, 『공론장의 구조 변동: 부르주아 사회의 한 범주에 관한 연구』(나남출판, 1962/2001), 65쪽.

56 위르겐 하버마스(Jürgen Habermas), 한승완 옮김, 「1990년 신판의 서문」, 『공론장의 구조 변동: 부르주아 사회의 한 범주에 관한 연구』(나남출판, 1962/2001), 34쪽.

57 위르겐 하버마스(Jürgen Habermas), 장춘익 옮김, 『의사소통행위 이론 2: 기능주의적 이성비판을 위하여』(나남, 1981/2006), 598~599쪽; 황태연, 「하버마스의 공론장 이론과 푸코 비판」, 『문화과학』, 7권(1995년 2월), 76~77쪽; 김재현, 「하버마스에서 공론 영역의 양면성」, 이진우 엮음, 『하버마스의 비판적 사회 이론』(문예출판사, 1996), 137~138쪽.

58 발터 레제-셰퍼(Walter Reese-Schäfer), 선우현 옮김, 『하버마스: 철학과 사회 이론』(거름, 1991/1998), 71쪽.

59 낸시 프레이저(Nancy Fraser), 김원식 옮김, 『지구화 시대의 정의: 정치적 공간에 대한 새로운 상상』(그린비, 2008/2010), 137~147쪽.

60 권용혁, 「하버마스와 한국」, 이진우 엮음, 『하버마스의 비판적 사회 이론』(문예출판사, 1996), 280~281쪽.

61 조항제, 「민주주의 · 미디어 체제의 유형화」, 『언론과사회』, 13권 4호(2005년 11월), 20쪽.

62 박근영 · 최윤정, 「온라인 공론장에서 토론이 합의와 대립에 이르게 하는 요인 분석: 개방형 공론장과 커뮤니티 공론장의 토론 숙의성 비교」, 『한국언론학보』, 58권 1호(2014년 2월), 39~69쪽.

63 서명준, 『미디어사회학』(커뮤니케이션북스, 2014), 69~71쪽.

64 황태연, 『공자와 세계: 패치워크 문명 시대의 공맹 정치철학』(청계, 2011), 885~886쪽; 하상복 외, 「모바일 컴퓨팅 기술과 민주주의에 대한 상상력: 하버마스의 공론장 모델 비판을 중심으로」, 『OUGHTOPIA』, 30권 2호(2015년 11월), 93~121쪽 재인용.

65 김경년 · 김재영, 「『오마이뉴스』 독자 의견 분석: '난장으로서의 공론장' 가능성 탐색」, 『한국방송학보』, 19권 3호(2005년 9월), 7~41쪽.

66 원용진 · 이수엽, 「한국 언론학 내 '인터넷 공론장' 개념의 외연과 내포」, 『한국스피치커뮤니케이션학회 학술대회 자료집』, 2009년 6월, 153~173쪽.

67 김예란, 「감성 공론장: 여성 커뮤니티, 느끼고 말하고 행하다」, 『언론과사회』, 18권 3호(2010년), 146~191쪽.

68 홍원식, 「인터넷 공론장 돌아보기: 소통은 무엇을 위한 것인가?」, 『커뮤니케이션 이론』, 10권 4호(2014년 12월), 263~300쪽.

69 댄 길모어(Dan Gillmor), 김승진 옮김, 『우리가 미디어다』(이후, 2008), 323쪽.

70 윤태진, 「끼리끼리만의 사이버공간」, 『한국일보』, 2006년 1월 18일, 29면.

71 Cass Sunstein, 『republic.com』(Princeton, NJ: Princeton University Press, 2001), pp.65~84; 데이비드 와인버거(David Weinberger), 이현주 옮김, 『혁명적으로 지식을 체계화하라』(살림비즈, 2007/2008), 353쪽; 강준만, 「왜 세상은 날이 갈수록 갈가리 찢어지는가?: 사이버발칸화」, 『생각의 문법: 세상을 꿰뚫는 50가지 이론 5』(인물과사상사, 2015), 333~338쪽 참고.

1   Samuel P. Huntington, 『The Clash of Civilizations and the Remaking of World Order』(New York: Simon · Schuster, 1996), p.97.

2   제임스 프록터(James Procter), 손유경 옮김, 『지금 스튜어트 홀』(앨피, 2004/2006), 218쪽.

3   「Identity politics」, 『Wikipedia』.

4   Stephen Hart, 『Cultural Dilemmas of Progressive Politics: Styles of Engagement among Grassroots Activists』(Chicago: The University of Chicago Press, 2001), pp.213~215.

5   Todd Gitlin, 『The Twilight of Common Dreams: Why America Is Wracked by Culture Wars』(New York: Metropolitan Books, 1995), pp.236~237.

6   빈센트 모스코(Vincent Mosco), 김지운 옮김, 『커뮤니케이션 정치경제학』(나남, 1996/1998), 348쪽.

7   조주현, 「'사회적인 것'의 위기와 페미니스트 정체성의 정치: 린다 제릴리의 대안」, 『사회와이론』, 17권(2010년 11월), 67~68쪽.

8   전경옥 · 김현숙, 「미국 다문화주의를 통해 본 다문화주의 정치 철학의 딜레마와 한국에의 함의」, 『다문화사회연구』, 3권 1호(2010년 2월), 5~29쪽.

9   이인숙, 「트럼프, 위험한 '정체성 정치'」, 『경향신문』, 2017년 8월 17일.

10 「Jeremy Rifkin」, 『Current Biography』, 1986 ed.; 로널드 베일리, 이상돈 옮김, 『에코스캠』(이진출판사, 1999), 138쪽.

11 김동광, 「행동주의자 '제레미 리프킨'」, 『사회평론 길』, 1997년 12월호.

12 「Single-issue politics」, 『Wikipedia』; 「Issue voting」, 『Wikipedia』.

13 서정갑, 『부조화의 정치: 미국의 경험』(법문사, 2001), 225~226쪽.

14 백창재, 「현대 미국의 단일 쟁점 정치와 정당정치의 변동」, 『미국학』, 24권(2001년), 28~30쪽.

15 백창재, 「현대 미국의 단일 쟁점 정치와 정당정치의 변동」, 『미국학』, 24권(2001년), 39쪽.

16 장선화, 「정보사회 이슈 정당의 성장과 지속 가능성: 스웨덴 해적당 사례를 중심으로」, 『국제정치논총』, 52권 3호(2012년 9월), 428쪽.

17 장선화, 「정보사회 이슈 정당의 성장과 지속 가능성: 스웨덴 해적당 사례를 중심으로」, 『국제정치논총』, 52권3호(2012년 9월), 429쪽.

18 박설아 · 류석진, 「이슈 정당의 가능성과 한계: 독일 해적당의 발전 과정을 중심으로」, 『한국정당학회보』, 12권 2호(2013년 7월), 134쪽.

19 모리 겐, 하연수 옮김, 『구글 · 아마존화 하는 사회』(작가정신, 2008), 35~36쪽.

20 정수복, 『시민 의식과 시민 참여: 문명 전환을 꿈꾸는 새로운 시민운동』(아르케, 2002), 59~60쪽.

21 강준만, 「왜 경부고속도로가 지역주의를 악화시켰나?: 경로의존」, 『우리는 왜 이렇게 사는 걸까?: 세상을 꿰뚫는 50가지 이론 2』(인물과사상사, 2014), 291~296쪽 참고.

22 채오병, 「역사 반복의 경로의존: 전간기 일본과 탈식민 한국의 국가주의」, 『사회와역사』, 115권(2017년), 201쪽.

23 김종수, 「[분수대] 경로의존성」, 『중앙일보』, 2007년 1월 9일.

24 이인실, 「'경로의존성(Path Dependency)'의 함정」, 『여성신문』, 2007년 3월 23일.

25 황용석, 「SNS 규제와 경로의존성」, 『경향신문』, 2011년 12월 28일.

26 이태경, 「투기 공화국과 작별하기 위해: 경로의존성이 지닌 힘을 벗어나려면」, 『미디어오늘』, 2014년 2월 17일.

27 김경원, 「[기업 속 경영이야기] 26. 경로 의존성」, 『부산일보』, 2014년 3월 4일.

28 서의동, 「'한국 리셋론'」, 『경향신문』, 2015년 2월 2일.

29 곽정수, 「김상조는 왜 좌우 모두에서 공격받을까」, 『한겨레』, 2017년 5월 27일.

30 재러드 다이아몬드(Jared Diamond), 김진준 옮김, 『총, 균, 쇠: 무기 · 병균 · 금속은 인류의 운명을 어떻게 바꿨는가』(문학사상사, 1997/1998), 361~362쪽.

31 Robert D. Putnam · Lewis M. Feldstein, 『Better Together: Restoring American Community』(New York: Simon · Schuster, 2003), pp.287~288.

32 Mike Miller, 「The State of Organizing」, Aaron Schutz · Mike Miller, eds., 『People Power: The Community Organizing Tradition of Saul Alinsky』(Nashville, TN: Vanderbilt University Press, 2015), pp.311~312.

33 솔 알린스키(Saul Alinsky), 박순성 · 박지우 옮김, 『급진주의자를 위한 규칙: 현실적 급진주의자를 위한 실천적 입문서』(아르케, 1971/2008), 107~108쪽.

34 Mike Miller, 「Cesar Chavez and the Fate of Farmworker Organizing」, Aaron Schutz · Mike Miller, eds., 『People Power: The Community Organizing Tradition of Saul Alinsky』(Nashville, TN: Vanderbilt University Press, 2015), p.107; 강준만, 「사울 알린스키의 커뮤니케이션 전략: 한국 정치의 소통을 위한 적용」, 『정치 · 정보연구』, 제19권 1호(2016년 2월 28일), 351~387쪽 참고.

35 강준만, 「왜 '옛 애인'과 '옛 직장'이 그리워질까?: 현상 유지 편향」, 『감정 독재: 세상을 꿰뚫는 50가지 이론 1』(인물과사상사, 2013), 90~93쪽; 강준만, 「왜 우리는 "가만있으면 중간은 간다"고 하는가?: 손실 회피 편향」, 『감정 독재: 세상을 꿰뚫는 50가지 이론 1』(인물과사상사, 2013), 78~82쪽; 정원식, 「지방분권화의 경로의존성과 추진 제약 요인의 분석」, 『한국지방정부학회 학술발표논문집』, 2012년, 1~21쪽; 김종석 · 강은숙, 「경로의존성, 정보의 문제, 그리고 공공정책: E. Ostrom의 신제도주의에 대한 비판적 논의」, 『한국거버넌스학회보』, 20권 2호(2013년 8월), 169~195쪽 참고.

36 전신이 마비된 환자는 의사소통을 할 수 없는 상태에 놓이지만, 눈을 깜박이거나 눈동자를 이리 저리 움직이는 방식으로 간단한 설문조사에 응할 수는 있다. 대부분 의사들을 포함해 사람들은 '록인 증후군' 환자가 자신의 육체에 갇혀 여생을 보내느니 "생명 유지 장치를 떼어버리는' 편이 더 낫다고 말하지만, 연구 결과는 전혀 다른 결과를 보여주고 있다. 벨기에에서 진행된 한 연구에 따르면, 설문 응답에 응한 환자의 7퍼센트만이 차라리 죽고 싶다고 대답했을 뿐, 대부분의 환자들이 행복하다고 답했다. 조르디 쿠아드박(Jordi Quoidbach), 박효은 옮김, 『행복한 사람들은 무엇이 다른가: 행복을 결정짓는 작은 차이』(북로드, 2010/2014), 120쪽; 크리스티나 베른트(Christina Berndt), 유영미 옮김, 『번아웃: 다 타버린 몸과 마음이 보내는 구조 요청』(시공사, 2013/2014), 73쪽.

37 김창수, 「경로의존성과 딜레마 그리고 입법 실패: 물기본법 제정 지연 사례의 분석」, 『지방정부연구』, 20권 1호(2016년 3월), 139쪽.

38 신동호, 「경로의존론과 지역 회복력 개념: 지역 격차에 대한 새로운 이론적 접근」, 『한국경제지리학회지』, 20권 1호(2017년 3월), 72쪽.

39 이상빈 · 박은병, 「지역개발 정책의 경로의존성(path-dependency)에 관한 연구: 한국과 중국 사례의 비교」, 『한국동북아논총』, 57권(2010년 12월), 351쪽.

40 이해익 외, 『한 권으로 만나는 비즈니스 명저 40』(에코비즈, 2004), 253~254쪽.

41 「잠금 효과[Lock-in effect]」, 『두산백과』(『네이버 지식백과』).

42 이한영, 「자물쇠 효과[Lock-in effect]」, 『네이버 지식백과』.

43 강준만, 「왜 혁신은 대도시에서 일어나는가?: 네트워크 효과」, 『생각의 문법: 세상을 꿰뚫는 50가지 이론 3』(인물과사상사, 2015), 279~283쪽 참고.

44 안갑성, 「디지털에서도 영원한 승자를 기대하기 힘든 이유」, 『매일경제』, 2018년 7월 3일.

45 안갑성, 「디지털에서도 영원한 승자를 기대하기 힘든 이유」, 『매일경제』, 2018년 7월 3일.

46 강현수, 「'뉴 모노폴리(新독점)', 국제 문제로 부상…7개 IT 공룡, 세계 130억 정보 '쥐락펴락'」, 『이투데이』, 2019년 2월 12일.

47 우석훈 · 박권일, 『88만원 세대: 절망의 시대에 쓰는 희망의 경제학』(레디앙, 2007), 282~283쪽.

48 신동호, 「경로의존론과 지역 회복력 개념: 지역 격차에 대한 새로운 이론적 접근」, 『한국경제지리학회지』, 20권 1호(2017년 3월), 70~83쪽.

49 김창수, 「경로의존성과 딜레마 그리고 입법 실패: 물기본법 제정 지연 사례의 분석」, 『지방정부연구』, 20권 1호(2016년 3월), 139쪽.

50 김종휘, 「청년들아, 너희들을 위한 나라는 없다」, 『경향신문』, 2015년 1월 30일; 서의동, 「'한국 리셋론'」, 『경향신문』, 2015년 2월 2일.

51 이에 대한 김영민의 멋진 해석을 들어보자. "대의(大義)는 혁명을 부르짖고 정당화한다. 그러나 혁명 이후의 생활을 건사하기에 대의와 명분은 거칠고 직절(直切)하다. 그 모든 혁명적 창업(創業)과 달리 나날의 수성(守城)은 낮디낮은 일상이며, 일상의 촘촘한 조직은 창업의 명분만으로 감쌀 수 없고 당위의 슬로건만으로 보듬을 수 없다.……고백이 섹스가 아니듯이, 혁명의 기억만을 먹고살 수는 없다. 그 혁명을 배신하지 않는 길은 그 기억의 가치를 일상 속에 실천적으로 전유하는 자잘한 노릇과 버릇밖에 없다." 김영민, 『산책과 자본주의』(늘봄, 2007), 119~121쪽.

52 앙리 르페브르(Henri Lefebvere), 박정자 옮김, 『현대세계의 일상성』(세계일보, 1968/1990), 72~73쪽.

53 조너선 하이트(Jonathan Haidt), 왕수민 옮김, 『바른 마음: 나의 옳음과 그들의 옳음은 왜 다른가』(웅진지식하우스, 2012/2014), 194~196쪽; 조효제, 『인권의 지평: 새로운 인권 이론을 위한 밑그림』(후마니타스, 2016), 157~158쪽.

54 조너선 하이트(Jonathan Haidt), 왕수민 옮김, 『바른 마음: 나의 옳음과 그들의 옳음은 왜 다른가』(웅진지식하우스, 2012/2014), 197쪽.

55 Jonathan Haidt · Craig Joseph, 「Intuitive ethics: how innately prepared intuitions generate culturally variable virtues」, 『Daedalus』, 133:4(Fall 2004), pp.55~66.

56 석승혜 · 장예빛 · 유승호, 「한국의 중도 집단은 탈도덕적인가?: 이념 성향에 따른 도덕성 기반 비교를 중심으로」, 『한국사회학』, 49권 5호(2015년 10월), 121쪽.

57 조효제, 『인권의 지평: 새로운 인권 이론을 위한 밑그림』(후마니타스, 2016), 163~164쪽.

58 석승혜 · 장예빛 · 유승호, 「한국의 중도 집단은 탈도덕적인가?: 이념 성향에 따른 도덕성 기반 비교를 중심으로」, 『한국사회학』, 49권 5호(2015년 10월), 122쪽; 이재호 · 조긍호, 「정치 성향에 따른 도덕 판단 기준의 차이」, 『한국심리학회지: 사회 및 성격』, 28권 1호(2014년 2월), 3~4쪽.

59 Jonathan Haidt, 「The Emotional Dog and Its Rational Tail: A Social Intuitionist Approach to Moral Judgment」, 『Psychological Review』, 108:4(2001), pp.814~834; 조너선 하이트(Jonathan Haidt), 왕수민 옮김, 『바른 마음: 나의 옳음과 그들의 옳음은 왜 다른가』(웅진지식하우스, 2012/2014), 107쪽.

60 조나 레러(Jonah Lehrer), 강미경 옮김, 『탁월한 결정의 비밀: 뇌신경과학의 최전방에서 밝혀낸 결정의 메커니즘』(위즈덤하우스, 2009), 274쪽.

61 석승혜 · 장예빛 · 유승호, 「한국의 중도 집단은 탈도덕적인가?: 이념 성향에 따른 도덕성 기반 비교를 중심으로」, 『한국사회학』, 49권 5호(2015년 10월), 121~122쪽; 이재호 · 조긍호, 「정치 성향에 따른 도덕 판단 기준의 차이」, 『한국심리학회지: 사회 및 성격』, 28권 1호(2014년 2월), 3쪽; 드루 웨스턴(Drew Westen), 뉴스위크한국판 옮김, 『감성의 정치학: 마음을 읽으면 정치가 보인다』

(뉴스위크한국판, 2007), 357쪽.

62   Jonathan Haidt · Jesse Graham, 「When Morality Opposes Justice: Conservatives Have Moral
      Intuitions that Liberals may not Recognize」, 『Social Justice Research』, 20:1(March 2007),
      pp.98~116; Jesse Graham, Jonathan Haidt, and Brian A. Nosek, 「Liberals and Conservatives
      Rely on Different Sets of Moral Foundations」, 『Journal of Personality and Social Psychology』,
      96:5(2009), pp.1029~1046; 정은경 · 정혜승 · 손영우, 「진보와 보수의 도덕적 가치 판단의 차이:
      용산 재개발 사건을 중심으로」, 『한국심리학회지: 사회 및 성격』, 25권 4호(2011년 11월), 95쪽.

63   석승혜 · 장예빛 · 유승호, 「한국의 중도 집단은 탈도덕적인가?: 이념 성향에 따른 도덕성 기반 비
      교를 중심으로」, 『한국사회학』, 49권 5호(2015년 10월), 123쪽.

64   Jesse Graham, Jonathan Haidt, and Brian A. Nosek, 「Liberals and Conservatives Rely
      on Different Sets of Moral Foundations」, 『Journal of Personality and Social Psychology』,
      96:5(2009), pp.1029~1046; 조너선 하이트(Jonathan Haidt), 왕수민 옮김, 『바른 마음: 나의 옳음
      과 그들의 옳음은 왜 다른가』(웅진지식하우스, 2012/2014), 298~299쪽.

65   Jonathan Haidt · Jesse Graham, 「When Morality Opposes Justice: Conservatives Have Moral
      Intuitions that Liberals may not Recognize」, 『Social Justice Research』, 20:1(March 2007),
      pp.98~116; 조너선 하이트(Jonathan Haidt), 왕수민 옮김, 『바른 마음: 나의 옳음과 그들의 옳음
      은 왜 다른가』(웅진지식하우스, 2012/2014), 217~220, 286쪽; 이재호 · 조긍호, 「정치 성향에 따
      른 도덕 판단 기준의 차이」, 『한국심리학회지: 사회 및 성격』, 28권 1호(2014년 2월), 5쪽.

66   조너선 하이트(Jonathan Haidt), 왕수민 옮김, 『바른 마음: 나의 옳음과 그들의 옳음은 왜 다른가』
      (웅진지식하우스, 2012/2014), 311~322쪽. 'Righteous Mind'의 번역과 관련, 조효제가 잘 지적했
      듯이, "하이트의 모든 논점이 축약된 원제목을 고려해 좀더 맥락을 살려 번역한다면 '스스로 옳
      다고 생각하는 마음'이라고 옮길 수 있다." 조효제, 『인권의 지평: 새로운 인권 이론을 위한 밑그
      림』(후마니타스, 2016), 164쪽.

67   조너선 하이트(Jonathan Haidt), 왕수민 옮김, 『바른 마음: 나의 옳음과 그들의 옳음은 왜 다른가』
      (웅진지식하우스, 2012/2014), 311, 333, 335, 337쪽.

68   이동현 · 유재연, 「슬픔 공감대 옅어지자 '유족 배려 폭' 놓고 다른 목소리」, 『중앙선데이』, 2014년
      7월 26일.

69   조너선 하이트(Jonathan Haidt), 왕수민 옮김, 『바른 마음: 나의 옳음과 그들의 옳음은 왜 다른가』
      (웅진지식하우스, 2012/2014), 171~179, 333~338쪽.

70   오창동, 「도덕 기반 이론을 통해 본 한국 정당의 유권자 동원 담론: 정당 논평에 대한 자동화된
      텍스트 분석을 중심으로」, 『한국사회학회 사회학대회 논문집』, 2016년 12월, 460~461쪽.

71   조슈아 그린(Joshua Greene), 최호영 옮김, 『옳고 그름: 분열과 갈등의 시대, 왜 다시 도덕인가』
      (시공사, 2013/2017), 507~511쪽. 그린은 "하이트는 중도파이며 결국에는 무엇보다도 공리주의
      를 지지하는, 이따금 양면적인 자유주의자"로 평가한다.(517쪽)

72   조너선 하이트(Jonathan Haidt), 왕수민 옮김, 『바른 마음: 나의 옳음과 그들의 옳음은 왜 다른가』
      (웅진지식하우스, 2012/2014), 300~307, 502~509쪽; 김종목, 「[책과 삶] 이성은 직관의 '변호
      사'…상대방 직관을 보면 통한다」, 『경향신문』, 2014년 4월 26일.

73   티머시 D. 윌슨(Timothy D. Wilson), 「사회심리학이란 무엇인가」, 대니얼 카너먼(Daniel
      Kahneman) 외, 『생각의 해부』(와이즈베리, 2013/2015), 179~180쪽.

74   조지 레이코프(George Lakoff), 손대오 옮김, 『도덕의 정치』(생각하는백성, 2002/2004), 33, 402쪽.

75   조지 레이코프(George Lakoff), 손대오 옮김, 『도덕의 정치』(생각하는백성, 2002/2004), 41쪽.

76   정은경 · 손영우, 「진보와 보수의 도덕적 가치 판단의 차이: 간통죄를 중심으로」, 『한국심리학회

지: 일반』, 30권 3호(2011년 9월), 727~741쪽; 정은경·정혜승·손영우, 「진보와 보수의 도덕적 가치 판단의 차이: 용산 재개발 사건을 중심으로」, 『한국심리학회지: 사회 및 성격』, 25권 4호(2011년 11월), 93~105쪽; 이재호·조긍호, 「정치 성향에 따른 도덕 판단 기준의 차이」, 『한국심리학회지: 사회 및 성격』, 28권 1호(2014년 2월), 1~26쪽; 석승혜·장예빛·유승호, 「한국의 중도집단은 탈도덕적인가?: 이념 성향에 따른 도덕성 기반 비교를 중심으로」, 『한국사회학』, 49권 5호(2015년 10월), 123~124쪽.

77 Shim, K., Cho, H.C., Kim, S., · Yeo, S. 『Impact of Moral Foundations on Consumers' Boycott Intentions: A Cross-Cultural Study of Crisis Perceptions and Responses in US, Korea, Malaysia and Singapore, PR division, ICA 67TH ANNUAL CONFERENCE』, May, 2017, San Diego, US.

78 조효제, 『인권의 지평: 새로운 인권 이론을 위한 밑그림』(후마니타스, 2016), 162~163쪽.

79 조효제, 『인권의 지평: 새로운 인권 이론을 위한 밑그림』(후마니타스, 2016), 168쪽.

80 한귀영, 「왜 가난한 이들은 보수정당을 지지했는가?」, 이창곤·한귀영 엮음, 『18 그리고 19: 18대 대선으로 본 진보개혁의 성찰과 길』(도서출판 밈, 2013), 35쪽.

81 Joseph A. DeVito, Human Communication: The Basic Course, 11th ed.(New York: Pearson, 2009), pp.47~48; Ronald B. Adler et al., Interplay: The Process of Interpersonal Communication, 7th ed.(New York: Harcourt Brace, 1998), p.63.

습관의 문법

ⓒ 강준만, 2019

초판 1쇄 2019년 6월 19일 펴냄
초판 2쇄 2020년 10월 23일 펴냄

지은이 | 강준만
펴낸이 | 강준우
기획·편집 | 박상문, 박효주, 김환표
디자인 | 최진영, 홍성권
마케팅 | 이태준
관리 | 최수향
인쇄·제본 | (주)삼신문화

펴낸곳 | 인물과사상사
출판등록 | 제17-204호 1998년 3월 11일

주소 | 04037 서울시 마포구 양화로7길 6-16 3층
전화 | 02-325-6364
팩스 | 02-474-1413

www.inmul.co.kr | insa@inmul.co.kr

ISBN 978-89-5906-524-0 03300

값 15,000원

이 도서의 국립중앙도서관 출판예정도서목록(CIP)은 서지정보유통지원시스템 홈페이지
(http://seoji.nl.go.kr)와 국가자료공동목록시스템(http://www.nl.go.kr/kolisnet)에서
이용하실 수 있습니다. (CIP제어번호: CIP2019022026)